无收益水理论分析与案例

裴忠文　林殿威　杨旭东　编著

中国建筑工业出版社

图书在版编目（CIP）数据

无收益水理论分析与案例 / 裴忠文，林殿威，杨旭东编著．—北京：中国建筑工业出版社，2017.3
ISBN 978-7-112-20256-0

Ⅰ.①无…　Ⅱ.①裴…②林…③杨…　Ⅲ.①供水管理—收益—研究　Ⅳ.①F294.1

中国版本图书馆CIP数据核字（2016）第317305号

责任编辑：王　磊　田启铭
书籍设计：京点制版
责任校对：陈晶晶　李欣慰

无收益水理论分析与案例
裴忠文　林殿威　杨旭东　编著
*
中国建筑工业出版社出版、发行（北京海淀三里河路9号）
各地新华书店、建筑书店经销
北京京点图文设计有限公司制版
北京缤索印刷有限公司印刷
*
开本：787×1092 毫米　1/16　印张：15¼　字数：305 千字
2017 年1月第一版　2017 年1月第一次印刷
定价：118.00 元
ISBN 978-7-112-20256-0
（29719）

编写委员会

名誉顾问 张　杰

主　　编 裴忠文　林殿威　杨旭东

副 主 编 张　军　刘铁军　王戈平

编写人员 赵　普　李绍福　李荣震　李培清

赵　猛　王玉川　黄艳虹　蒋　宏

王德伟　戴连义　栗　群　张　静

宋昊昌　陈金婷　郑　睿

主编单位 鞍山市水务集团有限公司

序

无收益水是全球供水企业管理上的重大问题，也是世界上每一个城市都必须面临的问题。影响无收益水率的因素除技术管理水平外，还有政治、经济、人文等因素。所以不同国家、不同地区、不同城市都存在着明显差异。世界上一些发达国家在此方面的理论研究和实践相对成熟，但无收益水的彻底解决还需努力。

我国近年来，无收益水管理水平有较大提升，无收益水管理实践极其丰富，技术创新和理论研究成果百花齐放，有的城市已经接近或达到发达国家的先进水平。但是，总体上没有形成适应中国国情的一套系统的、科学的无收益水专业理论。各地水司在无收益水管理中仍套用一些国外理论。

《无收益水理论分析与案例》在此背景下编辑出版了。记录了作者在降低管网无收益水率的实践中，认真研读现有理论，勇于实践，既验证了现有理论适用性，又有所突破和创新的工作业绩。

本书作者来自于供水企业各部门的技术和管理人员，长期从事无收益水管理工作，取得了显著成绩。将长期积累的丰富经验经总结分析，整理成案例，奉献给读者。书中相当部分的无收益水分析和控制理论是作者多年结合实践的科学研究成果，为丰富无收益水控制理论作出了贡献。

如:《居民DMA漏损报警模型》和《混合型DMA漏损报警模型》都是2011年和2013年发布的最新科研成果，并为全国业内知名专家组成的评审委员会认定为国际先进水平。该“DMA漏损报警模型”基于用户用水规律分析和最小夜间流量理论揭开了无收益水的真实面目，从而建立了水量预警系统、白天水平衡测试等系列理论。此外，本书对无收益水计量分析、居民水表离线鉴定、轮换周期等案例的总结与分析在国内也是罕见的。

总之，本书理论创新鲜明，案例客观翔实，对供水行业无收益水控制理论与实践都将起到一定的指导和借鉴作用。

中国工程院院士 張傑

2016年盛夏于哈尔滨

前　言

城镇供水事业是国家经济发展和人民生活水平提高的基本保障，改革开放以来取得了长足的发展，尤其是由计划经济向市场经济转变中，供水企业脱胎换骨，在担负着重要的社会责任的同时，挖潜企业转变经营，使企业在市场中生存和发展。

无收益水是原水经过净化处理进入供水市场，没进行交换并不能获得营业收入的商品水，客观存在于制水、输水、储水、售水等每一个环节。相关资料显示，我国供水行业总体无收益水统计指标偏高，是制约供水企业发展的瓶颈。1996年，鞍山水司开始研究分区计量继而初步了解无收益水至今，一直不懈努力地致力于控制无收益水工作。20年来，广大科技工作者不断研读有关无收益水理论、勇于实践，与国内知名院校合作，积累了丰富的知识和经验，实践中既验证理论适用性，又有一定的突破和升华。2014年，部分主要专业科技人员编写了一部无收益水控制方面的教材，用于企业内部职工培训教材，编辑过程中收集了大量案例和企业自主创新的工作方法及理论。2015年对原教材重新编辑，从用水用户规律和最小夜流理论入手对无收益水进行结构评价。深入分析其分布情况，使我们了解到无收益水在整个供水管网的分配情况，为合理制定无收益水管理指标和掌握其运动规律提供可行性。在无收益水微分方程研究基础上，通过积分提出产销动态平衡理论。同时提出，经济无收益水率是科学解决无收益水动态平衡点。之后顺序阐述了无收益水计量分析、管网泄漏、区域定量、无收益水管理等内容并整理成章节，构成本书的主要构架。

本书参考大量国内同行的先进经验，得到国内许多知名专家指导，翻阅了国内外大量关于无收益水的理论。在此，对各位专家、技术人员表示衷心的感谢，尤其感谢中国水协设备材料委员会、给水排水杂志社、供水技术杂志社等单位提供的翔实资料。

本书编写历经一年时间，水平有限、尚不成熟，希望国内外专家、学者、科技人员予以指正。

目录

第1章 城市无收益水

1.1 城市无收益水 …… 002

1.1.1 无收益水概念 …… 002

1.1.2 无收益水框架体系 …… 003

1.1.3 无收益水行业标准及现状 …… 004

1.1.4 欧美无收益水管理简介 …… 007

1.2 无收益水认识的过程及飞跃 …… 011

1.2.1 解决无收益水问题迫在眉睫 …… 011

1.2.2 无收益水的认识过程 …… 012

1.3 用户用水规律 …… 015

1.3.1 研究用户用水规律的意义 …… 015

1.3.2 居民用户用水规律 …… 016

1.3.3 非居民用户用水规律 …… 017

1.3.4 夜间最小流量原理 …… 019

1.4 无收益水结构评价 …… 025

1.4.1 无收益水结构评价方法 …… 026

1.4.2 管网物理漏失水量 …… 026

1.4.3 售水计量体系误差 …… 027

1.4.4 消防、绿化水量 …… 027

1.4.5 管网自用水 …… 028

1.5 经济无收益水率 …… 031

1.5.1 经济无收益水率意义 …… 031

1.5.2 经济无收益水率特点 …… 032

1.5.3 经济无收益水率确定 …… 033
1.6 无收益水率微分方程的研究 …… 035
1.6.1 无收益水全微分方程的建立 …… 035
1.6.2 全微分方程应用实证 …… 036
1.6.3 管网漏控工作评价 …… 038
1.6.4 无收益水数学模型 …… 040
1.6.5 无收益水率确定 …… 042
1.7 无收益水分布 …… 046
1.7.1 研究无收益水分布意义 …… 046
1.7.2 无收益水分布的研究方法 …… 048
1.7.3 无收益水分布 …… 048
第 2 章 给水系统计量误差分析
2.1 给水系统计量及误差分析 …… 054
2.1.1 给水计量 …… 054
2.1.2 给水计量作用 …… 054
2.1.3 给水计量体系 …… 055
2.1.4 给水计量体系误差 …… 056
2.1.5 给水计量体系量值传递与保证措施 …… 058
2.2 给水系统计量器具 …… 059
2.2.1 给水计量表分类 …… 059
2.2.2 水表 …… 060
2.2.3 超声波流量计原理 …… 064
2.2.4 电磁流量计原理 …… 065
2.2.5 流量计测试的技术参数 …… 065
2.3 流量计的误差分析 …… 066
2.3.1 流量计产生误差的原因 …… 066
2.3.2 超声波流量计产生误差的原因 …… 068

2.3.3 电磁流量计产生误差的原因 …… 071
2.3.4 流量计误差判定 …… 071
2.3.5 流量计误差消除 …… 073
2.3.6 流量计小流量误差 …… 075

2.4 居民用户水表离线误差检定 …… 075
2.4.1 水表离线误差调查方法及抽样样本确定 …… 076
2.4.2 鞍山地区居民水表第一次离线检定 …… 077
2.4.3 鞍山地区居民水表第二次离线检定 …… 081
2.4.4 水表质量评定 …… 085
2.4.5 水表轮换周期 …… 088
2.4.6 结论 …… 092

2.5 居民用户水表在线误差分析 …… 092
2.5.1 国内总分表误差统计情况 …… 093
2.5.2 总分表误差分析 …… 093

2.6 大口径水表选择提高收益水量 …… 100
2.6.1 大口径水表市场份额及发展 …… 100
2.6.2 大口径水表计量面临的问题 …… 101
2.6.3 大口径水表计量性能 …… 101
2.6.4 大口径水表离线检定 …… 102
2.6.5 影响大口径水表计量的环境因素 …… 102

2.7 冷水水表技术窃水及识别 …… 105
2.7.1 窃水手段及技术分析 …… 105
2.7.2 识别方法 …… 107

2.8 水表自转 …… 108
2.8.1 室内用水设施漏水或排气 …… 108
2.8.2 供水管道存有空气 …… 108
2.8.3 管网压力波动 …… 109
2.8.4 高灵敏度水表的广泛使用 …… 109
2.8.5 水表和室内供水管线安装不规范 …… 109

第 3 章 城市供水管网物理漏失

3.1 供水管道泄漏 …… 112

3.1.1 供水管道及附属设施泄漏构成 …… 112

3.1.2 漏水时间构成 …… 112

3.1.3 供水管道泄漏的主要因素 …… 113

3.1.4 供水管道泄漏的类型 …… 114

3.2 管网物理漏水查修经济效益分析 …… 117

3.2.1 查修漏水经济效益分析目的 …… 118

3.2.2 查修漏水效益评价方法 …… 118

3.2.3 漏点分布 …… 119

3.3 漏点定位技术 …… 123

3.3.1 漏水技术参数 …… 123

3.3.2 漏水声波传播特性 …… 123

3.3.3 漏水测试方法 …… 125

3.3.4 检漏步骤 …… 126

3.4 检漏设备 …… 129

3.4.1 听音杆 / 勘探棒 …… 129

3.4.2 听漏仪 …… 129

3.4.3 相关仪 …… 130

3.4.4 噪声自动监测法 …… 131

3.4.5 噪声自动监测辅助仪器 …… 132

3.4.6 钻探 …… 132

3.4.7 注意事项 …… 132

3.5 压力与泄漏的关系 …… 135

3.5.1 压力与泄漏 …… 135

3.5.2 爆管与水锤检测仪 …… 137

第4章　区域计量管理

4.1　区域计量 …… 142
4.1.1　区域计量的概念 …… 142
4.1.2　区域计量的意义 …… 143
4.1.3　区域计量的分类 …… 144
4.1.4　区域计量绩效考核指标体系 …… 145
4.2　区域计量规划与方案 …… 148
4.2.1　区域计量规划与方案 …… 148
4.2.2　区域计量划分原则 …… 149
4.2.3　区域计量方案设计考虑的因素 …… 150
4.2.4　DMA 规模与经济 …… 151
4.2.5　区域计量参数设置 …… 151
4.3　区域计量实施 …… 155
4.3.1　准备工作 …… 155
4.3.2　边界确认 …… 155
4.3.3　计量表选择与安装 …… 155
4.3.4　参数采集分析 …… 156
4.3.5　试运行及调整 …… 156
4.3.6　验收与移交 …… 156
4.4　区域计量数据监控系统 …… 156
4.4.1　目标体系 …… 157
4.4.2　系统结构及特点 …… 157
4.4.3　区域计量数据监控系统建设与发展 …… 158
4.4.4　监控系统设备选择 …… 159
4.4.5　数据监控系统发展方向 …… 161
4.5　分区定量管理流程 …… 164
4.5.1　分区定量的概念及现状 …… 164
4.5.2　分区定量的管理内容与模型 …… 165

4.5.3 分区定量运行管理流程 …… 173
4.6 DMA 降漏的技术手段 …… 174
4.6.1 压力控制 …… 174
4.6.2 管网改造 …… 182
4.6.3 白天测量 …… 183
4.6.4 计量划分 …… 186
4.6.5 水力模型 …… 186
4.6.6 提压 …… 186

第 5 章 无收益水管理与控制

5.1 供水企业环境影响及管理 …… 194
5.1.1 一般环境分析 …… 194
5.1.2 特殊环境分析 …… 195
5.1.3 供水企业组织环境的特征分析 …… 196
5.1.4 供水企业战略选择 …… 197
5.2 计划管理 …… 197
5.2.1 无收益水管理目标 …… 197
5.2.2 总体计划确定 …… 198
5.2.3 计划分解 …… 200
5.2.4 动态计划考核 …… 202
5.2.5 无收益水分析方法 …… 203
5.3 组织管理 …… 205
5.3.1 厂网分离 …… 205
5.3.2 营业公司事业部制管理构架 …… 206
5.3.3 无收益水管理机构设置 …… 206
5.3.4 管修所管理作用 …… 206
5.3.5 统一思想 …… 206
5.3.6 组织资源科学调配 …… 208

5.4 供水量控制 …… 208
5.4.1 供水计量系统运行稳定 …… 208
5.4.2 供水管网的基础设施完善 …… 209
5.4.3 压力管理 …… 209
5.4.4 建立水量预警系统 …… 212
5.4.5 建立专项报表管理制度 …… 213
5.5 售水量控制 …… 219
5.5.1 账面漏损构成与实质 …… 219
5.5.2 账面漏损途径 …… 219
5.5.3 表务管理流程 …… 220
5.5.4 表务管理特点 …… 221
5.6 窃水管理及案例 …… 224
5.6.1 窃水管理的意义 …… 224
5.6.2 窃水管理面临的问题 …… 225
5.6.3 窃水管理的方法 …… 225
5.6.4 窃水稽查 …… 227
附录 1 术语解释 …… 231
附录 2 常用普通机械水表技术参数 …… 232

第 1 章

城市无收益水

1.1 城市无收益水

我国城市供水行业面临着一个棘手问题，城市供水系统存在严重的产销脱节及不平衡问题，主要为供水管网因管道破裂造成的漏水、用户窃水、未计量、未收费等问题。这种产销不平衡造成的水量差值就是无收益水量，最初也叫产销差水。

1.1.1 无收益水概念

通常情况下，工业企业将产品销售率（current period inventory）称为产销率，指工业企业在一定时期已经销售的产品总量与可供销售的工业产品总量之比。它反映生产与销售的衔接程度，比率越高，说明产品符合社会现实需要的程度越大，反之则小。一般情况下，平均产销率达 90% 以上。

城市供水行业于 20 世纪 90 年代开始逐渐推向市场，企业在保障城市正常生活、生产用水的基础上开始注重其内部管理。多数企业通过水平衡测试发现其产销率较低，其差值较大，尤其东北地区，已经成为影响企业发展的瓶颈。由于产销差值（率）较高，行业人士则以产销差(率)作为考核供水企业管理的综合指标,在国外它被称为“未计量水百分率”,指的是供水企业提供给城市输水配水系统的自来水总量与所有用户的用水量总量中收费部分的差值，定义为产销差水。产销差水 = 免费供水量 + 物理漏水量 + 账面漏水量。

产销差 = 供水量 - 售水量

产销差率 = 产销差 ÷ 供水量 ×100%

供水量：通常指城市供水水厂进入市区的出厂水经过流量计测量的总水量。

售水量：收费供应的水量，包括生产运营用水、公共服务用水、居民家庭用水及其他计量用水。

关于产销差公式，1993 年建设部出版的《城市供水行业 2000 年技术进步发展规划》（简称《2000 规划》）提出,衡量城市供水漏耗的指标初步为损失率、比漏水量、漏水自报率、暗漏自报率等四项。其中，漏水程度表达的第二种方式与上述产销差公式相同。

供水无效率 =（供水总量 – 收到水费水量）÷ 供水总量 ×100%

第一种表达方式如下：

损失率或漏失率 =（供水总量 – 用户用水总量）÷ 供水总量 ×100%

因此，两种表达方式的基本区别是，第一种表达方式含部分用水计量未收费水量，如消防、绿化等用水。

无收益水（Non Revenue Water，即 NRW）概念由国际水协提出，以经济为导向，作为商品通过市场交换获得收入的水是收益水，不能交换、并未获得收入的水是无收益水，与产销差意义相同。

1.1.2　无收益水框架体系

一直以来，世界上绝大多数国家对供水系统水漏失的量化定义都很含糊，有的采用计量水量，有的采用单位管长漏失水量，有的则用百分比。但无论采用什么方法，供水管网系统都存在较高的漏失率，管理人员却无法清楚地了解其存在及种类。鉴于这种情况，国际水协 IWA（International Water Association）于 1996 年根据各国的具体情况，从供水系统的水量平衡，即供水的水源、不同用户的使用情况、漏失的组成等方面给定了一个相对统一、完整且具有较高适用性的定义及分类，见表 1-1。

国际水协水量平衡表　　表 1-1

系统供水总量	水公司外卖净水	系统有效供水量	售水量	计量售水量	售水量
				未计量售水量	
			免费供水量	计量免费供水量	产销差水量（NRW）
	水公司自身系统供水			未计量免费供水量	
		系统漏水量	账面漏水量	非法用水	
				表计量误差	
			管网漏水量 / 物理漏水量	输水管及干管漏水量	
				水池 / 水塔渗漏溢流	
				进户管漏失量	

2002 年 9 月 16 日建设部公告第 59 号，中华人民共和国行业标准《城市供水管网漏损控制及评定标准》CJJ 92—2002 术语，对产销差作了详细分类，见表 1-2。

中国行业标准——水量平衡表　　表 1-2

供水总量	有效供水量：水厂将水给出厂外后，各类用户实际使用水量，包括收费和不收费的	售水量：收费供应的水量。包括生产运营用水、居民家庭用水及其他计量用水	计量收费水量	有效供水量	售水量
		免费供水量：实际供应并服务于社会而又无法收取水费的水量。如消防水量、管道自用水量	未收费水量		2002 年前计算漏损率
	管网漏水量：供水总量与有效供水量之差，包括计量误差、漏损水量、未授权用水		未授权用水	计算漏损率	
			漏失水量		
			计量误差		

无收益水存在于城市供水的各个环节，因此，不同的供水企业在剖析无收益水时，要对供水流程的各个过程具体分析。鞍山水司在与哈尔滨工业大学合作的《鞍山市供水产销差体系评价的研究与实践》项目中，参考国际水协、国家水协《水量平衡表》，根据项目小组对无收益水的认识及自身测试能力将供水无收益水构成框架进行定义，见表 1-3。

无收益水构成框架　　表 1-3

无收益水	供水系统的漏失	1. 输水管线、调节构筑物
		2. 配水管网及泵站
	售水计量表误差	3. 水表服役期间的系统误差
		4. 水表低量程漏计水量
		5. 总分表误差
	公益免费水量	6. 消防、绿化
	管网自用	7. 管道施工、管网放水
	违章用水	8. 违章用水
	管理因素	9. 漏收、少收、人情

1.1.3　无收益水行业标准及现状

1. 无收益水行业指标

《2000 规划》关于加强漏损控制工作中提出了衡量漏损的指标体系，各类水司 1995 年、2000 年损失率奋斗指标见表 1-4。

各类企业 1995 年及 2000 年损失率奋斗目标（%）　　表 1-4

企业类型	1995 年	2000 年	企业类型	1995 年	2000 年
一	8.8	7.8	三	8.5	8.2
二	8.2	8.0	四	9.0	8.5

一类企业为最高日供水量超过 100 万 m^3，同时是直辖市、对外开放城市、重点旅游城市或国家一级企业的水司。

二类企业为最高日供水量超过 50 万 m^3 的其他城市和国家二级企业的水司。

三类企业为最高日供水量超过 10 万 m^3 的其他水司。

四类企业为最高日供水量小于 10 万 m^3 的水司。

2005 年建设部出版的《城市供水行业 2010 年技术进步发展规划及 2020 年远景目标》（简称《2020 远景》）中提出，城市供水管网漏损率到 2010 年应不大于 12%，2020 年大中城市控制在 10% 以下。

同时，在远景目标中提出：

2004 ~ 2007 年：

一类企业，在现有基础上降低漏损率 20%，接近或达到现行漏损控制标准；

二类企业，在现有基础上降低漏损率 30%，接近或达到现行漏损控制标准；

三类企业，在现有基础上降低漏损率 35%，接近或达到现行漏损控制标准；

四类企业，在现有基础上降低漏损率 40%，接近或达到现行漏损控制标准。

2007 ~ 2010 年：

漏损控制指标全部达到或高于现行标准并形成适合自身的、完善的漏损控制技术方法和管理措施。

2020 年的漏损控制远景目标，见表 1-5。

各类企业 2020 年漏损控制目标　　表 1-5

年份	各类供水企业
2010 ~ 2015 年	10%
2015 ~ 2020 年	当时国际先进

《城市供水管网漏损控制及评定标准》CJJ 92—2002 第 6 款关于产销差评定标准提出，城市供水企业管网实际漏损率不应大于 12% 并按 6.2 节规定修正确定。

修正 1：居民用水仪表计量率 70% 以上，漏失率应增加 1%；

修正 2：评定标准应按单位供水量管长进行修正，修正值按表 1-6 得到；

单位供水量管长修正值　　表 1-6

供水管径 *DN*	单位供水量管长 [km/（km^3/d）]	修正值
≥ 75	< 1.4	–2%
≥ 75	≥ 1.4　≤ 1.64	–1%
≥ 75	≥ 2.06　≤ 2.40	+1%
≥ 75	≥ 2.41　≤ 2.70	+2%
≥ 75	≥ 2.70	+3%

修正 3：年平均出厂压力大于 0.55MPa 小于 0.70MPa，漏水率增加 1%；年平均出厂压力大于 0.70MPa，漏水率增加 2%。

2. 无收益水行业总体管理水平

产销差率是住房和城乡建设部对供水企业进行考核统计的一项重要指标。《全国城市饮用水供水设施改造和建设规划》规定，2010 年各城市供水产销差率不应大于 12%，2020 年控制在 10% 以下。但整个行业产销差率总体是波动变化的，管理水平差异较大。

《2000 规划》中关于降低漏耗的统计数据显示，1993 年之前全国平均漏损率 12% ~ 13%，如果按单位管道长度或单位管道表面积单位时间漏水量统计，我国漏水量远大于经济发达国家。

据《2020 远景》数据统计，1999 年全国平均漏损率为 15.14%，2000 年增至 15.61%，其中漏损率最高为 63.77%，最低为 1.93%，73.24% 的城市漏损率大于 12%。2001 年平均漏损率 16.07%，当年因为漏失而浪费水量达 43.35 亿 m^3，2002 年漏损率升至 16.71%，漏损情况逐年严重。同时，国外供水管网的漏损控制必要性也日益增加，各地区供水单位把漏损控制列为供水管理的重要指标。可见，城市供水漏损已经成为全球性问题。其特点是国外发达国家和测试漏损率差异性较大，这与供水系统建设与完善、地区经济、管理体制有着较大的关系。部分国家和地区 1999 年的漏损率见表 1-7。

1999 年部分国家和地区供水管网漏损率（%）　　表 1-7

序号	地名	漏损率
1	巴西	20
2	日内瓦	5
3	马来西亚	32
4	新加坡	4
5	中国香港	10
6	泰国	16
7	德国	8
8	日本	11.7
9	大阪	6.6
10	匈牙利	10
11	西班牙	11
12	意大利	18
13	瑞典	20
14	芬兰	15
15	斯洛伐克	27
平均		14.29 ± 8.03

据中国供水协会《2014 年城市供水统计年鉴》公布的统计数据表明，国内的供水管网平均无收益水率达到 25.03%，中小城镇的管网平均无收益水率高达 35% ~ 42%。2013

年东北地区无收益水率平均 33.77% ± 4.3%，较全国平均水平高，中小城镇达 40% 以上；东北地区供水规模 20 万 t/d 以上水司无收益水率分布见图 1-1。

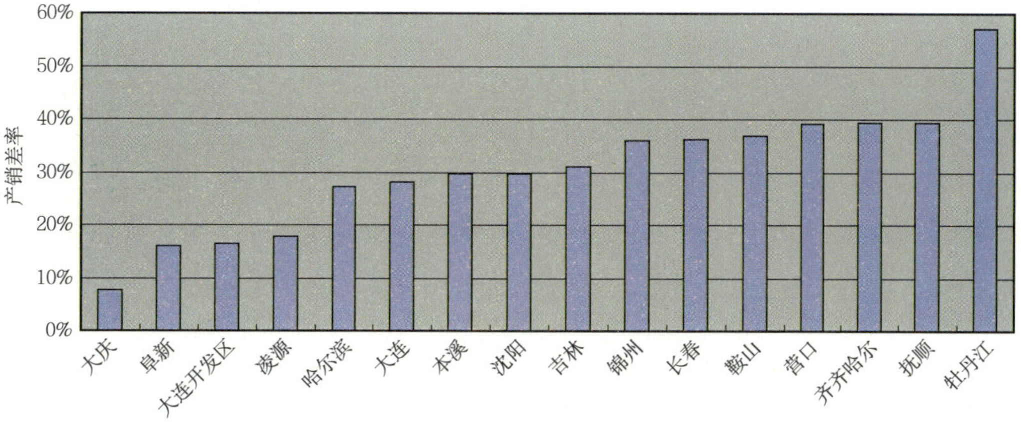

图 1-1　2013 年东北三省日供水 20 万 t 以上城市供水产销差率分布

1.1.4　欧美无收益水管理简介

欧洲各国无收益水率基本维持在 5% ～ 15% 之间，美国为 16%，亚洲许多发展中国家在 9% ～ 50% 之间波动。欧美国家无收益水控制较好的主要原因是，城市供水基础设施完善、管理经验丰富、理论研究深邃、科技手段创新、调度运行优化、资金雄厚等。欧洲部分国家无收益水率统计见图 1-2。

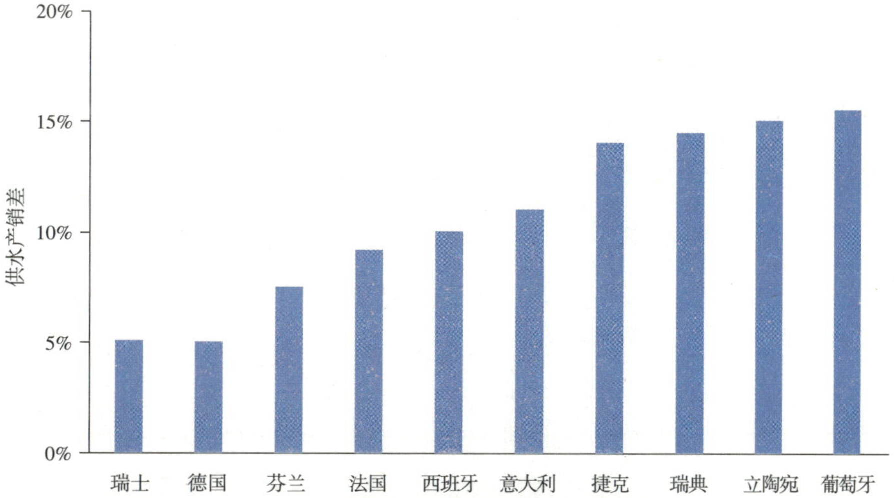

图 1-2　欧洲部分国家无收益水率统计

【案例1：国内外部分水司漏损控制及启示】

1. 国内部分水司漏损控制情况介绍

天津自来水公司日供水能力200万t，管网长度3688km。2003年开始引进DMA管理技术，将海河两岸划分为两个区域，即市南、市北两大区域。2004年尝试DMA大区管理模式，即管网公司负责全市供水管网的维护与管理，市南、市北营业公司分别负责本区域的营业管理。2005年对市南、市北进行进一步细化并建立二级DMA，市南划分7个区域，市北划分6个区域。市南一、二区将管网管理与营业管理合并，实施营管合一管理体制；其他区域通过整合分成4个营业所，仍然营管分离；市北分成4个营业所，营管分离。截至2007年，天津市无收益水率降低7.5个百分点，并通过实践证明采取营管合一的DMA区域管理模式是科学的。

上海奉贤区日供水能力45万t，2002年提出在管网微观动态模型基础上进行给水管网分区，利用模型指导管网分区运行操作；2003年详细阐述了建立管网微观模型、分区阶层设定、DMA规模、区域边界设置、区域规划、方案评估等管网分区方法；2007年提出了给水管网优化分区概念；2008年提出管网阶层化理论，即三级DMA、压力、流量管理功能区块设置。2005～2009年，无收益水率由46%降至26%。

绍兴水司日供水能力20万t，管网长度1900km，供水服务人口70万。2004年开始，绍兴水司共安装DMA考核表14316块，安装到每栋楼甚至每个单元，即建立并实施四级DMA管理，2000～2011年，无收益水率由24.8%降至4%。

铜陵水司日供水能力18万t，*DN*100以上管网长度300km，供水服务人口40万。通过夜日因子计算和背景漏失公式法评估DMA并管理，无收益水率下降18%。德州水司DMA采用多功能漏损检测仪，无收益水率得到有效控制。

南昌水司日供水能力136万t，管网长度2900km，供水服务人口280万。通过建立并实施三级DMA管理，2003年二级DMA无收益水率降至18%、三级DMA无收益水率降至15%。黄石水司2006～2011年，无收益水率由37%降至23%；同期，开封水司无收益水率下降5%。

2. 国外部分国家漏损控制情况介绍

塞浦路斯南岸第二大城市莱梅索斯，供水人口15万。海岸平面高度0m，附近山岭海平面高度315m。1985年以来，莱梅索斯水司将市区供水管网划分为7个压力区，每个压力区建立专属蓄水池，每个压力区划分出许多DMA。1988年建立数据采集与监视控制（SCADA）系统，利用该系统采集、分析相关数据。管网漏失评价通过DMA特定模型，推导出夜间最小流量、日间最大流量、日平均流量。截至 2007 年，共有 27 个 DMA，规模控制在 3000 户之内，边界隔断，防止互相压力控制不协调。1985 ~ 2003 年，漏失量由 210L /（con · d）降到 90L /（con · d）。管网基础设施评价值指标 *ILI* 为 1 ~ 3，状况良好。

马来西亚南部柔佛州，供水人口 80 万，多数用户自己有 0.5m^3 储水箱并登记，每月检查一次，实测漏失率 5 ~ 50L/s。几年来建设了 800 个 DMA，覆盖率 100%，DMA 夜流量大于 2.5L/s 便组织专业队伍进行漏水检测并维修。服务水头大于 3m 的地区全部实施压力调控。2010 年，无收益水率由 36.6% 降至 20%。

印度尼西亚首都雅加达，1200 万居民，供水管网长度 3000km，管网压力 10 ~ 15m。1999 年以前，该市由 2 个独立的私人供水公司为市民提供供水服务。管网漏失率 50% 以上，75% 因技术原因造成，DMA 覆盖率 30%。针对上述问题，当地政府组织专家建立数学模型，构架漏水控制系统，将用户耗水量进行分配，通过数学模型计算每段管道压力值与实测值，比较寻找不规则点，针对不规则点进行管网的进一步划分。通过数学模型减少关闭阀门数量、规划管网改造、加装减压阀等，将漏水量控制在 5.6L/s 以内。另外，该地区的特点是供水管网以非金属管道为主，压力低，地面噪声大，土质疏松、传音效果差。直接查漏较难，最佳解决方案就是将所有出现漏水的管道和连接点更换，但投资巨大，最后采取成本 - 收益分析法确定并有效控制水量。

美国加利福尼亚州荣多拉灌溉区大部分为山地，根据各个部分水压不同细分成许多更小的地区，进而确定为 DMA。管网连接点安装大量减压阀（PRV），压力控制在 50 ~ 140m。英国威尔士班戈市，是一个小面积的大学城，海拔 80m，蓄水池海拔 94m、114m，采取 DMA、PRV 设计并对管网进行改造，经过几年经营取得了良好的成绩。加拿大哈利法克斯市，供水人口 32 万，管网压力 50m，该地区海拔 0 ~ 170m，1999 年引进 DMA 管理，1999 ~ 2005 年，管网漏失水量由 4.9 万 /d 降至 2.2 万 /d。*ILI* 指数由 6.4 降至 3.4，管网基础设施得到较大改善。

3. 鞍山部分管修所漏损控制实践

永乐所，日均水量 11000m^3/h，无收益水率高达 50% 左右。2006 年，公司计量及检漏技术相对并不成熟。当年 4 月，市政工程施工主排水，挖深达 5m 以上，市政供水管网漏水通过明沟边坡流淌出来。所里顺来水方向积极组织夜查、测试，通过 3 个月努力查修暗漏 9 处，日均水量由原来的 9800m^3 降至 6800m^3，无收益水率下降至 26% 左右。

深沟寺所，按自然区域划分 11 个独立计量区域，2009 年进行 DMA\PMA 建设，对无收益水进行分布分析，排列降差顺序，列出拉动无收益水的主要因素，然后针对不同区域无收益水产生的原因逐个区域分别采取压力控制、流量测试、普查等手段，经过 3 个月无收益水率由原来的35%降至27%。

旧堡所，2014年4月上半月平均水量22901m^3/d，4月下半月下降到21351m^3/d，5月水量反弹至22101m^3/d，6月下半月水量再次下降至19882m^3/d，总体上6月下半月较4月上半月日均降低水量3079m^3，其降差经历一波三折，主要采用的方法如下。

1）关注压力，及时调整

2014年4月，老虎山水厂水源置换，大煤场停止转供水，某地区压力仍然维持在0.23MPa，经测试该地区压力0.19MPa即可，经调度室同意进行压力调整，该地区日减少水量约300m^3/h。

2）水量监控，及时发现问题

5月，水量突然增加，经分析怀疑某计量表可能出现反量，经协调及时发现问题并解决。

3）积极夜查，组织掐废点

4～6月共组织夜查8次，并通过夜查掐废点20处，降低水量约432m^3/h。

4）积极组织水量测试查暗漏，水量大幅下降

4～6月共组织水量测试10余次，解决多处暗漏。农高区流量由50m^3/h下降至16m^3/h，约减少水量816m^3/d；东矿小区减少水量480m^3/ d；工商银行*DN*100管线断裂，减少水量800m^3/h。

5）积极组织管网改造

5月水量反弹，使该所深深思考，如何才能保持目前无收益水控制成果，成了摆在面前的问题。某DMA小区刚刚查修漏水，通过测试发现又出现新的漏水。经与工程科沟通分析，鉴于该区域供水管线过道且道路渠化程度高，存在管道振动漏水频繁现象。经工程科与总公司协调并改线，减少水量408m^3/h。

北陶所，2014年4月平均水量14000m^3/d，水源置换后由于管网压力平均提高4m，供水量增至16000m^3/d，DMA夜间流量普遍提高，个别DMA增加18m^3/h。鉴于该所夜流较大，DMA管网附属设施完好率不高，如改造或查找清掏，则需要较长时间。经商讨方案后决定采取最原始的方法，即揭三井加听立杠。揭三井发现问题区域后，所内培训的听漏人员挨户听立杠，一个是直接查修进户管，一个是通过听立杠划小附近管线漏水区域，经过一个半月的努力，该所水量恢复到14000m^3/d。

4. 启示

通过以上案例我们能够得到以下启示：

（1）DMA规模越小，管网漏失控制效果越好。绍兴水司安装DMA考核表14316块，安装到每栋楼甚至每个单元，即建立并实施四级DMA管理，无收益水率降至个位数。马来西亚南部柔佛州DMA为330户，无收益水率降至20%。鞍山无收益水为0的DMA确

实存在，多数见于规模较小的计量区域。

（2）在国外，地势变化较大的城市供水，多数在压力分区规划基础上演变为 DMA，压力控制的主要手段都是 PRV；国内很少有资料记载。

（3）DMA 是水行业降低管网漏失率最基本的技术手段，漏失率降低幅度达 5% ~ 50%。

（4）国外，数学模型在 DMA 设计中得到广泛应用，起到合理规划、资源配置优化等作用。

（5）国内 DMA 评价指标比较单一，即产销差（无收益水）率，优点是指标直观易懂；但实际漏失水量多少并不知道，DMA 排序中容易忽略漏失量较大的 DMA。国外指标比较复杂，有秒流量、节点流量、管道单位长度漏失量等，通过不同角度反映问题并获得信息，多视觉、多角度看待问题。

（6）阶梯式降低供水管网无效水量是降差的主要方面，基层组织机构应根据本区域特点采取不同的主要措施，一般 1 ~ 3 个月就会取得良好的效果。永乐所抓住了修筑大排水契机，为查修漏水提供方向；深沟寺所利用自然供水区域形成优势划分 DMA 为技术支持；旧堡所多种技术手段结合；北陶所采用所谓“人海战术”。所以，我们要不断总结创新出属于自己的道路，降低无收益水是创新的结果，也是经验累积的结果，要有创新意识，善于总结经验。

（7）管网物理漏失水量查修后，还会出现回弹现象。例如：永乐所、深沟寺所在降低无收益水过程中都出现过反弹现象，建立一套完整的水量预警应急机制势在必行。

1.2　无收益水认识的过程及飞跃

1.2.1　解决无收益水问题迫在眉睫

1. 水资源匮乏制约经济

地球水资源，从广义说是指水圈内的水量总体，海水难以直接利用，陆地上的淡水资源仅占地球水资源总体的 2.53%，而大部分是分布在南北两极的固态冰川，人类目前比较容易利用的淡水资源主要是河流水、湖泊水、浅层地下水，其储量仅占淡水总量的 0.3%，即全球可利用淡水总量为 9000km^3，人类面临着缺水问题。中国人口约占世界人口的 20%，占有世界水资源的 7%，人均水资源约 2220m^3，仅为世界平均水平的四分之一。而我国水资源在地理上分布不均，西部地区雨量匮乏，严重缺水，东部经济发达地区由于人口密集，也存在水资源短缺问题。中国的600多座城市中有400多座城市不同程度缺水，严重缺水达130座，总缺水量360亿m^3。预计2030年我国人口近16亿，人均水资源仅为1760m^3，将接近国际“用水紧张”标准。

一方面由于水资源匮乏，缺水城市只有在满足居民生活需水量的前提下才能考虑生产及商业用水，据有关人士估计每年将造成数千亿元损失；另一方面，城市供水无收益水率越高，由于其消耗能源、原料等，也将增加企业制水成本；而因供水管网物理漏失造成的二次污染、抢维修等，也影响了人民的生活质量，甚至威胁到身体健康。

2. 无收益水巨大的市场潜力

一份美国的调查报告显示，美国人口2.5亿，人均年用水量138m^3，平均漏失率16%，其中管网物理漏损占60%。制水成本0.66美元/m^3，平均水费单价1.06美元/m^3，总漏损量5.5亿m^3/年，其中物理漏损3.3亿m^3/年、财务漏损2.2亿m^3/年，平均每人每年市场潜力13.58美元。全球60亿人，考虑到其他国家虽然用水低并漏损率高这一情况，假设其他国家与美国类似，估算全球未收益水市场81.4亿美元。

据2014年城市供水年鉴统计，2013年我国城市供水总量为396.8亿m^3，全国平均无收益水率为25.03%，漏损率为15.35%，平均单价3.2元/m^3（全国部分城市统计）。参与统计的600家供水企业，257家盈利，净利润29.49亿元；343家亏损，亏损总额44.8亿元。按2020规划提出的2015～2020年全国各水司漏损率达10%的目标，我国年市场潜力至少将达59亿元。

1.2.2 无收益水的认识过程

正如中国汽车行业经历三次飞跃进入家庭一样，供水企业对无收益水的认识也需要一个认识过程并最终解决。

1. 无收益水认识的第一次飞跃

无收益水认识的第一次飞跃是将产销差的概念引进并纳入供水企业考核体系，是在企业经营模式转变中逐渐形成的。1980年代，业内有关人士根据供水行业现状提出产销差是考核供水经营管理水平的综合指标。1990年代末，国内多数供水企业在政府推动下，由计划经济向市场经济逐渐过渡，在逐步取消财政补贴的大环境下，企业采取收缩经营战略，采用量本利分析法确定盈亏平衡点并制定营业收入指标，先解决生存问题，同时研究产销差的表现形式。因此，以分区计量为考核的事业部经营模式初步建立，以单纯销售收入为主要指标。但，这并不能真正引进企业内部竞争来提高管理水平，多数企业在供售平衡指标中（产销差）深深认识到企业内部管理面临着巨大挑战。

2000 年开始，国内一些企业逐渐脱离了财政补贴，企业通过抓销售收入逐步解决了生存问题，但供水量居高不下致使制水成本逐年上升，控制水量被提到议事日程。于是企业引进产销差的考核指标调动了职工的积极性并真正开始研究产销差的形成。无收益水认识的第一次飞跃是从无到有。从目前国内同行业情况看，一线、二线城市基本都建立了分区计量体系，即有能力认识产销差并列入考核指标；部分小城市分区计量体系还不完善，停留在产销差概念阶段。

产销差引进为企业内部考核指标后虽然有一些改善，但是由于实施过程中对产销差的构造并不清晰，因此产生了许多矛盾，阻碍了其发展。主要表现在以下三个方面：一是营业部门认为产销差主要是管网漏失造成的，应以查修漏水为主；工程及维修人员则认为以账面漏收为主，应加强营业管理。二是由于阶梯水价使营业售水量出现折量问题，掩盖了产销差的真实性。三是管理人员对计量考核体系产生疑问，同时计量体系从建立开始确实存在个别计量偏差较大的问题。因此，如何真正认识产销差的构架及其影响因素迫在眉睫。

2. 无收益水认识的第二次飞跃

2007 年以来，沈阳、郑州、鞍山等水司分别与国内著名院校、科研所联合研究产销差构成体系，即量化产销差的研究。拉开了无收益水深度理论研究的序幕，并在此基础上产生了第二次飞跃。

郑州水司，主要通过区域计量、抢维修统计、背景漏失计算表、营业统计报表等方式量化了产销差构成因子。其产销差构的成主要原因是村庄无偿用水（占产销差的 43%）、管网漏失（占产销差的 25%）等。沈阳水司，主要通过测试和数学统计的方法量化无收益水的构因，由于沈阳供水方式以低压泵站运行为主，以夜间最小时段流量等于漏失水量确定管网漏失率占产销差份额的 81%。2009 年以来，鞍山水司在分区计量升级改造的基础上，建立计量数据监控系统。通过居民及非居民用水量测试、水池调节水量的核算，利用最小夜间时段流量分层法分离出管网漏失水量占无收益水率的 76.7%；通过封闭小区总分表测试确定了计量表误差，通过数据统计确定管网自用水、消防用水量等。江苏盐城自来水公司 2007 年在无收益水的研究中提出管网漏失为主要因素等。同时，国内少数无收益水管理控制较好的供水企业实践表明，降低供水管网漏损是无收益水率阶梯式下降的主要因素。这也为我们整个行业的发展提供了一条新的思路。

2007 年以来，盐城水司在总结无收益水构成的基础上，针对管网漏失较大的主要矛盾及时调整方向，通过几年整治达到了良好效果。常州水司在建立分区计量的基础上，以其 10% 的供水面积对无收益水进行测试得出的结论为：消火栓公共用（水无效用水）为

12%，消火栓平均被打开次数为 50%；*DN*40 以上非居民用户在线水表损水率达 7.1%。江西洪城自来水公司从客服中心角度研究出一套综合降差办法，福州、南昌自来水公司对查修漏水方面总结了许多宝贵经验。因此，从目前水行业总体发展来看，无收益水问题的研究处于主要因素分解阶段及降差战略规划或初步实施阶段。

3. 无收益水认识的第三次飞跃

无收益水认识的第三次飞跃就是在量化无收益水的基础上确定管控方向并对各个因素采用层解法进一步细化，最终彻底解决无收益水问题。量化无收益水构造，明确了解决无收益水问题的形成因素。当然，由于地域、人文、自然、经济等条件不同，无收益水构造不尽相同，总体上看是其构造因素所占比例问题。供水企业根据无收益水的分布及形成原因和所占比例，经过经济分析制订解决无收益水问题的长期战略目标、年度目标，甚至具体管网改造及查修漏水计划等。

根据无收益水构造及所占比例，供水企业可能要进行组织变革，以便更加有效地解决和控制无收益水。例如，国内无收益水管理较好的企业相继成立无收益水工程师分析室，多数企业成立漏水检测公司，DMA 划分改变了以往抄收合一的管理模式等。

科技进步使我们认识和控制无收益水的进程加快。近年来，流量计性能及适应性更新层出不穷，无直管段要求、太阳能供电、防冻水表等技术更新都成为现实，使 DMA 建设顺利开展，使科技人员更加清晰地掌握水量分配情况，同时无收益水分布也就一目了然。

解决无收益水理论不断推陈出新，DMA 区域报警、水量预警、白天测试理论、用户用水规律的研究、供水管网物理漏损成因分析、窃水技术分析、水表自转等，是我们解决无收益水的最基本理论并已通过实践证明其是行之有效的。

信息技术使人们认识无收益水成为现实，没有信息技术我们将会花费巨大的人力和物力才有可能全面了解用户用水规律，然后才能明确无收益水的构成。同样，信息技术为我们真正解决无收益水提供了平台，DMA 数据监控、压力监控、噪声监控使我们能正确评价目前无收益水的情况，也能第一时间准确发现漏水。微信工作网使管理、技术、作业人员无障碍沟通，促进了无收益水工作的开展。

总之，科技及信息技术以及无收益水理论研究，使我们明确了无收益水构造，同时又促进了科技发展和理论研究甚至组织变革，以便使供水企业最终会在不久的将来彻底解决无收益水问题，完成人们对无收益水认识的第三次飞跃。

1.3 用户用水规律

无论生活、生产、商业用水，用水量是变化的。生活用水量随着生活习惯、地域、气候不同而变化；北方冬季供暖用水呈现用水高峰，工业冷却用水随气温和水温变化等。尽管如此，还是要研究用水市场中各类用户的用水行为，寻找规律，为了解用水市场和最终解决无收益水打下坚实基础。

1.3.1 研究用户用水规律的意义

1. 量化供水管网的物理漏失

目前能够通过计量表和数据监控获得某一区域或用户的长期供水数据，包括每天 24h 不同时段，甚至每分钟的数据。而供水量包含着用户用水量和供水管网的物理漏失水量，因此只要掌握用户用水量，便可以容易地获得不同时段的物理漏失水量。

2. 优化调度运行

掌握用户用水变化规律，可以使供水调度部门根据不同用水时段峰值、谷值进行合理的调配，促进供水管网调度优化运行。调度部门根据不同地区及用户用水性质和变化规律设置不同的压力报警值，通过闭环数据监控系统进行调整。

3. 有效控制账面漏损发生

在进行用户用水规律统计调查时，基本掌握用户的用水量，可以结合营业收费情况或总分表差值对营业收费进行考核，从而有效控制账面漏损情况发生。

4. 合理选择供水设备

供水设备、管网及附属设施投资是构成供水企业成本的主要因素，而设备选择首先根据用户用水量科学确定，不同地区、气候、风俗、经济结构等都会影响用户用水量。设计人员在设计时往往根据用户提供的资料或设计手册提供的数据进行核算，有些时候会产生偏差，给供水企业带来不必要的浪费。例如：鞍山居民最高日最高时用水量经多次测试、核定为 105L/(h·人)，而设计手册中的下限为 110L/(h·人)，设计人员以往通常按 180L/(h·人)的标准进行给水排水设计，使得在选择水泵、管道口径等方面都存在浪费问题，甚至增加无收益水的形成。

5. 无收益水理论创新的基础

揭开并解决无收益水，需要掌握和创新一系列理论并应用于实践。根据国内外的一些资料记载和我们的实践可知，许多解决无收益水的理论研究与实践都离不开对用户用水规律的研究，例如：最小夜间流量、DMA管理、水量预警、分区定量、白天水平衡测试等理论。这也是编者将用户用水规律放在本书第1章的原因。

1.3.2 居民用户用水规律

1. 研究方法

根据本地区用户数量及特征确定抽样样本规模、属性，通过计量手段获得不同季节每天24h用户用水数据并分析总结。计量手段可以采取如下几种：

（1）对每户居民水表抄读并记录，一般实施水表出户的用户能够做到，但工作量太大，不具备普遍性；

（2）对每户居民水表进行数据监控并储存，对于目前安装远传水表的居民用户能够做到；

（3）调选漏失水量为0的地区加装总表并进行数据监控。

2. 数据处理

横坐标一般以时间为单位，通常以1h为单位，也有以15min为单位的；纵坐标以户均或人均用水量为单位，也有用模式系数的（用户每时段用水量与平均时段用水量比）。

3. 计量数据可靠性

目前，国内居民用户计量器具多数采用*DN*15或*DN*20的普通机械水表或远传水表，按月结算，结算单位为立方米。而抽样的用户用水区域应尽量缩小规模以排除干扰因素，同时研究用户用水规律应以每天每户单位时段水量为参数，这样就存在两个问题。一是每个用户水表计量单位精度问题，是以立方米为单位还是0.1m^3，或者更小。二是漏失量为0区域总表计量单位以立方米是否满足要求。为此，采取总分表曲线拟合度的方法来解决这个问题，经实验证明，居民水表数据采集单位为0.1m^3即可满足要求，同时也证明总表以立方米计量可以满足要求。详见案例2。

4. 居民用户用水规律

1）双峰型

双峰型，即早高峰、晚高峰。东北地区一般早高峰为6：00～7：00，晚高峰为17：00～19：00时，也有部分区域晚高峰持续较长一些，增加一个小时左右。早高峰用水量较晚高峰和平均时段用水量多，但持续时间短。同时，国内部分人士通过每15min数据分析提出，夏季早高峰相对提前，冬季相对较晚。部分区域存在中午高峰，但量值不大。

2）最小夜间用水一致性

每天居民各个时段用水量波动较大，尤其早晚两个高峰，但是夜间最小用水时段用水基本一致，即夜间卫生间用水或马桶用水，多数为凌晨 2：00 ～ 4：00。

3）平峰时段用水量

平峰时段用水量，即居民白天生活用水量，用水时段为 8：00 ～ 17：00，其量值位于日平均时段水量偏上。

4）时变化系数

基本位于 1.8 ～ 2.5 之间。

5）周期性

一方面，每天居民用水都会经历夜间最小时段、早高峰、平峰、晚高峰这几个阶段；另一方面，随着一年四季的气候变化，居民用水也会呈现不同规律。东北地区居民用水量变化，1 ～ 4 月呈下降趋势，5 ～ 8 月逐渐增加，9 月开始下降，12 月至翌年 1 月增加。

6）差异性

以户为单位，居民用水具有差异性，与建筑面积、人口、用水设施相关，高档住宅区较普通住宅区水量可高出 1 倍以上。

1.3.3　非居民用户用水规律

1. 持续型用水

1）均匀型持续用水

均匀型持续用水的单位主要为供暖企业、三班运行生产型企业等，供暖企业用水量根据其供暖面积确定，三班运行生产企业根据生产规模及市场情况确定。

北方多数城市由于供暖用水，用水高峰期在冬季。供暖企业每天 24h 用水并波动，但从用水曲线看，峰值不明显且用水量偏差相对较小，基本属于均匀型用水。图 1-3、图 1-4 所示分别为某市立山地区锅炉房和换热站、三班运行生产型企业用水曲线。

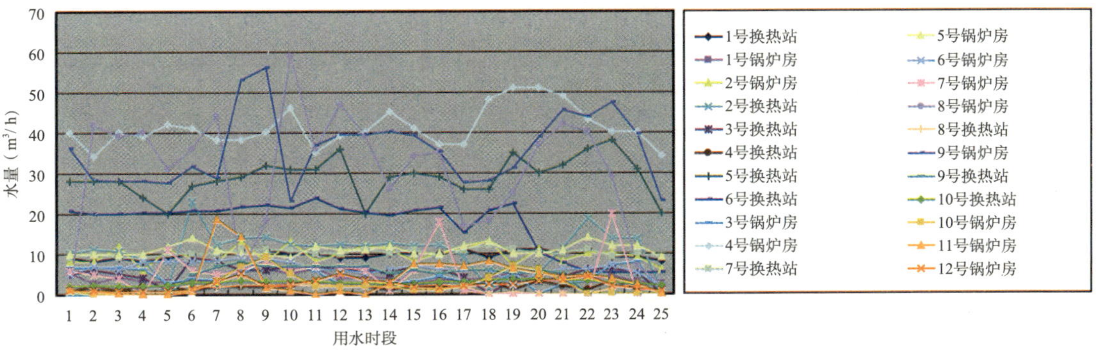

图 1-3　鞍山部分供暖企业 24h 用水曲线

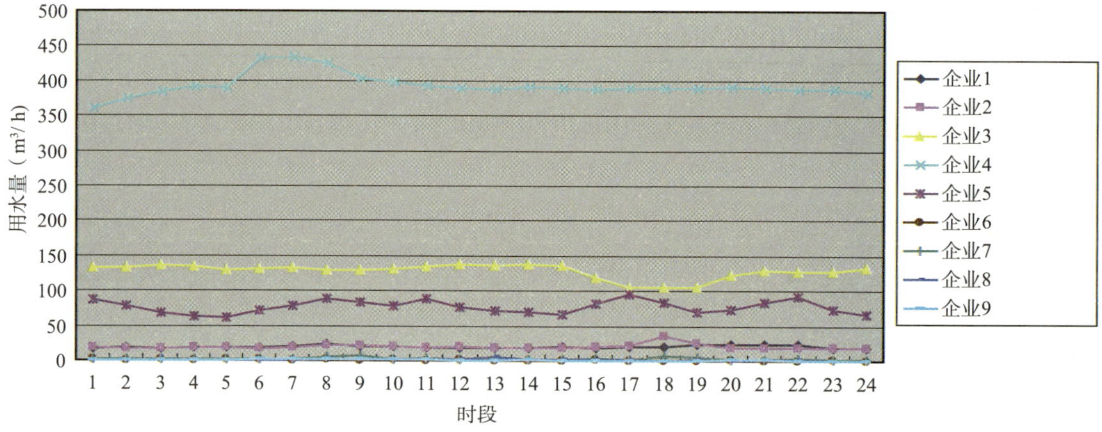

图 1-4　鞍山部分用水持续均衡企业用水曲线

2）持续周期型

该类用户主要是住宿学校、医院等，夜间用水较少，白天为用水高峰，用水量与规模和人数有关，类似于商业用水，属单峰型。

3）持续波动型

该类用户用水不规律，数量较少，多见于工业企业，图 1-5 所示为持续波动型企业用水曲线。

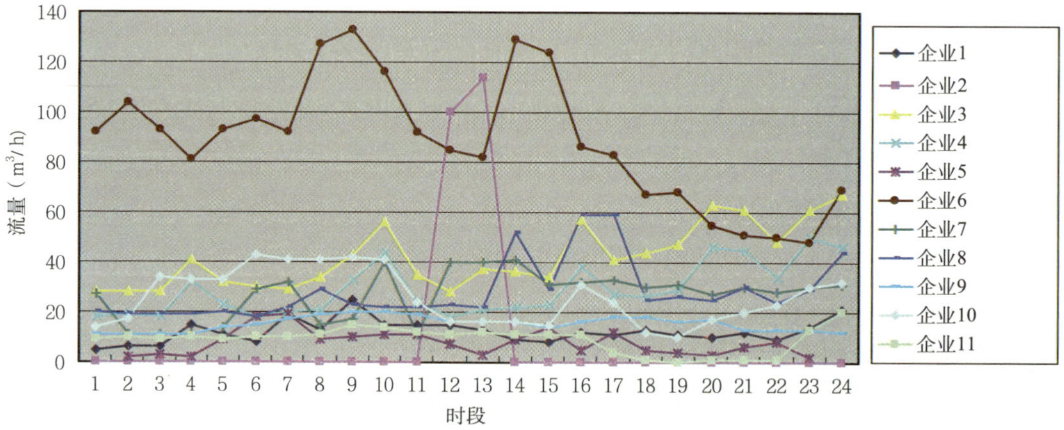

图 1-5　鞍山地区部分用水持续波动型企业用水曲线

2. 非持续用水型

许多商业、办公、不住宿学校等属于非持续用水型单位。该类用水用户占供水市场份额较大，在用水时间段里用水相对均匀，变化幅度较小。

1）单峰型

该类用户白天用水，基本稳定，偏差不大，偶尔波动较大。国内部分人员通过测试认为，有的单位也属双峰型，但从曲线看较居民的双峰型并不明显。图 1-6 所示为某 DMA 非居民用户用水曲线。

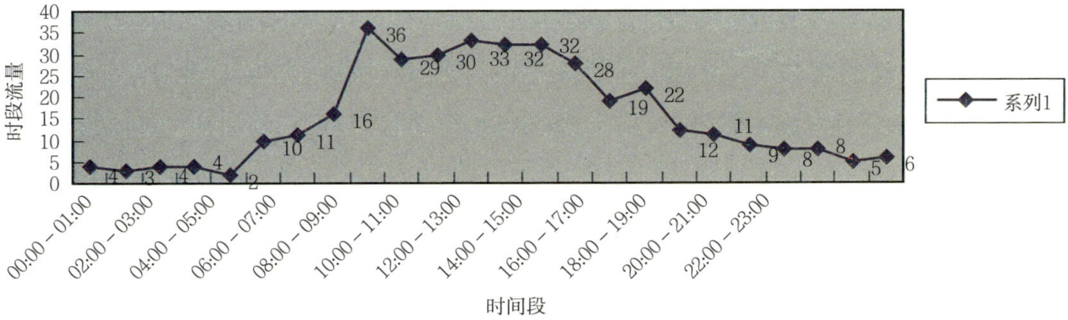

图 1-6　二区非居民用水曲线图

2）夜间用水趋于零

由于该类用户夜间只设值班人员，夜间 2:00 ～ 4:00 很少用水，相对密集的居民用户，在区域内用水趋近于零。经验表明，月收费水量小于 600 ～ 1000m^3 以上的用户可不必考虑夜间流量。

3）持续用水时间

一般用水时间为 9 ～ 10h，用水时段为 8：00 ～ 17：00；个别商业用户超过 12h。

4）时变化系数

基本位于 2.0 ～ 2.5 之间。

5）差异性

该类用户白天用水量差异性较大，与建筑规模、经济、人口密度等有关。

1.3.4　夜间最小流量原理

每天凌晨 2：00 ～ 4：00 为用户用水量最低时段，该时段定量测量和评价漏失水量最准确，这个理论现在已经得到普遍认同。同时我们知道，该时段多数情况下存在着少量用户用水，分离出该水量就是真实管网漏损。

1. 最小夜间流量大于等于漏失水量

通常情况下，接受最小夜间流量大于漏失水量这个概念。但是，在研究用户用水规律和 DMA 规模对漏失水量判断这两个问题后，将深信最小夜间流量存在等于漏失水量的情况。

（1）居民用水呈现双峰型，业内人士也称驼峰型，并验证必定存在夜间用水行为，此时最小夜间流量大于漏失水量。但是，非居民用户中有持续和非持续用水型，其中非持续用水型就存在夜间基本不用水现象，该区域内最小夜间流量等于漏失水量。

（2）这种现象还与DMA小区规模及表具计量性能、表径有关。通常DMA总表数据统计以立方米为基本计量单位，当DMA区域较小，用水总量不超过计量表始动流量时，最小夜间流量等于漏失水量。例如：某DMA表径300mm，始动流量1.2m^3/h，则该区域用户少于1200户时将存在最小夜间流量等于漏失水量现象。

2. 影响漏失水量识别的因素

1）DMA规模

规模越大，用户越多，尤其居民与非居民用户混合区域，其用户用水量越难以量化，漏失水量相对难以识别。

2）漏失量

漏失量越大越易识别，漏失量越小，漏量占最小夜流比例小，即分辨率低，则难以识别。

3）压力

压力波动越大，漏水量、用户用水量变化幅度越大，越难识别。

4）用户用水规律

用户用水越稳定，供水量中容易分离出来，越容易识别。

5）仪表计量性能

仪表精度越高、量程越宽，越容易识别。尤其小流量计量性能越好，则其识别程度越高。

3. 夜间用户用水量确定方法

根据最小流量原理，夜间用户用水量确定，其漏失量随之确定。因此，夜间用户用水量的确定对识别管网物理漏损起到决定性作用。通常夜间用户用水量确定包括以下几种方法。

1）发动人员夜间抄表得出实际夜间平均用水量

这种方法简单、直接、准确，此法仅适于某区域内非居民用水用户夜间用水量测试，而对于居民用户需要发动大量人员，很少采用。

2）根据用户夜间用水的“定额”（或者参考其他地区已知的用水数据）进行简单核算这样明显存在估算的误差。国外一些国家提出用水率法，主要用于计算背景漏失，属于估算。

英国各类用户夜间用水量按类估算方法如下。

（1）居民用户

居民夜间用水量 = 居民总数 × 夜间用水率

夜间用水率按户均人口数决定。

（2）白天用水为主的非居民用户

白天用水为主的非居民用户夜间用水量 = 非居民总数 × 夜间用水率

夜间用水率按表 1-8 计算。

不同类别的用户夜间用水率 表 1-8

类别	用户	夜间用水率（L/h）
A	没有安排夜间值班的警局、消防局，电话转接中心，银行，教堂，礼拜堂，花园，市场等	0.7
B	商店、办公室、手工艺品店、自动洗衣店、库房、物业公司、小型旅馆、修车厂、旅游车车站、农场、家养牲畜用水槽等	6.3
C	大型宾馆、学校、饭店、咖啡店、社区会堂等	10.4
D	医院、工厂、公共厕所、工作地点等	20.7
E	老年公寓、矿山、采石场等	60.6

3）实测流量检测法

通过数据监控系统获取测试区域内所有用户的用水数据，也可以对漏失量为 0 的区域采取总表计量法获取数据。目前,国内许多供水企业部分区域具备这个条件并能够逐渐推广。

4）数据统计法

中国论文网的科技论文《计量小区（DMA）夜间最小流量解析方法探讨与案例研究》一文中，Steven 提出采用大频率、高精度地采集夜间水量数据（数据采集可短至 1min/ 次），存在某一短暂瞬间，DMA 无用户用水情况发生，在消除压力影响的情况下，得到的夜间最小流量即近似等于漏失水量。该 DMA 夜间流量近似呈现正态分布，均值减去三倍标准差得出小流量出现概率小于 0.2%，说明在该流量下用户用水的概率已经非常低了。DMA 夜间流量解析方法估计真实漏损量选取凌晨 2：00 ～ 4：00 的流量。

首先把流量划分为一段一段小的区间，统计该流量段出现的频数，验证此频数分布是否符合正态分布；然后对该数据集“下限”附近的流量分布进行深入分析，剔除水表计量、信号干扰、数据波动的不利影响。选取正确的置信区间准确估计此时间段流量范围，区间估计的长度决定了该区间估计的精度，长度越长，置信度越高，但精度降低；长度太短置信度太低，与实际数据不符。选取了 68.2% ～ 99.74% 之间的 5 个置信度，对应的置信区间分别为（$\mu-k\delta$，$\mu+k\delta$），其中 k 分别取 1、1.5、2、2.5、3，与实际流量范围对比，找出最佳置信度。再观察数据量的不同是否会影响到置信度的选取，若无影响，选取此置信度，应用于其他小区；若有影响，推断其关联程度，分析根据不同的数据量选取不同的置信度。

我国中部某城市 DMA，居民用水户 3 000 件，DN200 进水管道并安装流量计，数据每隔 1min 采集并记录，统计的是 2012 年 7 月 4 日至 7 月 13 日凌晨 2：00 ～ 4：00 时段内的1080个流量数据。该时段流量围绕$7m^3/h$上下波动，存在管道真实漏损的现象，前已论述，小区的真实漏损范围为5.00～$5.75m^3/h$。数据统计显示：$\mu=6.854m^3/h$，$\delta=0.874$。抽出该DMA 9d中的任意3d，分析真实漏损量，选取正确的置信度，与全部数据所得的置信度相比较。置信水平分别选取68.3%、86.64%、95.5%、98.76%、99.74%，统计期望值1～3个标准差的范围。分析表明：无论是整个样本还是某一天，采用95.5%的置信度，($\mu-2\delta$，$\mu+2\delta$)的置信区间来分析凌晨2：00～4:00的流量数据是最佳的，因为无论采用全体样本，还是采用其余的流量数据分析，$\mu-2\delta$的流量数据都在范围内。说明采集的数据量的多少对统计小区凌晨2：00～4：00的流量数据及小区真实漏损量影响不大，故关于小区凌晨2：00～4：00的流量数据采用置信度95.5%来分析较可信，可消除低值的异常数据波动影响。若采用$\mu-3\delta$的数据，出现计算的流量值在实测中不存在的现象，故不予采纳。通过上述对某小区9d的流量数据的分析可以得出小区的真实漏损流量为$5.33m^3/h$，即真实漏损量在$5.33m^3/h$。

现按鞍山水司夜流理论研究结果对该小区进行分析，鞍山地区居民夜间用水量为$1.12\pm0.58L/(h\cdot cap)$，漏损为$(6.85-3000\times1.12\times10^{-3})m^3/h=3.49m^3/h$，两者计算值有所差距，主要是地区生活用水性质或用水器具问题和夜间用水量的偏差引起。同时，鞍山水司根据居民用水量测试提出了居民DMA管网漏水报警模型。

综上，目前国内基于最小夜间流理论研究管网漏失的方法和模型层出不穷，都是在掌握用户用水规律的基础上展开，以居民为主的DMA研究比较成熟，非居民的也基本清晰，混合型的还需要进一步整合。

4. 居民夜间用水量

近年来国内部分人士研究表明，居民夜间用水主要为夜间卫生间用水及少许夜归人用水，前者居多。凌晨2：00～4：00时夜间平均用水量基本稳定，起初认为该时间段用水分布为均匀型。后来缩短数据采集时间为1个数据/min，发现量值变化幅度不均、时间点不均，经量值统计作图判断为正态分布。这也为我们提供了一种计算管网漏失的统计方法。

鞍山水司明确提出鞍山地区居民平均夜间用水量为0.8～$1.2L/(h\cdot cap)$，高档住宅小区取上限，城市周边密集居住的老区取下限，一般情况取$1L/(h\cdot cap)$。国内部分城市也进行了居民用户夜间用水量测试，例如：郑州为0.5～$2L/(h\cdot cap)$。

【案例2：辽宁某市居民用水规律的测试与研究】

辽宁某市属温带大陆性气候，供水人口150万。2011年，该市有7万户居民使用远传水表，抽取7个漏失量为0的测试区域，1.5万户远传水表用户，对原手持机抄表居民远传水表系统改造为数据无线传输和存储，对居民水表的量值进行 24h 跟踪并记录。无远传用户实验由总表计量并实施数据监控。2011 年 1 ~ 9 月，经科学统计分析，给出居民生活用水量值和规律。

1. 居民用户水表计量单位确定

此次测试的主要课题之一就是研究本地区居民用户每天每个时段的用水规律，为此需要对测试区域内每块用户水表的每个时段进行抄表并记录，为了解决人工抄表带来的误差、对用户的打扰等问题，选择了具有数据采集和上传功能的远传水表区域作为实验区域。

居民用户水表计量单位选取 $0.1m^3$，由于每块水表抄表时段较短，可能存在计量单位选择较大致使用户用水规律测试量值不准问题。例如：某用户水表在抄表前一时刻即将进位，而这一时段仅用水 10L，则该用户记录用水量为 100L；而另一用户，水表抄表时刚刚进位，在下一时段用水 90L，则该用户记录用水量为 0L。基于上述问题，进行了科学分析并制订可行方案。居民用户用水具有一定规律，但在某时段并非均匀，抽取用户数量到达一定规模是符合正态分布的，上述个例是存在的，但发生概率极低，多数用户在用水区间内是可以计量的或者其误差量值是可以抵消的。因此，应选择管网无漏损区域，采用总分表同时抄表并对其数据进行分析和通过曲线拟合程度来确认其数据有效性，同时对总分表随机误差也能予以准确评价。

环山小区 *DN*200 的总进水管，安装东芝电磁流量计并实施数据监控，精度 0.2 级，该区域最小夜间流量为 $0m^3/h$；居民用户 292 件，每块水表实施数据监控。图 1-7 所示为该区域总分 24h 曲线图。

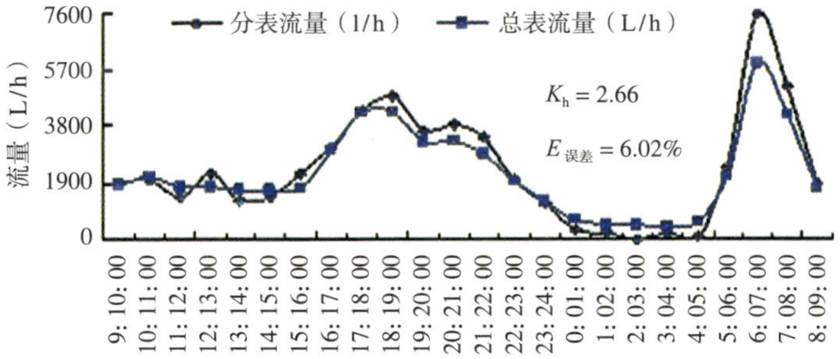

图 1-7　供水、售水逐时变化规律

由供水曲线（总表量值）、售水曲线（分表合计量值）逐时变化规律图（图 1-7）知，以总表计量值为真值（精度高于分表），用水高峰时居民用户分表总和略高于总表；平峰时两者持平，互有高低；夜间最小流量时，总表值略高于分表总和。但供水、售水曲线走向一致，相关度高达 0.99。因此，得到以下几个结论：

（1）居民用户水表以 $0.1m^3$ 为计量单位，满足用户用水规律实验的研究要求。

（2）DMA 区域供水管网无物理漏损，总表计量性能稳定的情况下，其量值能够代表该区域居民的用水规律。

（3）总分表误差确实存在，既有随机误差，也有系统误差。如果单纯表现为随机误差，则总分表误差趋近于 0；系统误差则是产生了总表大于分表或分表大于总表现象。

2. 居民用水性质

1）居民用水差异性

2011 年 4 ~ 9 月，汇华园、万科、环山等高档小区平均用水量为 $7.02 \pm 0.43m^3$/（月·cap）；太平、友好、繁荣、曙光、团结等普通小区用户平均用水量为 $4.76 \pm 0.41m^3$/（月·cap）。因此，该市居民用水具有差异性，其主要影响因素有住房面积、居住人口、用水器具等，分类统计见表 1-9。

测试用户用水设施及用水人口统计表 　　表 1-9

用户性质	用水人口（人）	建筑面积（m^2）	淋浴设备占有率(%)	坐便占有率（%）	洗衣机占有率（%）		
					无	半自动	全自动
高档商品房	3.1	108.3	86.7	133	0	16.7	83.3
普通住宅	2.62	70.13	47.5	97	30	17.5	52.5

2）日用水特性

4 ~ 9 月，居民最小用水时段在每天凌晨 2：00 ~ 4：00，平均为 1.17 ± 0.58L/（h·cap）。

早高峰是一天中最大用水时段，基本在早 6:00 ~ 7:00 点，平均 20.69 ± 6.6L /（h·cap）。

中午高峰用水时段为 11：00 ~ 13：00，用水量 8.99 ± 2.19L /（h·cap），特殊情况下，鞍钢居民生活小区出现没有中午高峰现象。

晚高峰用水时段为 17：00 ~ 19：00，用水量 13.12 ± 2.93L /（h·cap），特殊情况下，钢厂居民生活小区存在晚高峰大于早高峰现象。

时变化系数 $K_1 = 2.47 \pm 0.49$。某市居民生活用水曲线见图 1-8。

3）月用水量变化趋势：

由于项目从筹划到实施的准备时间较长，目前只有环山小区数据比较全面，因此这里以环山小区为例分析水量变化趋势。2011 年 1 ~ 9 月，环山小区平均用水量为 $6.5 \pm 0.49m^3$/（月·cap）；最大用水量为春节期间，即 1 月份，该月平均用水量为 $7.4m^3$/cap。之后

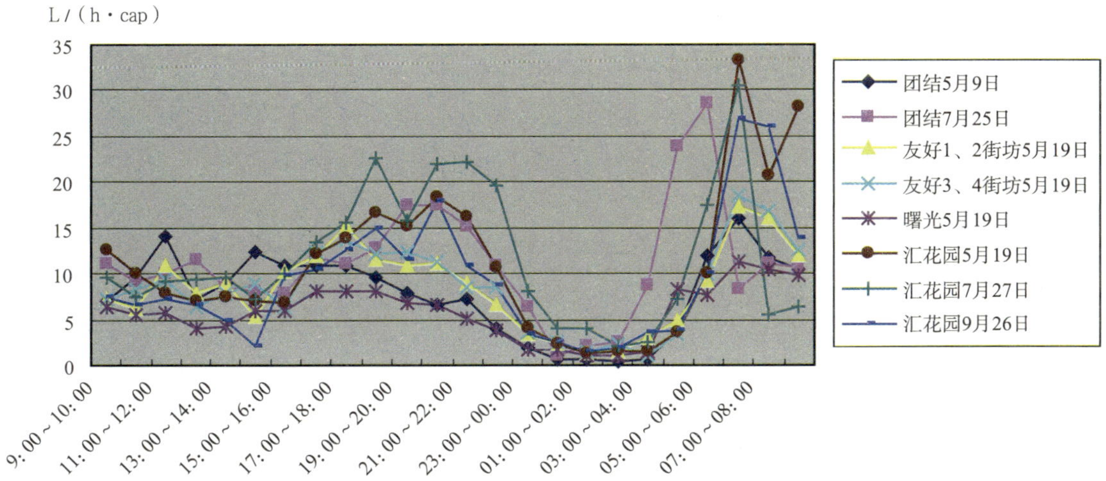

图 1-8　试验小区日均变化曲线图

逐月阶梯性下降至 4 月的 5.8m^3/cap，随后再逐月增加至 8 月的 6.9m^3/cap；之后继续下降至 9 月的 6.7m^3/cap。从环比及与平均值相比看，月居民平均用水量最大变化值为 ±12%，平均变化率 6.1%。

3. 测试结果应用

从图 1-8 看到各个时段居民用水量差值较大，尤其早高峰。数据统计显示，早、中、晚三个高峰居民用水变化幅度分别是 31.9%、24.4%、22.3%，变化幅度大，同时量值也较大。而每天凌晨 2:00 ~ 4:00 时用水量变化幅度量值较小，基本集中在 1.17L /（h · cap）。这为计算城市管网漏失水量奠定了基础。即判断居民小区漏失水量可以用该区域居民用户数量乘以 1.17L /（h · cap）便能较为准确地估计该区域漏失水量。同时，曲线中，9：00 ~ 17：00 时数值基本集中在 5 ~ 10L/（h · cap），居民用户小区白天测试，可以采取该值对该地区漏失水量作相对准确的估计，减少夜间测试工作。

1.4　无收益水结构评价

无收益水主要由供水管网物理漏损、账面漏损两个主要方面构成，而这两个因素又由许多因素构成。国内外的许多资料表明，由于各个地区实际情况不同，其构成及量值也不尽相同。因此，水司有必要弄清无收益水结构以便制订相应的措施进行控制，增加社会效益和企业经济效益。

1.4.1 无收益水结构评价方法

目前，国内对无收益水结构评价通常采用数据统计法、区域估算法、水量分层法等，各水司根据本单位计量体系、管理水平、技术支持等具体情况综合确定。

1. 数据统计法

数据统计法主要是针对一些难以量化的因素，通过数据统计寻找规律来确定。例如：消火栓、绿化、窃水造成的账面漏损等，部分水司也通过查修漏水数量估算物理漏失。

例如：某市日供水量 81 万 m^3，浴池 800 余家，每个浴池日接待人数达 70 人以上能够维持正常营业，按《用水定额》中每人每次平均用水量为 $0.25m^3$ 估算，日用水量 $17.5m^3$。而全市普通浴池平均收费水量 $120m^3$，据此估算每月每家浴池至少窃水 $400m^3$，日窃水 1.05 万 m^3，构成无收益水率为 1.2%。

2. 区域估算法

区域估算法是在选取 DMA 进行无收益水结构评价的基础上，利用夜日因子、用水结构等进行整体调整获得。区域估算法选取的 DMA 应具随机性，抽样数量应满足代表整体的置信度。夜日因子用来调整不同地区因压力变化引起的漏失水量变化。用水结构调整，主要是针对不同区域内用水用户组成不同而表现出来的整体用水规律不同，对夜间最小用水量的分解采取不同方法来整体确定无收益水结构。

3. 水量分层法

城市供水系统通过加装流量计得到供水量，包括管网物理漏损、用户用水量、抢维修水量、消防绿化水量等。通常情况下，夜间最小流量时段只含管网物理漏损及少部分用户用水，抢维修、管道施工和消防绿化等基本不再消耗水量。通过测量用户夜间用水量并将其在供水量中剥离出来便是该时段管网的物理漏损量，根据压力变化情况调整便得到全天的物理漏损。抢维修、管道施工和消防绿化等通过统计方法进行核算，剩余差值为账面漏损，包括售水计量体系误差及营业管理因素。

1.4.2 管网物理漏失水量

主要采取日最小时段流量分层法，在求得某地区平均日 24h 时段流量的基础上选取最小时段流量为计算漏失水量基数 Q_{min}，通过居民远传水表求得该时段居民用水量 Q_1，通过计量体系数据监控系统求得夜间大用户用水量 Q_2，通过水池水位监控和池体容积测算该时段水量调节量值 Q_3。以最小时段流量基数，减去各个用水量求得整个市区最小时段管网漏失水量并经压力方程逐个时段调整求和得到。

$$Q_{lost}=(Q_{min}-Q_1-Q_2-Q_3)\times 24 \text{ 或夜日因子}$$

Q_{lost}——日漏失水量；

Q_{min}——日平均最小时段流量，一般为凌晨 2：00 ~ 4：00；

Q_1——居民凌晨 2：00 ~ 4：00 用水量；

Q_2——大用户凌晨 2：00 ~ 4：00 用水量；

Q_3——水池凌晨 2：00 ~ 4：00 调节水量。

另外，国内一些资料显示，部分水司将历年查修漏水资料进行分析来推算管网物理漏失水量，准确程度难以把握，主要靠经验评估。

1.4.3 售水计量体系误差

据《城市供水行业 2000 年技术进步发展规划》统计表明，对全国 10 个城市 140 个总表和分表计量进行的全年调查，分表读数总和平均比总表读数小 5.8%。同时，也参阅了国内其他水司的有关资料，多数水司都存在不同的总分表误差。目前，从掌握的情况看，售水计量体系误差主要由总分表的随机误差和分表（用户水表）的环境误差、量程误差构成。因此，售水计量表误差根据实际情况具体确定。详细见第 2 章给水系统计量误差分析。售水计量体系误差测试原理为水平衡测试原理，即供水管网漏失为 0 的情况下，总表计量水量应等于用户用水计量表总和。

1.4.4 消防、绿化水量

消防、绿化水量应根据各个水司供水管理及计量情况确定，占无收益水的份额有较大差异。

1. 消防用水

每个城市关于消火栓的管理不尽相同，上海规定消火栓专供灭火救援、日常消防训练使用，绿化、环卫、建筑施工等单位确需临时使用市政消火栓的，经供水企业批准方可使用。而有的城市消火栓管理规定，除日常灭火救援、消防训练使用外，任何单位及个人不允许以任何形式使用消火栓取水。因此，消火栓影响无收益水程度随着用水市场管理的不同而不同，但是由于消火栓没有计量，总体上都是采取数理统计方法予以估算。

上海浦东威立雅自来水有限公司选择试点区域对市政消火栓使用情况进行调查，该区域供水面积 12.2km^2，区内消火栓 280 个，有 262 个消火栓安装了消火栓用水监控设备，可以记录消火栓的开启和关闭时间。试验表明，2012 年 7 ~ 8 月，该区域消火栓平均用水 25.8m^3/($d\cdot km^2$)。主要是绿化、道路冲洗用水，而这部分用水很少计量。

2. 绿化用水

绿化用水也是根据各城市供水管理具体确定，以表计量的绿化用水一般不构成无收益水。无表计量一般根据绿化面积、单位消耗定额估算，免费绿化水量将产生无收益水。

1.4.5 管网自用水

1. 改善水质用水

水质自身问题、水流方向改变、水龄较长、管网破口负压回流等原因可能导致城市供水管网出现局部水质异常现象，因此供水企业应针对不同情况利用消火栓或管道开口等将异常的水质排除，保证正常的生活、生产用水。

2. 工程施工用水

管道施工打压、冲洗、接点等用水。

3. 抢维修用水

管道爆管、维修漏水等用水。

【案例 3：鞍山市无收益水结构评价】

鞍山市地处东经 122° 13" ~ 123° 13"，北纬 40° 27" ~ 41° 34"，为大陆性气候。地势起伏较大，最高点海拔 78m，与最低点差 42m。日供水能力 40 万 m^3，供水面积 624km^2，供水管线长度 2342km，供水人口 168 万，居民用户 56 万件，非居民用户 2.3 万件。

市区供水管网为环状，周边地区支环结合。供水压力 0.1 ~ 0.5MPa，平均压力 0.22MPa。管线以灰口铸铁、球墨铸铁、普通钢管为主。供水方式为水厂直接加压进入市区供水或进入高位水池以重力流供水，高层建筑及部分地势较高用户采取二次加压泵站供水。

1996 年开始对全市实施水平衡测试并策划分区计量，1999 年完成分区计量并统计无收益水率达 50% 以上，2002 年实施二级计量（分所计量），2003 年试点实施小区计量。2006 年将无收益水率列入年度考核计划，2008 年无收益水率达 36%，2009 ~ 2011 年剖析无收益水结构并制订整体降低无收益水措施，2015 年上半年无收益水率达 25%。因此，无收益水结构定量分析对降低无收益水极为重要。

鞍山水司根据中国城镇供水协会关于无收益水结构的评价，参考国际水协的相关说明结合自身特点分析如下。

1. 供水管网漏失水量确定

管网物理漏失水量，即水在输送和储存（调节水池、水塔等构筑物）过程中的损耗，一般指水厂出口至用户表前所有供水构筑物、供水管线及附属设施的漏失水量。由于夜间用户用水量较少，漏水量易于识别，宜采用夜间流量分层法。2011 年，鞍山立山地区供水量占全市供水量的 25%，较大的工业用水用户全部实施数据监控；居民用户用水规律通过测试已经掌握。其他各地区经营公司管理模式基本相同，无收益水率平均偏差不大。因此，以立山公司代替鞍山地区进行供水管网漏失水量评定。

1）夜间时段最小流量 Q_{min} 确定

利用鞍山水司分区计量数据监控系统对立山地区所有计量点以日为单位、每小时为 1 个时段，分段累积进出立山地区的水流量，可以得到立山地区的供水曲线，并从变化曲线中求得 8 ~ 10 月立山地区每天最小用水时段为夜间 3:00 ~ 4:00，用水量为 2763 ± 205m^3/h。

2）日平均最小时段居民用水量 Q_1 确定

由试验知道鞍山地区居民最小用水时段为夜间 2:00 ~ 4:00，用水量为 1.17 ± 0.58L /（h·cap），同时立山地区有居民用户 20 万件，因此该地区夜间最小用水量 Q_1 为 234 ± 116m^3/h。

3）日最小流量时段大用户用水量 Q_2 测试

立山地区共有 4805 件非居民用户，其中月用水量 600m^3 以下的用户 4392 件，测试发现月用水量低于 600m^3 的用户，夜间基本不用水，夜间最小时段流量为 0。因此，主要分析立山地区月用水量 600m^3 以上用户的夜间用水量。

方法一：

143 件大用户中有 60 件大用户分布在大赵台水厂 2 号、3 号出水管至立山水厂（中途加压站）进口之间的灵山地区。通过加装计量体系量值核算，即大赵台 2 号、3 号出水管计量表计量水量减去立山水厂出水量和水池调节量得到该地区大用户夜间 3：00 ~ 4：00 累积时段流量为 793m^3。同时，从收费水量比例看，60 件可测试区域大用户水量占 143 件的总收费比例为 79.5%。因此，其他 83 件非居民用户虽然件数比例高，但水量比例小，参照总水量比例法推算夜间流量为 793 ÷ 79.5% × 20.5%=204m^3。即立山地区非居民用户夜间 3：00 ~ 4：00 时段流量为 997m^3。

方法二：

通过方法一知道，灵山地区可测试的用户用水量为 793m^3，其余 80 件按非居民用户日用水量与夜间流量关系统计表分项推算为 215m^3。立山地区非居民用户夜间 3：00 ~ 4：00 时段流量为 1008m^3。

综合以上两种算法，立山地区非居民用户夜间 3:00 ~ 4:00 时段平均流量为 1002m^3/h。

4）夜间 3：00 ~ 4：00 水池 Q_3 调节水量确定

鞍山城区供水管网共有 3 个高位水池、2 个中途加压泵站。其中，双头山高地水池、立山水厂属立山地区。双头山水池面积 2500m^2，深 5m，可调节水量 10000m^3；立山水厂水池面积 3500m^2，深 5m，可调节水量 17500m^3。由于鞍山城市供水系统总体运行以压定产，运行稳定，因此分别随机抽取 9 月 1 ~ 10 日水池水位代表整体调节水量。通过数据调查和计算得立山地区凌晨 3：00 ~ 4：00 的日平均水池调节水量为 765m^3。

综上，城市管网漏失水量及占无收益水比例计算如下：

$$Q_{lost} = (Q_{min} - Q_1 - Q_2 - Q_3) \times 24 = 18432\text{m}^3/\text{d}$$

立山地区 2011 年 8 ~ 10 月统计无收益水率平均为 26.53%，平均每天供水量为 90737m^3，无收益水 24045m^3，实测漏水量为 18432m^3/d，因此管网物理漏失水量占无收益水的 76.7%。

2. 售水计量体系误差测定

根据本书第 2 章给水系统计量误差分析，售水计量体系误差为 1.94% ± 4.2%，鞍山 2011 年平均无收益水率为 34.95%，售水计量体系误差占比为 1.94% ÷ 34.95%=5.55%。

3. 消防绿化用水量

鞍山地区规定无论任何单位或个人不允许在市政供水管网消火栓取水，消火栓给水只作为消防部门训练和急救用水，经分析消防部门提供资料可知，消防用水占无收益水率为 0.019%。当然，在市郊个别消火栓也发现在夜间有窃水行为，这里忽略不计。

鞍山地区绿化用水实施仪表计量，基本不产生无效水量或影响较小。

4. 管网自用水

（1）改善水质用水：根据调度记录，2011 年首山水源供水地区消火栓放水 30 处，每周 2 次，每次冲洗 1h，按流速 3m/s 计算，全年改善水质用水 40.83 万 t。

（2）工程施工用水：2011 年工程施工 245 项，每次接点停水区域半径平均按 1500m 计，停水主管道按 *DN*500 计，管网耗水量 7.35 万 t。管道冲洗平均 1h，按 SA100/65-1.0 双孔消火栓计算，流速 2m/s，计算水量为 3.19 万 t。打压用水按管径和长度计算，水量为 0.27 万 t。

（3）抢维修用水：2011 年，全市抢维修 1023 次，其中 *DN*300 以上 278 次，抢维修停水区域按 *DN*400 管道 1000m 计算；*DN*300 以下 745 次，抢维修停水区域按 *DN*150 管道 200m 计算；由此计算水量为 0.26 万 t。

因此，2011 年公司管网自用水 57.29 万 t，经计算占无收益水的 1.24%。

5. 管理因素

管理因素目前无法量化，根据产销平衡理论，运用产销差水等式计算，剔除可量化因素得到。即，管理因素 = 100% – 管网漏失水量占比 – 售水计量体系占比 – 消防绿化占比 – 管网自用水占比 = 100% – 76.7% – 5.55% – 0.019% – 1.24% = 16.51%。

由于无收益水结构评价方法不能对各个因素完全量化，评价过程中存在一些不确定因素，管理因素的量化结果存在一定误差，但管理因素确实存在。例如：用户窃水、用户抄表率等。

某市立山、千山经营公司分别选取 1 个 DMA，A 区、B 区，区域内居民水表均为户外表且具有数据监控功能，试验期间人工抄表出账。A 区实际参加测试用户为 280 件，挑账户 5 件（因用户不在家居住，按公司规定并经批准不出账的用户）。测试时间为 2010 年 6、7、8 月。测试结果表明：6、7 月该区抄表员多出账 $0.22m^3$/（月 · 件），8 月少出账 $0.63m^3$/（月 · 件），总体平均每月少出 $0.19m^3$/ 件。经数据分析和现场落实可知，造成总体少出账的原因之一是抄表员 6、7 月没有抄表并估量。8 月抄表时，发现部分用户积压水量，怕产生阶梯水量用户拒绝交费，因而少出账。还有部分用户找人说情产生人情量或更换水表不出账。其次，部分挑账户实际在用水，抄表员没有及时抄表予以纠正，属于不合理挑账。

B 区用户实际参加测试为 616 件，挑账户 17 件，测试时间为 2010 年 8 月。测试结果表明：该区抄表员少出账 $0.22m^3$/（月 · 件）。经数据分析和现场落实可知，造成总体少出账的原因之一是部分用户家里漏水，产生阶梯水量，用户拒绝交费，与用户协商逐月找量；另一个主要原因是 17 件挑账户用水量达 $73m^3$/ 月。综合 A、B 两区并以此推算，由于抄表率管理问题，该市居民平均每月少收水量 $0.21m^3$，占无收益水率的 2.5%。

6. 鞍山市无收益水率量化分布见图 1-9

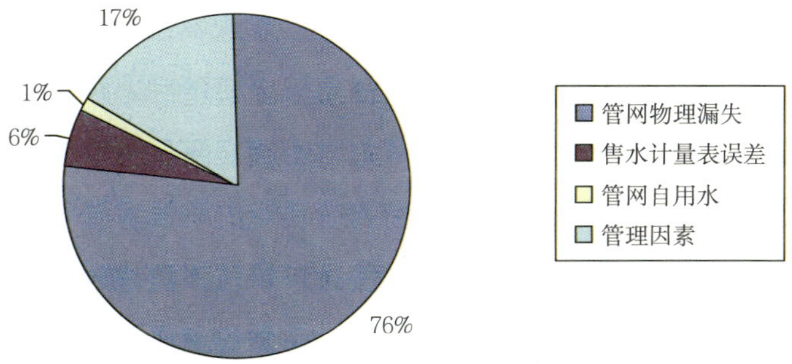

图 1-9　鞍山量化无收益水分布图

1.5　经济无收益水率

1.5.1　经济无收益水率意义

随着技术发展和管理水平提升，供水行业最终解决无收益水问题是必然的，这将为供水企业带来巨大的经济效益。按鞍山水司 2014 年的供水量计算，无收益水率降低一个百分点，企业年增加经济效益 240 万元。但降低无收益水需要投入大量资金购置设备仪表、引进技术、管网更新改造等，无限度地降低无收益水可能是不经济的。从鞍山量化无收益水构造结果看，售水计量表误差引起的无收益水率为 1.94%，解决这个问题每年带来的经济效益为 480 万元，以水表轮换周期 6 年计，总效益 2880 万元。在不包括水表首检、安装等费用的前提下，6 年内水表更换的购置费就高达 3000 万元。因此，探讨经济无收益水率是极为必要的。

1. 行业的最终目标

《2020 远景》提出，2010 ~ 2015 年，国内各类供水企业漏损控制目标为 10% 以内，2015 ~ 2020 年达到国际先进水平。目前，国内多数企业没有达到这一目标，降低和控制无收益水会给供水企业带来经济效益，应治理管理体制和技术缺陷，也加大了资源投入，尤其是资金投入。由多年来的实践经验可知，降低无收益水不是一蹴而就的，而是循序渐进的，以平衡投资和经济效益为基准点，即经济无收益水率，其最终目标是使企业进入良性循环，达到企业运行成本最低，这也是行业的最终目标。

2. 供水企业制订年度计划方法

供水企业在制订年度计划时，首先计算其盈亏平衡点，结合供水市场制订营业售水计划，满足企业的正常经营所需要的资金。但供水市场变化使得售水计划可能制订得过低，供水管网（售水渠道）耗水率变化使得制水成本过高，因此在制订售水计划时应考虑控制供水无收益率。每年，供水企业应根据自身现状，考虑投入与降低无收益水带来的经济效益，制订年度计划，逐步达到行业指标。

3. 科学控制无收益水

经济无收益水率制订，是在合理组分无收益水并制订相应措施，在合理财务规划的基础上制订，使降低无收益水走向科学化、规范化，是有明确目标和具体方法的。摒弃了以往供水企业盲目降低无收益水的做法。

1.5.2 经济无收益水率特点

1. 经济性

经济无收益水率的确定，主要以控制无收益水采取的措施及投资与带来的经济效益比较来评价其可行性，考虑其收益与运行成本关系，即始终以经济为目标并采取手段，是控制无收益水的核心。即便一些城市可能由于特殊原因将无收益水率降至较低程度，但投资极不经济或影响地方经济，那么也会延缓执行或采取其他先进技术来解决。

2. 技术性

供水企业在制订经济无收益水率时，不同的技术方案是决定投资的主要因素。例如，鞍山铁东区与铁西区之间的 *DN*800 连接钢管长约 700m，经计量人员测试确定该管线每天漏水达 $1000m^3$。由于该管线运行时间较长，穿越中长铁路并敷设在套管内，技术人员根据以往经验推断该管段漏失属管道锈蚀所致，应采取全断面更换法。后经管道内部探测显示该管段漏水属钢管焊缝采取外部单面焊接导致漏水，采取管道内部胀缝技术解决，节约大量资金。

3. 动态性

不同的企业，由于管理现状、无收益水构成、资金投入能力、作业能力等不尽相同，经济无收益水率制订水平是不一样的。不同时期，随着企业面临的环境条件变化，经济无收益水率是动态变化的。即使在同一时期，影响无收益水的各种因素也是相互联系和转换的，必然也会对其产生影响。例如，企业资金投入能力大于其管理水平和作业能力，则降低无收益水取得的经济效益将会受到影响，资金部分闲置，没有发挥应有作用；反之，由于资金问题，降低控制无收益水工作效率。因此，无收益水经济水平的制订应在充分分析企业实际状况和协调企业资源的基础上以年度为时间单位具体进行。无收益水构成及量值也是影响其经济水平的因素，当无收益水量值越小时，其经济点越低，年度取得的效益越小，但长期效益越大。

1.5.3 经济无收益水率确定

1. 经济无收益水率构造分析

由于计量体系完善程度、用户用水性质的掌握程度、地区差异等，国内许多水司对无收益水的构成分析有所不同，但都是基于水平衡测试原理，以国际或国内水协平衡表为基准。无收益水构造因素分析是确定经济无收益水率的一种方法。从供水行业的长期经济效益看，只要通过技术和管理能解决的无收益水的形成问题，经济无收益水率就是供水行业的最终管理指标。下面以 2010 年鞍山水司对其的构成分析为例，确定经济无收益水率如下：

（1）管网漏失构成无收益水率为 26.8%，其中背景漏失为 4.9%，城区调节构筑物为 0.8‰（可忽略），其他为爆管漏水。从查修漏水的技术角度可知，4.9% 的背景漏失为不可查修漏水，虽然部分背景漏失可发展为爆管漏水，但新的背景漏失可能继续发生。从管网改造角度可知，现存背景漏失可以完全解决，投资较大。

（2）管理因素构成无收益水率为 5.8%，主要指营业抄收管理，通过加强营业管理是可以杜绝的。虽然窃水行为不可能全部杜绝，但其比例很小。

（3）计量表误差构成无收益水率为 1.94% ± 4.2%，是指总分表误差，既然无收益水率来自总表计量，因此这个差值将一直存在并不易消除。

（4）管网自用水占 0.43%，一般随着管网爆管次数下降、水质改善、施工减少而减少，差值依然存在，但占比极小。

综上，从技术、管理角度和长远规划，以不可避免的无收益水率为基准，则经济无收益水率为 1.94% ± 0.43%；就企业自身目前状况，在不解决背景漏失的情况下，经济无收益水率为 6.84%。

2. 经济无收益水率财务分析

由同济大学出版社翻译出版的《无收益水量管理手册》中，关于设定合理的 NRW 消减目标的重要性中介绍了无收益水量的经济水平确定，以确定漏损水量成本和 NRW 管理成本并叠加，由于漏损水量成本是递增函数，而 NRW 管理成本为递减函数，因此必然出现成本最低时无收益水量。

目前，我国水行业无收益水率管理水平差异较大，同时又是动态变化的。从企业自身管理、技术能力和拥有的资源等看，用于制订年度计划的经济无收益水率是不尽相同的。但从财务管理角度看，经济无收益水率的制订原理是一致的。下面分别介绍不同的无收益水率情况下，经济无收益水率确定的特点。

1）无收益水率与行业标准差距较大

当供水企业无收益水率较高时，与行业标准差距较大。由于企业资金、能力等影响，不可能在较短的时间内达到行业标准，应以项目投资的角度规划经济无收益水率。其特点如下：

（1）项目方案应科学、可行，经多方论证择优确定。

（2）资金需求量较大，企业自有资金有限，融资方案显得更加重要。

（3）无收益水率以物理漏损为主，企业产水量下降，电耗减少，固定成本降低。同时，企业投资形成固定资产部分也增加固定成本，但总体使固定成本降低。一般来说，先进的仪器设备购置、技术改造降低固定成本较多，管网改造降低固定成本相对较少。严格意义上讲，不是真正的经济无收益水率。

（4）固定成本下降，使企业盈亏平衡点下降。

2）无收益水率接近或达到行业标准

无收益水率接近或达到行业标准时，企业管理即将或已经进入良性循环，基本达到最佳经济无收益水率。但，企业仍需要策划并保持。其特点如下：

（1）物理漏损基本控制，背景漏失需要管网改造解决，固定成本可能增加，更需要强大的技术支持和严细管理来控制；账面漏损控制将成为重点，直接人工、耗材增加将加大变动成本，维持抄收运行是成本管理的重点。

（2）企业不再需要大量资金控制无收益水，可能转向降低产水能耗和提高生产工艺。

（3）控制无收益水管理设置的仪器、仪表等设备面临更新换代，投资将不再带来较大的经济效益，科学的成本管理成为控制无收益水的核心。

1.6　无收益水率微分方程的研究

目前，国内各水司查找管网漏失工作取得了很大的成绩，但缺乏对管道漏损控制工作的总体量化评价，年度总结也只是停留在简单的加减运算上，缺少指导职能。本文借鉴国内同行有关无收益水全微分方程增量的研究与探讨，结合鞍山水司漏控工作的实际情况，演绎推理和实证该公式的有效性，最后从定量到定性的角度来评价鞍山水司 2005 年和 2006 年管网的漏控工作，并推演出产销平衡方程。

1.6.1　无收益水全微分方程的建立

1. 管网漏失的影响因素

$$无收益水率(\Psi)=(供水量-售水量)\div供水量\times100\% \quad (1\text{-}1)$$

$$供水量(y)=售水量(x)+有效未收费水量(z)+管网漏失(m) \quad (1\text{-}2)$$

$$管网漏失率(\lambda)=[1-(x+z)/y]\times100\% \quad (1\text{-}3)$$

对公式（1-3）全微分得：

$$\begin{aligned}\mathrm{d}\lambda &= -(\delta\lambda/\delta x)\cdot\Delta x-(\delta\lambda/\delta y)\cdot\Delta y-(\delta\lambda/\delta z)\cdot\Delta z\\ &= -\delta[(x+z)/y]/\delta x\cdot\Delta x-\delta[(x+z)/y]/\delta y\cdot\Delta y-\delta[(x+z)/y]\lambda/\delta z\cdot\Delta z\\ &= [(x+z)/y^2]\cdot\Delta y-(1/y)\cdot\Delta x-(1/y)\cdot\Delta z \end{aligned} \quad (1\text{-}4)$$

公式（1-4）是管网漏失率的全微分方程，管网漏失率的变化由三个微分增量组成，供水增量（Δy）、售水增量（Δx）、有效未收费水量增量（Δz）。前两项由公司计量系统提供，而变量 z 是下列因素的函数：

$$F(z)=f(\alpha、\beta、\zeta、\varepsilon、\mu、\omega)$$

式中 α——消防用水，按我司实际调查及省内其他城市的情况反馈，结合《给水排水设计手册》，消防用水占用比例不大，小于0.5%。另外，消防演习用量较大而且恒定。

β——绿化用量，在北方夏季用量增加，冬季较少，而且大多数较大的绿化用水有表计量。

ζ——计量表误差，根据误差理论和2006年总公司营业处抽样调查，总体计量偏差符合正态分布。我司每年水表更换量数量不多，整体精度不受影响。因此，计量表误差影响变化相对恒定。

ε——管道施工用水，随季节变化，但用量不大。

μ——管网自用冲洗用水，用量恒定，用量不大。

ω——非法用水，管理程度的函数，管理科学严密则量值减少，否则增加。就我司实际情况，非法用水量值是减函数，总体看变化不大。

通过分析可知：α、ζ、μ、ω等因素基本恒定，可视为常数；β、ε随季节变化，从分段函数角度看，冬季为零，用水季节量值变化也不大，就管网漏失率的全微分方程看，可以忽略。所以，管道漏失的变化完全可以由供水量和售水量的变化来反映。

2. 无收益水全微分方程的建立

对无收益水率方程（1-1）全微分得：

$$\mathrm{d}\Psi = (x/y^2)\cdot\Delta y - (1/y)\cdot\Delta x \tag{1-5}$$

式中 $(x/y^2)\cdot\Delta y$——供水量变化对无收益水率变化的影响；

$-(1/y)\cdot\Delta x$——售水量变化对无收益水率变化的影响。

无收益水率的变化一方面由供、售水量变化影响；另一方面受有效无收费水量影响，但经过上述分析可知：一部分变量可视为常数，构成无收益水，但不影响无收益水率的变化；另一部分变化较小，可以忽略，不影响计算精度。所以，无收益水率变化值减去供、售水量全微分增量能够代表管网漏失率变化，以定量的角度评价管网漏控水平。

1.6.2 全微分方程应用实证

理论阐述的无收益水率全微分方程是根据现实情况模拟和化简得到的，应用中是否有效应经过验证才能应用到实际中。本文采取实证验算的方法确定该微分方程的有效性。

1. 单体漏点验证

2007年5～8月立山公司无收益水率日益增加，最高上升了9个百分点。因此，立山公司从 6 月开始进行普查、夜查、重点查相结合，虽然小漏连查不断，但仍没有遏止住无收益水率上升的趋势。8 月 16 日，立山公司在中华路查到 *DN*200 断管一处并修复，实测流量 $105m^3/h$。因此，利用全微分方程求解无收益水率增量中已知管道漏损的影响来证明该方程的有效性。统计计算见表 1-10。

单体漏点无收益水率全微分方程计算实证计算表　　表 1-10

月份	供水量（y）	售水量（x）	差率（%）	Δx	Δy	$d\Psi$	调整差率（%）	漏失上限比值（%）
5 月	2649911	1750838	33.93	—	—	—	33.93	—
6 月	2770830	1779144	35.79	120919	28306	1.95	33.84	–0.09
7 月	2786559	1796566	35.53	15729	17422	–0.26	35.79	1.95
8 月	2639681	1721854	34.77	–146878	–74712	–0.72	35.49	–0.3
9 月	2444580	1793107	26.65	–195101	71253	–7.52	34.17	–1.32

计算说明：

（1）Δx、Δy、$d\Psi$ 等变量计算采用环比计算法，即下月数值减去上月数值。

（2）无收益水率调整值为本月无收益水减去供、售水增量对无收益水率的贡献。

（3）通过表格计算得到 9 月管道漏失量较 8 月减少 1.32%，这个数值是否正确需进一步验算。上述 8 月 16 日实测漏点流量为 $105m^3/h$，则日累计漏损为 $105m^3/h \times 24h$，即每天为 $2520m^3$。由于 8 月中旬查堵该处漏水，所以实际下降比例应为 2.64%，核日水量为 $86951 \times 2.64\% = 2295m^3$。因此，实测与全微分方程计算数值基本接近，证明该方程有效。

（4）该公司通过 5、6 月努力，6 月使得管网漏失的恶化趋势得到控制，7 月漏失突然加大，经一个月努力，终于在 8 月得到制止。同时，将 9 月和 5 月的供、售水量值代入方程并调整 9 月无收益水率为 33.36%，即 8 月查堵漏水后，较 5 月漏失减少，证明该漏水点从 5 月开始逐月增加直至查堵。

2. 连续多体漏点验证

2004 年，铁西公司永乐管修所所长在分析历年该所供、售水统计报表并走访基层用户的基础上，结合市政小区建设和排水改造，适宜地提出当年降低无收益水计划，以查堵管道漏水为主要工作重点。经过半年努力，该所无收益水大为改变，管网漏失大幅度下降。现在利用全微分方程求解并验证其有效性。计算结果见表 1-11。

根据计算表分析如下：

（1）该所 4 月水量突降并非查堵管道漏失而为，主要是因冬季供暖停止造成的季节性差异所致，2 ~ 4 月整个管网漏失无大变化。

连续多体漏点产销差率全微分方程计算实证结果　　表 1-11

时间	2月	3月	4月	5月	6月	7月	8月	9月	10月	11月	12月	合计
漏失上限比值（%）	-0.01	-0.13	0.55	-5.28	-2.4	-2.84	-9.21	-7.8	-8.99	1.94	1.01	—
日减少漏失量（m^3）	-1	-15	64	-537	-231	-246	-776	-584	-629	142	76	-2719

（2）5月初查堵一处较大漏水，原埋压 *DN*300 水门芯被圆木封堵，后经长期腐蚀烂掉，经计算该点漏量为 240m^3/d；另于本月又查堵两处居民楼 ϕ50 进户钢管腐烂漏水，核算水量 300m^3/d；两者相加与方程计算基本相符。

（3）8月永乐街 *DN*500 管口漏水，根据永乐街 *DN*500 分所计量表（海峰流量计）修漏前后瞬时流量对比可知，该量值为 720m^3/d，与方程计算基本相符。

（4）9、10月分别在永乐街、大西街发现 *DN*300 管裂，经计算与方程量值相符。

（5）2004年该所1月和12月均属冬季供暖期，日供水量分别为 11837m^3、7559m^3，差 4278m^3。而根据计算表累计日减少漏失量为 2719m^3，差值较大，主要是查堵漏水时间差的问题。因此，根据5、8、9、10这四个月（其他月查找的小量漏水视为均匀分布）查堵大漏时间并调整漏量，认为各大漏点查堵时间平均为每月中旬，（537+776+584+629）÷2=1263m^3，1263+2719=3982m^3，实际测量值基本与方程计算相符。

1.6.3　管网漏控工作评价

根据全微分方程的理论推导和实证，现制表计算我司 2005、2006 年管网漏控情况并分析。

1. 应用方程的条件及修正

该方程应用的自变量必须真实，符合自然统计特征，即必须保证供水计量体系量值传递准确或满足一定精度要求。因此，在计算 2005、2006 年管网漏控指标时结合实际调整如下：

（1）由于经营一公司和四公司之间区域计量表故障，不能准确反映实际情况，所以将两公司合为一个公司计算指标，即总指标只能分解为三个经营公司指标。

（2）每年1月民用收费按双月收取，春节后3月抄表多退少补，1、2月售水量有主观因素，不具有自然属性。因此，指标评价只能从3月开始。

2005年1、12月售水量含追缴量较大，破坏了统计量的自然属性。因此，只能对 2005年3～11月进行计算，推测全年漏控情况。

2. 全微分方程计算表（表 1–12、表 1–13）

2005 年无收益水率全微分方程计算表　　表 1–12

月份	供水量（y）	售水量（x）	差率（%）	Δx	Δy	$d\Psi$	调整差率（%）	漏失上限比值（%）	月累计减少漏失量（m^3）
3 月	10739600	7106900	33.83	—	—	—	—	—	—
4 月	9096800	6146700	32.43	–1642800	–960200	–1.18	33.61	–0.22	–23436
5 月	9245500	6127200	33.73	148700	–19500	1.32	32.41	–0.02	–1718
6 月	9105200	6279200	31.04	–140300	152000	–2.65	33.69	–0.04	–3724
7 月	9681000	6296100	34.96	575800	16900	4.18	30.78	–0.26	–23264
8 月	9344400	6333300	32.22	–336600	37200	–2.65	34.87	–0.09	–9149
9 月	9047210	6288846	30.49	–297190	–44454	–1.68	32.17	–0.05	–4687
10 月	9180300	7175400	21.84	133090	886554	–8.78	30.62	0.13	11458
11 月	9265110	7844100	15.34	84810	668700	–6.56	21.90	0.06	5692
合计									–48829

2006 年无收益水率全微分方程计算表　　表 1–13

月份	供水量（y）	售水量（x）	差率（%）	Δx	Δy	$d\Psi$	调整差率（%）	漏失上限比值（%）	日减少漏失量（m^3）
3 月	10776747	7204473	33.15	—	—	—	—	—	—
4 月	9335070	6548478	29.85	–1441677	–655995	–2.86	32.71	–0.44	–47837
5 月	9324273	6320084	32.22	–10797	–228394	2.37	29.85	0.00	421
6 月	9272100	6298572	32.07	–52173	–21512	–0.15	32.22	0.00	–135
7 月	9592082	6236709	34.98	319982	–61863	3.01	31.97	–0.10	–9410
8 月	9575676	6234680	34.89	–16406	–2029	–0.09	34.98	0.00	5
9 月	9100800	6231468	31.53	–474876	–3212	–3.20	34.73	–0.16	–15765
10 月	9602529	6611311	31.15	501729	379843	–0.40	31.55	0.02	1718
11 月	9703200	6633622	31.63	100671	22311	0.49	31.14	–0.01	–909
12 月	10041551	6696038	33.32	338351	62416	1.74	31.58	–0.05	–4915
合计									–76826

3. 漏控曲线（图 1–10）

4. 漏控评价

（1）从查堵漏水时间的分布看，基本平均分布在每月中旬，因此管网漏控水量应调整 1.5 倍。经调整，2005 年鞍山自来水公司因查堵漏水减少无效供水为 81817m^3；2006 年减少无效供水为 115241m^3。2006 年较 2005 年更加有效地控制了城市供水管网漏失水平，但总体漏控水平不高。

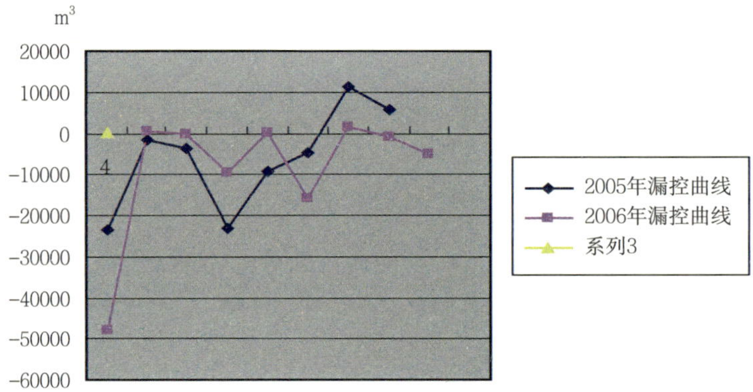

图 1-10　漏控曲线

（2）每年 3 ~ 4 月，室外温度回升。各经营公司能够积极主动地查堵管网漏水，较大幅度地控制漏水；5 ~ 7 月基本保持控制水平，期间小漏修复不断；7 ~ 9 月再次加大管理力度，大幅度降低漏水；10 ~ 12 月保持漏控水平或失控。另外，从漏控曲线看，春夏两季主动查漏周期为 2 ~ 3 个月，冬季长达 5 ~ 6 个月。

（3）各经营公司的计量系统不是独立的变量，彼此之间存在某种程度的相关。因此，不能用微分方程对各自的计量体系进行简单的加减来分解总体指标。

（4）查堵管网漏失是供水企业降低无收益水率的主要途径。就目前的漏控技术和管理看，大幅度降低无收益水率很难，如何综合治理和科学管理是一项系统工程。

1.6.4　无收益水数学模型

1. 无收益水数学模型推算

无收益水量是指供水量与售水量的差值。从深沟寺地区无收益水实测结果看，管网漏失率占产销差率的 80%左右，而免费供水量趋于恒定，视为常数售水量。将式（1-2）中的变量进行代换，依据无收益水定义同理可得到系统无收益水率的微分方程，并完全可以用漏损率微分方程代替，即：

$$k\mathrm{d}\lambda = \frac{X}{Y^2}\mathrm{d}y - \frac{1}{Y}\mathrm{d}x \tag{1-6}$$

积分得：

$$\lambda = \frac{1}{k}\int_{y_1}^{y_2}\frac{x}{y^2}\mathrm{d}y - \int_{x_1}^{x_2}\frac{1}{y}\mathrm{d}x \tag{1-7}$$

式中　λ——由系统供、销水量变化增量而产生的无收益水率（%）；

k——系统修正系数；

x——售水量（m^3）；

y——供水量（m^3）；

dx——系统售水量变化增量（m^3）；

dy——系统供水量变化增量（m^3）。

建立了漏损率和无收益水率基准考核标准，并对不同情况提出了用不同的修正系数计算当地具体考核指标的计算方法。该标准的实施对指导我司供水漏损控制工作发挥了重要作用。

2. 动态无收益水系统分析

1）系统分析

以 2010 年春、夏两季为例，剖析深沟寺小区产销差动态变化，以实测居民小区物理漏失水量作为管网漏失水量，经数理统计后确定无收益水率恒定量值，即 30% ±3%作为考核指标，进行供、销动态评定，见表 1-14。

深沟寺小区产销差动态考核　　表 1-14

月份	供水量（m^3）	售水量（m^3）	产销差率（%）	x_2-x_1（m^3）	y_2-y_1（m^3）	λ（%）	调整产销差（%）	差幅（%）	月累计漏失量（m^3）
4 月	372510	253204	32.03						
5 月	412951	271635	34.22	40441	18431	0.99	33.02	1.20	4972
6 月	427140	277183	35.11	14189	5548	0.43	33.45	1.66	12071
7 月	430590	302779	29.68	3450	25596	–2.69	30.75	–1.07	7455
8 月	443889	302851	31.77	13299	72	1.01	30.76	0.005	7475

由表 1-7 得知，深沟寺小区随时间的递增供、销水量有递增的趋势，无收益水持续增加，6 月达到最大值，在该地区没有大用户用水或用户增减很小的前提下与同期统计量值对比具有显著的漏收或管网漏失特征，高出 4.08%，高出考核指标 5.11%，这一动态量值信息的变化清楚地告诉我们供水和抄收系统存在漏水和欠收的可能。

2）系统调查分析

由表 1-7 可看出，供、销水量均有递增的趋势，但递增的速率不同，以恒定无收益水率指标考核，售水量差额低于销售计划 1816m³/ 月，年底预计损失水量为 10896m³，折合销售收入 3 万余元，对于以民用为主的基层管修所，这样的漏损是不可低估的，必须引起足够重视。

3）整改措施及实施结果

由总公司查漏大队派专人到立山公司指导查漏工作，立山公司计量科利用现有的 DMA 和 PMA 小区的封闭测试系统，实地观测 21 个区域内的物理漏失水量，统计漏损概率分布，确定可能出现管网漏失的区域。经查为深沟寺老一区双头山下山 *DN*600 管道暗漏。由立山公司营业科牵头，组织机关干部对深沟寺管修所进行账面量抽检（如绿之缘小区等），发现部分抄收人员见表率、准确率不达标，账面存有累计水量、估量；其他小区存在水表污盘、表停、超期服役水表占有一定比例；“三井”及室内管网设施完好率不够，有明漏，维护不及时，致使水量欠收、漏收。

通过对营业数据建立微分方程进行产销差动态分析；用 Delphi 方法实施整改之后，深沟寺小区无收益水 7 月份较 6 月份大幅度降低，量值为 5.43%，成果显著，据营业统计 2010 年 1 ~ 9 月份深沟寺实际完成无收益水率为 27.91%，达到了目标期望值，并实现了宏观控制经营管理目标的设想。

1.6.5 无收益水率确定

1. 无收益水量确定

物理漏失水量是无收益水量中重要的漏失水量，通常采用最小夜间流量法，即借助流量监测记录器，连续自动测量并记录某一管段在某一时区内的流量值。采用区域装表法和间接区域检漏法相结合的方法。区域装表法把供水区分为若干个小区，除留一或两个装有水表的进水管外，关闭小区与外界的联系阀门，使小区内总用水量可计量，同一时刻计量该区内所有用户水表水量，对两个流量进行比较，其差值为小区的漏失水量。最小夜间流量法认为，夜晚 2:00 ~ 4:00 期间，在大部分居民停止用水，区域大用户用水量也较少时，有计量分区后的小区测得的流量为管网漏失水量，在此将管网漏失水量表述如下：

$$Q = q_1 + q_2 + q_3 \tag{1-8}$$

式中 Q——最小夜间流量（m^3/h）；

q_1——管网物理漏失水量（m^3/h）；

q_2——夜晚居民用水量（m^3/h）；

q_3——夜晚大用户用水量（m^3/h）。

最小夜间流量和夜晚大用户用水量都可以通过水表读数测定出来。完成对深沟寺地区特定的小区夜晚居民用水量和物理漏失水量的测定准备工作后进行测试。在夜间最小流量的测定中，水表记录的流量包含着居民用户用水量，那么在以 1s 记录的水量瞬时流量中，单位时间内会出现最低值，此最低值被认为是管网物理漏失水量，用水量变化曲线与最低值相减便会得到生活用水量。测试区域不宜过大，以 1000 户居民为宜，要有足够的测量次数，使测量值趋于平稳，数理统计量方差或离散系数相对量值较小，具有平稳下降的趋势。把数理统计的均值作为无收益水水量并核算成无收益水率，以此作为恒定值对封闭小区进行考核。

2. 无收益水率确定

供、销水量是动态变化的，其量值差额具有波动性、不确定性，与管网运行和营业抄收管理密不可分，其动态平衡方程式以不确定度方式表达，见式（1-9）：

$$\lambda \pm \delta = \frac{y-x}{y} \tag{1-9}$$

式中　δ——修正值，可由数理统计给出。

1）样本选择及测试

根据供水现状将深沟寺按流量和压力分区，分为 21 个独立的供水小区，其考核计量水表的准确率为 99%，误差极限为 5%，样本总体服从正态分布，置信概率 90%，即 $Z\alpha/2=1.645$，依据数理统计原理，样本不重复数量经计算为 10.72 个，取 10 个小区进行测试，2009 年夏季测试统计数据见表 1-15。

测试统计数据　　表 1-15

户数（户）	最小流量 $Q_{最小}$（m^3/h）	平均时段流量 $Q_{总平均}$（m^3/h）	最小瞬时流量 $Q_{小瞬}$（m^3/h）	平均时段流量 $Q_{平均}$（m^3/h）	流量折算系数 $K_{平均/最小}$	权重 /%
991	4.05	12.50	3.75	8.45	2.09	14.93
560	2.05	6.45	1.75	4.45	2.17	8.44
252	1.10	2.60	0.65	1.85	1.68	3.80
294	1.20	3.20	1.00	2.10	1.75	4.43
994	4.25	11.40	3.15	8.05	1.89	14.97
187	4.00	2.25	0.65	1.55	1.55	2.82
1039	4.25	11.30	3.80	7.20	1.69	15.65
764	3.80	7.85	2.00	5.55	1.46	11.51
1311	5.10	12.80	4.55	8.00	1.57	19.75
247	0.95	3.00	0.55	2.35	2.47	3.72

据表中流量数据自左向右排序，依次为：总表观测物理漏失水量时对应的最小累计流量；总表观测水量的平均值；管网漏失水量；抄收人员在测试同步时间抄表读数折算成小时平均流量；这里的流量折算系数是指平均流量与最小流量的比值；以户数统计权重。根据表中数据计算得深沟寺民用小区加权流量折算系数 $K_{平均/最小}=1.8$，实际工作中以该量值和最小流量反推总售水量。

2）无收益水率的确定

依据统计学原理对测试数据进行数理分析，经计算得出由权重构成的无收益水率期望值为 29.95% ± 0.92%，但考虑测试季节、仪表、人为读数误差、用水季节、生活水平差异、测试管网覆盖率及实际运行状况和动态管理水平、随机漏水、节假日、小幅度的温度变化、管道冲洗、施工用水诸多因素，暂定 4 ~ 9 月以 30% ± 3% 相对恒定的无收益水率作为考核宏观“标志”的控制指标。其余月份（冬季，供暖时间）经实践测试和动态微分方程理论分析，按 20% ± 3% 的无收益水率进行考核。

3. 售水计划制订及供、销动态平衡分析

1）售水计划制订

深沟寺管修所设置考核计量水表 3 块，即双山路 *DN*500、双头山东 *DN*600、孟家沟 *DN*500。2010 年 6 ~ 9 月统计量为，平均最小流量为 341、347、347、345m^3/h；无收益水率按 30% 计，机关用户夜流量为 8.5、10.50、3.50、9.50m^3/h；此间夜间民用最小用水量分别为 225、229、235、226m^3/h。用民用夜间最小用水量乘以 $K_{平均/最小}$，乘以 24h，再乘以每月天数，便求得深沟寺管修所售水计划。根据以上计算方法得，深沟寺管修所 6 ~ 9 月售水计划分别为 29.89、30.2、31.08、30.10 万 m^3。

2）非民用售水计划制订

据营业年报表，该所以民用收费为主，进入冬季供暖季节水量显著递增，机关团体用水量趋于平稳，变化小，扣除新用户增减因素，可据历年实际完成情况确定，基层所按用水类别落实。

3）深沟寺所供、销水量动态完成计划

根据 2010 年总公司下达的营销计划，参考 2009 年对深沟寺地区无收益水量化结果及计量系统提供的统计数据，冬季供暖期间水量集中，无收益水率较低，夏秋季节以民用用水量为主，无收益水率较高的用水特点，制订供、销水量动态平衡计划，见表 1-16。

2010 年供销平衡计划　　表 1-16

月份	供水量（万 m^3）	计划产销差率 /%	总售水量（万 m^3）	民用售水量（万 m^3）	非居民售水量（万 m^3）
1 月	46.50	18.37	37.96	17.95	20.01
2 月	42.00	10.55	37.57	17.65	19.92
3 月	46.50	19.20	37.57	18.39	19.18
4 月	39.90	29.92	27.96	17.96	10.00
5 月	41.23	28.38	29.53	18.34	11.19
6 月	39.90	25.09	29.89	18.86	11.03
7 月	41.85	27.91	30.17	19.71	10.46
8 月	41.85	25.73	31.08	20.28	10.80
9 月	40.50	25.68	30.10	20.55	9.55

4）深沟寺所供、销水量实际完成情况

居民售水量生产任务基本完成（表 1-17），总体来看以增加的趋势为主，8 月份达到全年最大值，3 月份水量小于 2 月份水量是由于春节积量（次月还量）收费所致，以平均 0.31 万 m^3/ 月的速率递增。

2010 年产销平衡计划完成情况对比　　表 1-17

月份	完成			差值		
	总售水量（万 m^3）	民用售水量（万 m^3）	非居民售水量（万 m^3）	总售水量（万 m^3）	民用售水量（万 m^3）	非居民售水量（万 m^3）
1 月	37.35	16.91	20.44	–0.61	–1.04	0.43
2 月	39.08	17.88	21.20	1.51	0.23	1.28
3 月	38.49	17.34	21.15	0.92	–1.05	1.97
4 月	25.32	17.27	8.05	–2.64	–0.69	–1.95
5 月	27.16	18.80	8.36	–2.37	0.46	–2.83
6 月	27.72	19.60	8.12	–2.17	0.74	–2.91
7 月	30.28	18.35	11.93	0.11	–1.36	1.47
8 月	30.29	19.85	10.44	–0.79	–0.43	–0.36
9 月	26.85	19.05	7.80	–3.25	–1.50	–1.75

非居民售水量增加量在取暖期过后增幅较大，7、8 两月对窃水户罚款追缴预收水量增加，9 月恢复正常。冬季供水量大于夏季供水量是深沟寺地区营销的一大特征。

5）供、销平衡综合评价

供、销评价主要是靠控制恒定无收益水率来进行的，因此，在考核评价过程中引进无收益水率控制线 20% ～（30 ± 3）%，并用“标度”级别对此作供、销平衡定量分析，见表 1-18。

产销平衡分析　　表 1-18

月份	实际供水量（万 m^3）	控制产销差率 /%	完成产销差率 /%	差值 /%	评价
1 月	46.28	20	19.30	–0.70	合理
2 月	43.66	20	10.49	–9.51	严重不合理
3 月	50.26	20	23.42	3.42	稍微不合理
4 月	37.25	30	32.03	2.03	合理
5 月	41.30	30	34.24	4.24	稍微不合理
6 月	42.71	30	35.10	5.10	明显不合理
7 月	43.06	30	29.68	–0.32	合理
8 月	44.39	30	31.76	1.76	合理
9 月	43.03	30	37.60	7.60	严重不合理
综合	43.55	37 ± 3	27.91	—	良好

深沟寺管修所2010年1～9月控制无收益水率平均值为26.67%，实际完成27.91%，差额为1.24%，说明深沟寺所供水、售水基本平衡。追溯其原因是由于2010年5～6月间，配水管网存有暗漏，如前面的分析；9月深沟寺地区搞水源置换，*DN*800输水干管大量漏水，造成无效水量大幅度递增，致使无收益水增加。

2、3月供、销不平衡主要是对居民收费进行人为的积量和还量，也就是先多收后少收所致。5、6、9月供、销不平衡主要由输水和配水干管漏水和置换水源进行的管道施工、压力试验，少量的地区管道冲洗浇洒绿化增加的水量和居民拆迁减少售水量所致。从表1-11的分析可知，无收益水率与管网漏损率高度或完全线性相关，及时发现并迅速维护对降差增效有着极其重要的作用。建议同科研部门合作，建立管网输配水检测系统，以便更有效地控制无收益水率。

1.7 无收益水分布

无收益水可以通过DMA建立、最小夜间流量分层法、用户用水规律的研究、总分表法等进行构造研究，纵向分析并确定无收益水的主要因素，有针对性地采取措施进行控制。然而，在实际控制无收益水工作中，需要知道其分布情况，并制定工作方法。如果，无收益水分布均匀，可以制定一套标准工作方法对每个区域进行统一管理；无收益水分布不均匀，则应根据其分布特征分别采取不同方法进行管理控制，改变其统计的自然属性，使其处于均匀可控范围内。

1.7.1 研究无收益水分布意义

1. 进一步分解无收益水的构成

本章第4节已经对无收益水进行了总体的结构性评价，为供水企业最终解决无收益水提供了战略方向。那么对其构成因素如何继续破解，则需要了解整个城市供水范围内其分布情况，包括地理位置、年限、管材、管径等。实际就是对无收益水构成的因素进一步分解，根据其分解情况分别采取有针对性的措施。

2. 合理制定管理指标

弄清了无收益水的分布情况之后，即可采用ABC法对其归类分析并动态地划分无收益水管理界限。然而，管理指标界定是动态的，一方面是无收益水随着管理和科技发展逐年下降，其分布也是动态的；另一方面，水司管理能力、财力、认识程度大幅度提高，使得降低无收益水能力在提高。

例如，2011 年鞍山地区庭院管网无收益水率 20% 以上的 DMA 区域，占无收益水总量的 76%，根据当年鞍山水司管理能力、财务能力等综合因素将庭院管网无收益水率制订在 20% 以内较为合理，见图 1-11。2015 年，鞍山水司将庭院管网无收益水率指标制订在 15% 以下。

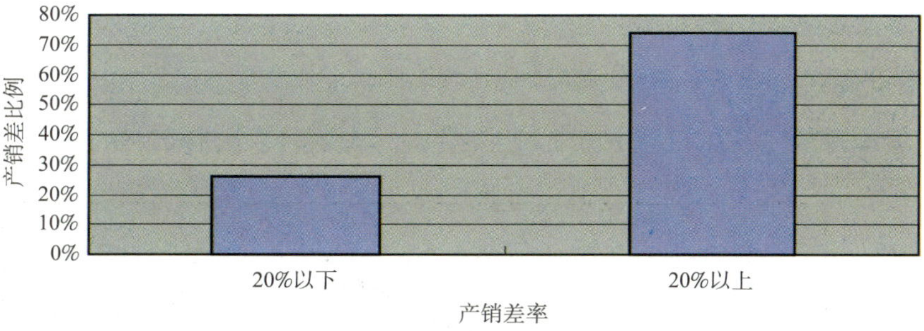

图 1-11　产销差率比例控制线分布图

3. 掌握无收益水运动规律

实践证明，无收益水率是变化、波动的，可以通过无收益水历年的数据分布分析，掌握其运动特点并制订相应措施。无收益水率，尤其管网漏失率是动态变化的。在正常采取有效的管理措施的情况下，无收益水率是持续下降或在某一合理值波动的。但也会存在突然回升现象，多数集中在室外温度突然变冷或变热的季节，主要是温度应力造成供水管网漏水所致。当然，也有诸如管网压力变化、其他专业施工、重载等原因造成的。

2011 ~ 2012 年，对某市实施计量监控的 DMA 居民小区进行随机抽样统计调查，40 个 DMA 小区供水量 8200m^3/d，无收益水率 51%，供水人口 20000 户。对 DMA 连续每半年的数据进行对比并作分布图发现，小区无收益率是动态变化的。从图 1-12 知，2011 年 9 月该 40 个小区无收益率 28.5%（曲线 1），2012 年 5 月上升到 34.3%（曲线 2），2012 年 9 月为 50%（曲线 3）。无收益率增加区域主要表现在，2011 年无收益率 20% ~ 40% 的小区到 2012 年无收益率增加到 40% ~ 60%。

4. 为科学划分 DMA 规模提供依据

根据 2010 年的数据统计，绘制无收益水率与 DMA 规模（以用水户数为标准）关系曲线，见图 1-13。

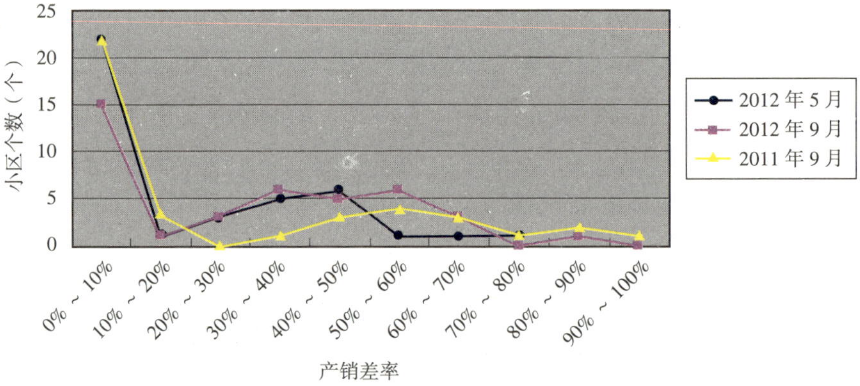

图 1-12　小区产销差分布变化趋势

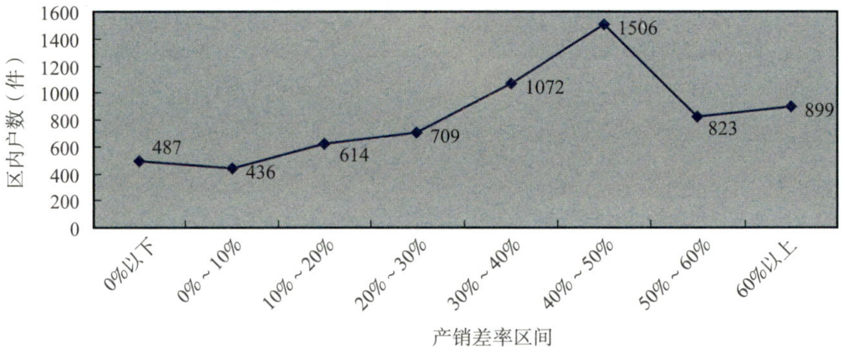

图 1-13　封闭小区规模与产销差关系图

由图 1-13 知，封闭小区划分规模越小，无收益水率越低。用水用户平均 600 户以下的 DMA 无收益水率平均低于 20%；1000 户以上的 DMA 无收益水率平均高于 30%。这是由于 DMA 规模越小，其营业管理、漏损控制越容易实施。因此，从解决无收益水角度看，DMA 区域划分越小，越有利于降低无收益水率。

1.7.2　无收益水分布的研究方法

理论上，区域计量覆盖率越高、计量范围越小、数据采集自动化程度越高、供水管网技术资料越全，无收益水分布越清晰、数据越准确，即全体抽样法。目前，国内除了少数水司（绍兴水司等）能达到这个能力外，多数无法实现。因此，多数采用 DMA 部分抽样法并结合管网漏损分类统计，对无收益水的分布进行总体描述。

1.7.3　无收益水分布

目前，国内部分资料记载了供水管网的物理漏失情况，多数以管径、管材、管网服役年限进行分类统计。很少记载无收益水分布情况，只是给出某个城市的平均值或某个区域的量值，无法从有关资料中完全准确地分析和认识其分布规律。但是从一些典型案例看，无收益水分布不是均匀的。例如：2015 年第一季度，某水司五个地区营业公司无收益水率平均为 22.8% ± 6.5%，营业公司下辖的 21 个管修所无收益水率的偏差为 15.6%，管修所内设置的三级计量区域内的无收益水率偏差更大，有的 DMA 小区无收益水率为 0，有的高达 80%。因此，某市 21 个 DMA 的无收益水率偏差较大，其分布并非均匀。

1. 主输配水管线无收益水分布

通常，除了个别用水量较大的用户，主输配水管线很少直接给用户供水，其无收益水以管网物理漏失为主。主管线计量监测点分布较少，以大口径计量表为主，仪表测量偏差可能造成量值不准。因此，主输配水管线无收益水的分布应结合部分管线测试结果和已查修漏水数据统计来估算。

根据鞍山市 2011 ～ 2014 年的查修漏水统计，主输配水管线的物理漏损特征如下：

（1）发生频率较小，鞍山地区为 16%，但漏水量占总体的 34.4%；

（2）以接口漏水为主，除了 *DN*300 有部分断管外，主输配水管线接口漏水占 92.6%；

（3）单点漏水量平均为 $29m^3/h$，为平均值的 2.3 倍；

（4）漏点分布相对集中，多数集中在运行 30 年以上的灰口铸铁刚性接口管道上。

2. 供水管网调节构筑物无收益水分布

供水管网调节构筑物，主要指供水系统内用于调节泵站供水量和用水量之间的流量差值，设置的水塔、调节池、过水涵洞等。除了极少的自用水，无收益水均为供水管网物理漏水，与构筑物自身的施工质量、维护维修、使用时间有关。国内部分资料显示，供水管网调节构筑物形成的无收益水率极小，不是管网物理漏损的主要因素。

某市供水管网调节池有 3 座，总调节水量 7.5 万 m^3；过水涵洞 1 条，过水量 20 万 m^3/d。其漏水分布以单体工程质量及日常管理为主，测试方法为水池满水试验、水平衡测试等，以满水试验为准。根据有关规定，水池满水试验的合格标准，钢筋混凝土结构水池为 $2L/(m^2 \cdot d)$，砌体结构为 $3L/(m^2 \cdot d)$。据此标准，某市供水管网调节构筑物合理漏失水量为 $180m^3/d$，构成无收益水率为 0.5‰。实测无收益水率如下：

（1）STS 水池，采取满水试验方法，由于该地区的特殊性，满水试验仅持续 6 个小时，水池进出口均安装流量计，试验期间流量计显示量值为 $0m^3/h$，水池水位下降 1cm，考虑水池水面波动，最大量可达 1.5 cm 并按此计算，该水池漏水为 $150m^3/d$。

（2）DS 水池，2010 年通过水平衡测试显示，漏水达 $1500m^3/d$，后经修缮无漏水迹象，按标准估算 $25m^3/d$。

（3）110 水池，2010 年投产，通过计量表显示无漏水现象，按标准估算 25m^3/d。

（4）DS 过水隧洞，每年电业局春检停电期间派人进洞巡检，无漏水现象，按标准估算 80m^3/d。

综上，某市供水管网调节构筑物漏失水量为 280m^3/d，构成无收益水率为 0.85‰。

3. 供水支线及庭院管网无收益水分布

供水支线及庭院管网，指 *DN*200 及 *DN*200 以下的供水支线和庭院管网，该部分管网包含绝大部分用水用户，无收益水由管道物理漏失、计量表误差、管理因素等构成。国内外统计资料显示，供水支线及庭院管网物理漏失占无收益水率约在 50% ~ 80% 之间，计量表误差可达 5%。

鞍山水司，在建立 DMA 及计量控制系统的基础上，满足抽样公式的前提下，对 DMA 随机抽样并研究供水支线及庭院管网无收益水分布，其中管道漏失占 71.8%，其他因素占 28.2%。

1）DMA 的代表性

2011 年，鞍山水司有 336 个封闭小区（DMA）并计量，约占供水人口的 51% 以上，平均无收益水率 36% ± 4.3%，与当年鞍山水司全年综合无收益水率基本接近，说明供水支线及庭院管网无收益水率具有代表性，是管理的重点。

2）正态分布性

根据数据统计，鞍山供水支线及庭院管网无收益水率符合正态分布的统计特性，这一点与第 3 章所述及的鞍山供水管网漏点水量分布相似，也说明了目前鞍山无收益水率与漏水高度相关。无收益水率与各项参数关系分布见图 1-14、图 1-15。

3）支线及庭院管网无收益水分布

支线及庭院管网无收益水是整个城市无收益水的主要构成部分，并由各种因素构成，因区域的自然情况、管网及附属设施、计量及监控设施等不同致使各因素所占比例不同。

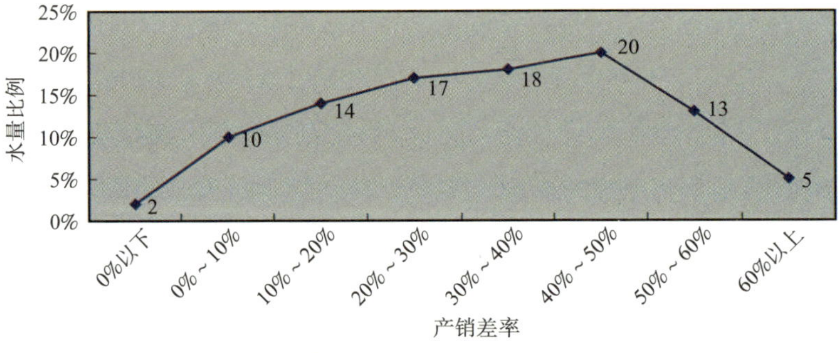

图 1-14　封闭小区产销差水量比例分布图

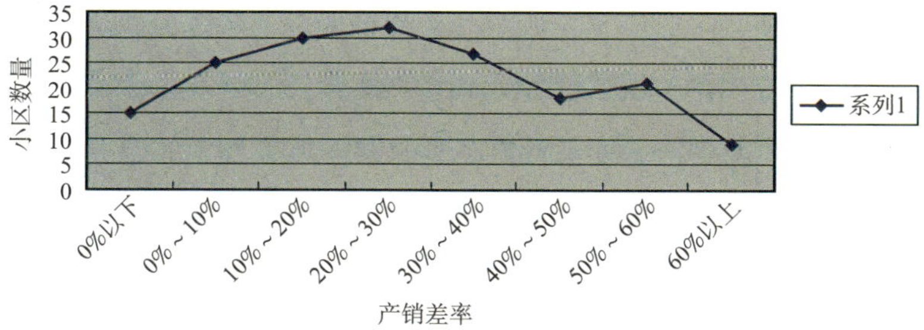

图 1-15　封闭小区数量分布图

《2000 规划》关于加强漏损控制工作中，1991 年上海支管修漏次数占总数的 56%，漏水量占 8.33%；广州、西安等城市根据统计资料推算，支管单位表面积漏水量为输配水管的 2.6 倍。《2010 规划》关于 2010 年漏损控制指标和 2020 年远景目标中，英格兰及威尔士 1992 ～ 2001 年漏损统计显示，配水管网漏失水量为供水干管的 2.8 倍。鞍山 2010 年无收益水分布及查修漏水统计，支线及庭院管网漏失频率为 84%，水量为主线的 1.9 倍，占无收益水率的 65.6%，这将是未来几年内的工作重点。

图 1-14 显示，2010 年鞍山水司，无收益水率低于 10%DMA 的水量占 DMA 总水量的 12%，无收益水率高于 50%DMA 的水量占 DMA 总水量的 18%，无收益水率在 20% ～ 50% 之间 DMA 的水量占 DMA 总水量的 70%。

图 1-15 显示，2010 年鞍山水司，无收益水率低于 0% DMA 的数量占 DMA 总数量的 15%，无收益水率高于 50%DMA 的数量占 DMA 总数量的 17%，无收益水率在 10% ～ 50% 之间 DMA 的数量占 DMA 总数量的 68%。

本章小结：

本章首先介绍了无收益水的概念及演变过程、国内外的行业标准和管理现状、认识过程及重要性，提出无收益水是目前我国供水行业急需解决并通过努力能够得到彻底解决的。随后系统阐述了用户用水规律，是深刻认识无收益水及理论创新的基础，以此展开了无收益水的结构分析和分布研究。同时，本章从三个方面多视角地分析了经济无收益水率和微分方程的研究，为无收益水理论的深入研究打下了坚实的基础。

第2章

给水系统计量误差分析

无收益水客观存在，因地域和自然条件不同、基础设施完善程度、企业资源的获得、管理制度等因素的影响造成一定的差异，但无收益水率总体反映一个水司的管理水平。无收益水指标的建立、考核是必然的，无论采取什么办法都离不开计量手段，即水量测量。然而，任何测量都存在一定的误差，误差不可避免。

无收益水指标由供水计量、售水计量共同组成给水计量体系，体系中每块计量表误差构成了整个系统误差。计量表误差由表具自身计量性能、环境因素的影响共同作用。本章在简单介绍给水系统计量及计量器具基础上，结合多年来水行业实践，阐述了供水计量体系中影响流量计误差的因素和解决办法；详细论述了售水计量体系中水表的误差分析，以离线检定确定水表自身计量性能、误差趋势、检定周期；以总分表、串表试验确定环境因素带来的整体售水计量误差及具体影响因素和解决方法，同时详尽论述了水表自转、技术窃水对水表误差的影响及解决方法。

2.1　给水系统计量及误差分析

2.1.1　给水计量

计量：是指实现单位统一、量值传递的活动。计量与其他测量一样，是人们理论联系实际，认识自然、改造自然的方法和手段，它是科技、经济和社会发展中必不可少的一项重要的技术基础。

给水计量：是指以测量为手段，实现城市制水、区域考核、售水量值传递的活动，单位统一。通常分为分区计量体系、售水计量体系。其中，分区计量体系包含出厂水计量体系、区域考核计量体系等，属供水企业内部计量考核体系；售水计量体系是保证供水企业与用水用户之间进行公平、合理贸易结算的计量体系。

2.1.2　给水计量作用

1. 贯彻相关法律法规、规范及制度

供水企业正常生产经营，在保证社会效益和经济效益的同时，应遵守相应的法规、规范、行业标准等。国家计量法规要求，对供水企业售水计量器具水表进行强制检定，保证计量公平公正，保证企业和个人双方共同利益。《城市供水管网漏损控制及评定标准》CJJ 92—2002 于 2002 年由建设部公布，提出城市供水管网应控制漏损、合理利用水资源、提高企业管理水平、降低城市供水成本，强调了水量计量工作是实施该标准的基础。

2. 供水企业管理的基础

出厂水计量直接衡量供水企业能力，也是制定许多生产及调度运行参数的基础；区域计量是考核、降低无收益水的基本技术和管理手段；售水计量作为贸易结算工具，是供水企业经济收入的基础，决定企业的生存与否。因此，供水计量涉及制水、供水、售水的每一个环节，是科学和量化管理水务工作的基础。

3. 解决无收益水的必要手段

无收益水反映在量值上就是分区计量体系与售水计量体系差值，从某种意义上讲，研究计量就是研究无收益水。目前，国内各个水司对计量的研究如火如荼，为解决无收益水提出了许多宝贵意见。无收益水的构造分析、地理分布，无论采取什么办法都离不开区域计量；管网物理漏点定位查修需要完整、科学的 DMA 技术；账面漏损控制就是控制售水计量体系。总分表误差、在线水表性能、窃水表、水表自转等问题的解决都将对无收益水彻底解决提供新的技术手段。

4. 推动供水技术发展

历史上三大技术革命都是在可靠的计量技术基础上发展起来的，同时也促进了计量技术发展。高灵敏度水表解决了普通水表计量盲区问题，为供水企业带来了可观的经济收入；数据监控技术的出现，使得对用户用水规律掌握得更充分，为准确剥离用户用水量并确定漏失水量且建立数学模型提供了依据。随着 DMA 理论的成熟和深入研究，无收益水得以量化并最终得到解决。

2.1.3　给水计量体系

1. 给水计量体系

为实现供水企业计量管理所需的组织结构、过程、资源、程序，即，为完成供水企业生产、服务、营销等管理活动，成立相关的管理部门，合理配置资源，负责各个管理环节的输入、输出活动并形成文件性程序、检定规程、标准规范等。

1）组织结构

国内水司计量体系组织结构总体分为集中管理和分散管理两种，集中管理的组织模式较为普遍。集中管理的组织结构表现在成立计量管理中心，将所有职能集中在一起，包括设计、安装、考核、运行等。分散管理主要表现在，每个职能分布在各个部门并设专职计量管理员。当然，也有两种方式结合的形式，即某几个职能合并在一起成立一个部门。总之，水行业计量管理的组织模式并不统一。

2）过程

将输入转化成输出的一组相关资源和活动；包括，分区计量体系内部或第三方检定、售水计量的法定检定等。量具检定见图 2-1。

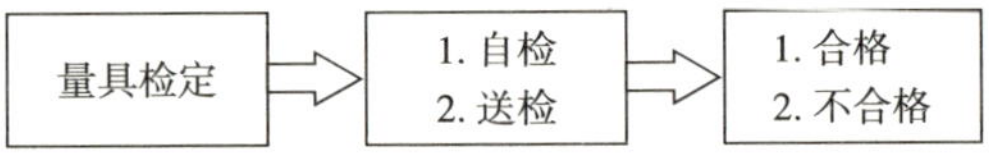

图 2-1　量具检定

3）程序

为进行给水计量所规定的途径，应形成文件性程序、检定规程、标准规范。

4）资源

人、设备、环境、经费等。

2. 给水计量体系构成

按计量范围和用途划分给水计量体系构成如下：

（1）区域计量（DMA）：

包括，一级计量（出厂及分区计量）、二级计量（分所计量）、三级计量（区块计量）、四级计量（小区计量）、五级计量（单元楼计量）。

（2）售水计量：居民用户、机关企业事业、工业、商业基建等所有用户计量。

2.1.4　给水计量体系误差

给水计量体系误差主要表现为计量表自身计量性能误差和使用环境误差，供水企业一般根据其作用和重要性分别选择不同精度的计量表和使用环境，保证其在合理的误差范围内。影响计量表的误差将本章各节分别介绍，本节主要介绍区域计量体系、售水计量体系的特点及总体误差。

1. 区域计量体系误差

1）出厂水计量体系误差

一般供水企业出厂水管道口径较大，以电磁流量计、超声波流量计为主。电磁流量计在满足实验室的条件下，其精度均在 0.2% ~ 0.5% 范围内。超声波流量计精度一般标称为 1.0 级，误差由其精度及换能器安装误差合成，最大可达 ±4%；有的超声波流量计还受仪表零漂影响，其量值影响更大。

水厂计量表一般在设计和安装阶段要求比较严格，满足相关标准，因此影响其计量的因素较少，基本满足实验室条件。在实践中主要关注管道含气问题，其主要来源是水泵吸水管破损，在吸水过程中带入空气；水池水位不满足吸口高程、泵轴密封不严密吸入空气等。气泡给流量计带来的误差可高达 30% 以上，气泡含量较高能够导致流量计不计量。给水管道内气泡含量检测方法如下：

（1）采用具有测试气泡含量功能的流量计进行在线比对。目前，西门子超声波流量计具有模拟气泡含量测试功能，量值为水体内气泡和杂质的总和。

（2）在保证吸水管无破损及吸水高程的情况下，可以在吸水管检测流量进行在线比对。

（3）将烟或轻质物质靠近泵轴密封处，如被吸入则存在吸气问题。

2）分区计量、分所计量

基本采用流量计，小口径管道也有采用机械式水表的。但由于这类计量表位于市区，其设计、安装、使用受到环境干扰较多，其误差相对较大。分区分所计量误差在排除影响其正常运行的环境因素后，主要误差就是仪表精度和流速的影响。因为，分区分所计量主要是支配水管线计量，由于用户用水变化情况及供水范围等影响，存在水流速不满足其计量量程，流速越小误差越大，仪表量程越窄误差越大。具体分析见 2.3 节。

3）小区计量

*DN*200 以下（含 *DN*200）供水管道一般采用机械水表，主要影响因素包括水质、直管段及坡度等。分误差高区、误差低区。应每半年清洗水表计量机构（机芯）一次，排除进入表体的杂质。2009 年，对在装可拆式机械水表进行在线比对发现，2 年以上未清洗的 *DN*100 ~ *DN*200 机械水表普遍计量存在偏负问题，有的误差达 –12%。

2. 售水计量体系误差

1）居民售水计量体系误差

居民售水计量体系主要由小口径普通机械水表组成，其总体误差评定有两种方法。第一，水表离线检定，即实验室检定，鞍山水司近年做的抽样调查结果总体误差为 3.56% ± 8.22%；第二，在线检测，即采取便携水表校验仪到住户对每块水表进行在线检测或安装总表对分表进行长时期考核。由于无收益水是通过区域计量层层考核，且用户用水属长时间用水行为，因此多采用总分表法，鞍山水司测定其总体误差为 –1.94% ± 4.2%。

离线检定通常综合反映水表计量及指示机构误差，确定水表自身计量性能，与在线监测结果有差异，是造成无收益水账面漏损的主要原因。主要原因是水表在实际运行中，受到设计、安装、用户用水量变化、水表误差特性（误差高区、低区）、管路含气造成的水表自转、用户改动水表等因素影响，致使水表个体误差较大。这些因素对水表总体误差的影响将在 2.4 节阐述。总体评价建议以在线总分表检测值为准。

2）非居民用户

流量计误差详见 2.3 节；

小口径水表误差按居民售水计量表评价；

大口径机械水表误差详见 2.6 节。

2.1.5 给水计量体系量值传递与保证措施

给水计量体系的量值传递是充分贯彻计量法的要求，是供水企业生产经营管理的需要，是满足国家、集体、个人利益的体现。同时，是准确衡量、分析、降低无收益水的保证。

1. 区域计量体系误差

区域计量体系是供水企业生产经营内部考核的基础。目前，国内已经出台了相应的管理办法和标准，并未强制统一执行。主要原因是各个水司并未就此达成有效的共识。

1）在线标定法

这种方法又称相对标准表法，就是供水企业按有关规定实施企业内部计量建标，选用一块或多块便携式流量计由国家认定的有资质的检定部门进行检定，作为企业内部的相对标准表，用相对标准表对内部计量表进行在线比对并调整。在线检定法给国内许多水司造成困惑的主要原因有以下两点：

（1）根据量值传递等级制原则，相对标准表是否有资格检定在线表问题。因为，相对标准表一般为超声波流量计，而在线表为电磁流量计时，其精度高于超声波流量计；在线表为超声波流量计时，两者为同一级别。

（2）超声波流量计安装误差不可避免，经研究，超声波流量计在实验室情况下，其总体误差趋近于 0，但偏差可达 ±2.6%。而水司对内部考核计量多数要求达到 1% 精度，尤其大口径计量表。2008 年，某水司对出厂及分区水 28 块超声波流量计进行在线比对表明，半年内两次在线比对误差小于 1% 精度的概率为 72%。

基于上述问题，长春水司的做法可以借鉴，同时 2011 年发布的《管道式电磁流量计在线校准要求》CJ/T 364—2011 关于电磁流量计在线比对的办法中提到，对每块计量表加装标准白钢直管段，消除管壁结垢、管径变形、材质不均等因素，同时在直管段处给出换能器的指定位置，尽量避免安装误差。在线标定法虽然争议较大，但仍被广泛应用。

2）电参数法

适用于电磁流量计，应用范围较小。根据电磁流量计原理，水流量与电流存在函数关系，出厂检定的比例系数确定后，流量函数值便确定。电参数法就是整体检查传感器、转换器的有关阻值和电流，这些参数准确则计算水量准确。实践中，有的参数很难达到准确测量，同时电参数法只代表电磁流量计的计量性能，并未测量出环境因素带来的误差。

在实践中应多采取一些办法，例如串表法、水平衡测试法等，详见 2.3 节有关计量表误差判定部分。

2. 售水计量体系误差

售水计量体系以机械水表为主，数量较多，由于水表计量性能与其他计量表不同，其保证量值传递的方法如下。

1）水表轮换

由于水表数量庞大，离线或在线检定不太现实，小口径水表轮换周期为 6 年，大口径的为 2 ~ 4 年。水表轮换是目前各个水司采取的主要方法，但目前国内许多水司无经济条件和能力保证周期内轮换，这个问题亟待解决。

2）提高水表计量性能

用户滴水造成水表小流量不计量，用户用水不规律造成用户用水不在计量量程范围内并产生较大误差等现象屡有发生。针对此类用户，应加装新型计量表，提高水表计量性能。例如：针对滴水用户加装高灵敏度水表，特殊用户加装流量计等。

3）检定

针对少数用户用水量与用水行为不符现象，采取离线或在线检定，发现问题及时修正。

4）打击窃水行为

虽然，用户窃水行为多数以破坏计量表具为主，窃水用户相对较少，但影响较大，应予以严厉打击。

2.2　给水系统计量器具

2.2.1　给水计量表分类

给水计量仪表按计量原理分为速度式流量计、体积流量计、质量流量计。

速度式流量计：通过各种测量原理测出管道中水的流速，乘以管道截面积而间接积算水流体积的一种流量计，其计量精度取决于流速测定和管道参数。是目前世界上应用最广泛的流量计，适宜于各种管径。日常工作中经常接触的流量计有水表、超声波流量计、电磁流量计。

体积流量计：又称容积式流量计，通过直接计量和积算水体积的计量装置。小口径计量一般采用容积式水表，精度较高；大口径计量有腰轮流量计，精度不高，较少采用。计量精度取决于水质和水积算装置的制造水平。

质量流量计：通过直接计量和积算水质量的计量装置，精度高。目前只在小口径计量中应用，价格昂贵。

2.2.2 水表

1. 水表计量原理

管道中水推动计量元器件，通过指示机构积算水量的过程。即，流经水表的水以一定的速度冲击叶轮旋转，通过叶轮轴上的联动部件与计数机构相连接，使计数机构累积叶轮转数，从而积算通过水表的水量。

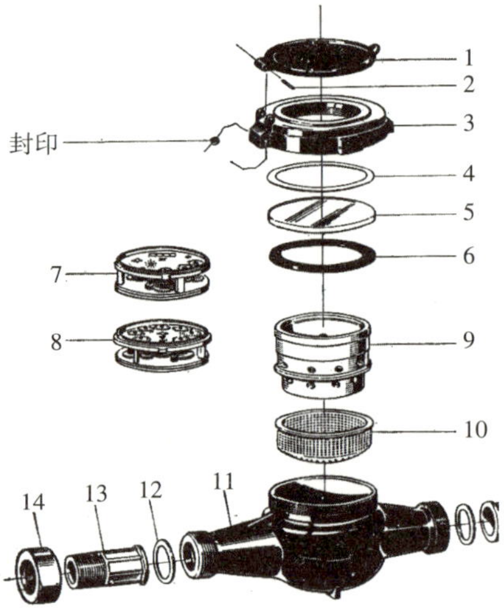

图 2-2 旋翼式水表结构

2. 小口径水表

1）旋翼式水表

小口径水表指公称直径 15 ~ 40mm 的水表，目前供水市场上以旋翼式水表为主，属速度式流量计。由表壳、计量装置、指示装置、表盖、表玻璃等构成。计量装置主要由过滤网、叶轮盒、叶轮等组成；指示装置由齿轮盒、齿轮、指示盘等组成。旋翼式水表结构见图 2-2，零件明细见表 2-1。

图 2-2 所示小口径旋翼式水表零件名称　　表 2-1

序号	名称	序号	名称	序号	名称	序号	名称
1	盖子	5	表玻璃	9	计量机构（叶轮盒）	13	管接头
2	销子	6	密封垫圈	10	滤水网	14	连接螺母
3	罩子	7	数字式指示机构	11	表壳		
4	罩子衬垫	8	指针式指示机构	12	接管密封垫圈		

普通机械水表流量与转数的数学关系式如下：

$$V=K\cdot\omega\cdot r \tag{2-1}$$

式中 V——水流速度；

ω——叶轮转动速度；

r——叶轮半径；

K——流量系数。

由速度水表的数学模型看，计量精度受叶轮转动速度和叶轮半径影响较大，包括：水流速度、水流状态、叶轮质量等。

2）滴水表

滴水表是在普通水表的基础上研发改制而成的，在水表进水口右侧叶轮盒上方开设一个孔径为1.8mm的圆孔，形成副进水孔通道，在叶轮盒底部主进水口设置一个上下可移动的活动阀片。当用水量在 10L/h 以下时，阀片靠自身重力下落，关闭主流通道，水从副进水孔流入水表，以射流方式冲击叶轮转动，从而实现滴水计量功能，达到计量目的。从图 2-3 可看出，滴水表的计量特征是比普通水表能有效地提高水表小流量的计量范围，在小流量下，滴水表记录的水量大于普通水表。另外，滴水表在出水口设置单向止回阀，克服了用户不用水水表自转的缺陷，同时避免倒装水表现象的发生。

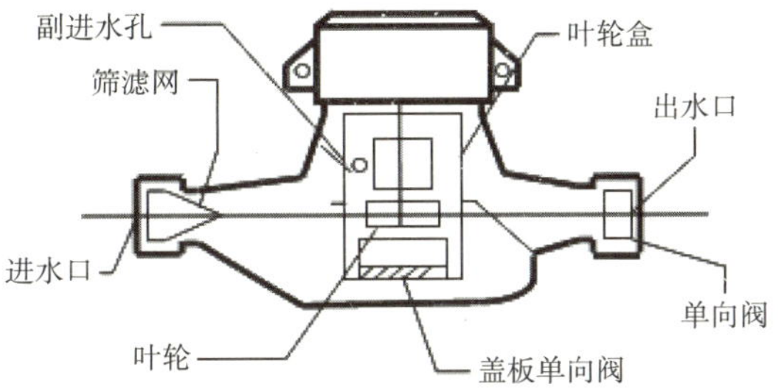

图 2-3 旋翼式滴水表剖面

3）旋转活塞式水表

国外发达国家容积式水表使用得较多，一般分为旋转活塞式及刮板式，这里主要介绍旋转活塞式水表。

旋转活塞式水表与普通旋翼式水表的区别在于机芯的计量机构。计量机构由计量室、活塞转子、隔板、衬套、拨叉及盖板等组成。机芯底部有一个进水孔，上部有一个出水孔，两个孔口水平投影相互错位，隔板将进出水孔口隔离，活塞转子转动时，机芯出现半封闭、导通交替状态。进水孔导通、出水口关闭时，水压集中作用在活塞转子内壁并使其沿计量室内壁转动；进出孔口同时导通，进出口压差使活塞转子继续转动；出水孔口导通，进水孔口关闭，水压通过进水孔口作用在转子外壁并转动。如此反复，类似活塞运动。根据其运行原理，数学模型以活塞转子完成一次进出水周期为基本变量。容积式水表的数学关系式见式（2-2），计量原理见图 2-4。

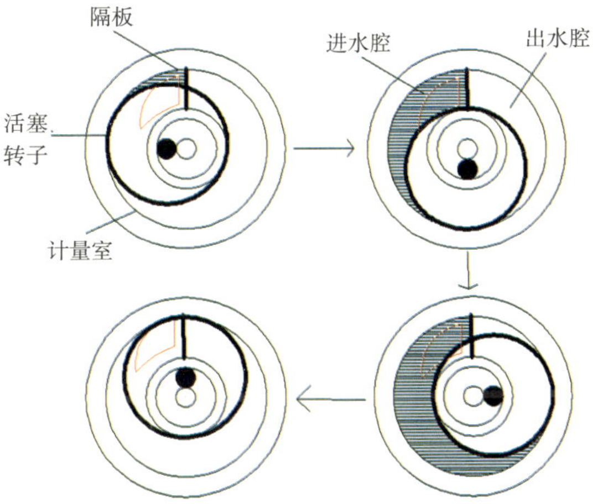

图 2-4 容积式水表的计量原理

$$v = K \cdot \frac{V}{T \cdot S} \tag{2-2}$$

式中 v——水流进入机芯前的流速；

V——计量室最大容积；

T——活塞转子完成一次进出水的周期；

S——机芯底部进水孔的水平面上的投影面积；

K——流量系数。

由其数学模型分析可知，容积式水表不受水流速影响，降低了水表上下游的干扰；活塞转子在无压差情况下保持静止，实现关水即停。

容积式水表相较于速度式水表的优缺点如下：

优点：

（1）计量量程宽，低流量准确计量；

（2）关水即停，防自转；

（3）水表安装无特殊要求，例如直管段要求等；

（4）始动流量最低可达 2L/h。

缺点：

（1）对水质要求较高；

（2）机芯运行噪声较大。

3. 大口径水表

大口径机械水表有水平螺翼式、垂直螺翼式、复式水表（俗称子母表）。计量原理与小口径旋翼式水表一样，其构造略有不同，主要是叶轮形态和转动方向。当水流通过水表时，驱动叶轮（旋翼或螺旋）旋转，水流的速度与叶轮转速成正比，由于水流驱动处进口截面积为常数，叶轮的转速与流量成正比。由水表机芯叶轮上部齿轮带动水表计数器机构，使其累计叶轮转数，并记下通过水表的水量，实现计量目的。水平螺翼式水表流通能力大、始动流量高、水头损失小，需加装过滤器；垂直螺翼式水表流通能力相对较小、始动流量低、水头损失大；复式水表流通能力大、始动流量低，表体较大。大口径水表的数学关系式如下：

$$Q = An / C \qquad (2\text{-}3)$$

式中 Q——流量（m^3/s）；

A——水体流通面积（m^2）；

n——叶轮转数（r/s）；

C——系数。

水平螺翼式水表结构见图 2-5，零件名称见表 2-2。

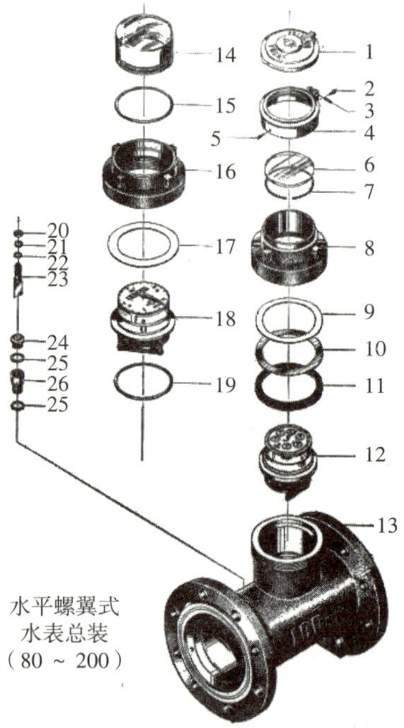

图 2-5 水平螺翼式水表结构

图 2-5 所示水平螺翼式水表零件名称　　表 2-2

序号	名称	序号	名称	序号	名称	序号	名称
1	盖子	8	中罩	15	O 型密封圈	22	密封垫圈
2	三角头螺钉	9	铜衬垫	16	中罩	23	调整器
3	销子	10	纸衬垫	17	垫圈	24	封口塞
4	上罩	11	密封胶圈	18	减速指示机构	25	垫圈
5	销子	12	减速指示机构	19	O 型密封圈	26	调整器座
6	玻璃	13	表壳	20	调节螺母		
7	弹簧圈	14	上罩	21	弹簧垫圈		

垂直螺翼式水表结构见图 2-6，零件名称见表 2-3。

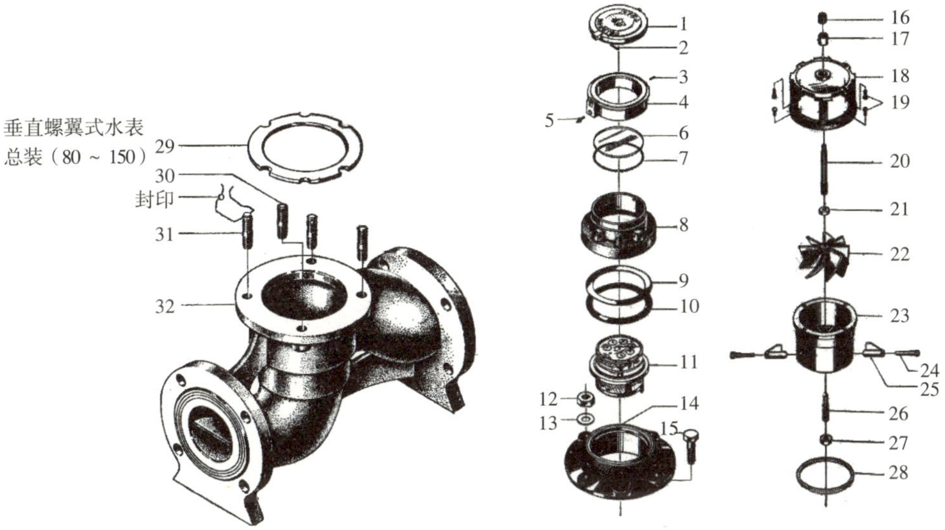

图 2-6　垂直螺翼式水表结构

图 2-6 所示垂直螺翼式水表零件名称　　表 2-3

序号	名称	序号	名称	序号	名称	序号	名称
1	盖子	9	铜衬垫	17	叶轮盒衬套	25	调整器
2	销子	10	密封垫圈	18	上叶轮盒	26	顶尖
3	销子	11	减速指示机构	19	半圆头螺钉	27	六角螺母
4	上罩	12	六角螺母	20	叶轮轴	28	叶轮盒垫圈
5	三角头螺钉	13	垫圈	21	六角螺母	29	盖座垫圈
6	玻璃	14	盖座	22	叶轮	30	双头螺栓
7	弹簧圈	15	六角头螺栓	23	下叶轮盒	31	铅封螺栓
8	中罩	16	中心齿轮	24	螺纹轴	32	表壳

4. 水表的技术规范和计量误差

1）技术规范及误差

我国水表检定规程《城镇供水水量计量仪表的配备和管理通则》CJ/T 454—2014 规定，水表的示值允许差见图 2-7，最小流量（Q_1）至分界流量（Q_2）为 5%，分界流量至最大流量（Q_3）为 2%。

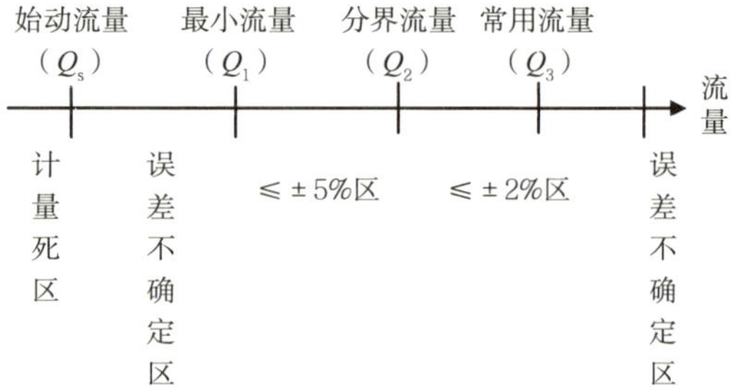

图 2-7　水表的示值允许差

2）计量性能

现规范用流量比表示水表的计量范围，最大流量（Q_3）与最小流量（Q_1）比值越高，计量范围越大、等级越高。DN15 水表分别为 80、100、160。

2.2.3　超声波流量计原理

声波是声音的类别之一，属于机械波，声波是指人耳能感受到的一种纵波，其频率范围为 16Hz ~ 20kHz。当声波的频率低于 16Hz 时就叫做次声波，高于 20kHz 则称为超声波。它方向性好，穿透能力强，易于获得较集中的声能，在水中传播距离远，可用于测距、测速、清洗、焊接、碎石、杀菌消毒等。

超声波流量计原理：根据检测的方式，可分为传播速度差法、多普勒法、波束偏移法、噪声法及相关法等不同类型的超声波流量计。传播速度差法又叫时差法，目前在供水行业应用最广。下面简要介绍时差法的工作原理。

如图 2-8 所示，超声波流量计工作时，传感器 A、B 交替发射和接收经多脉冲宽带放大的超声波信号，信号传播经过水顺流和逆流的时间存在差异并通过公式测得流速并积算体积。K 是常数，D 是传感器距离，Δt 是超声波信号时差。

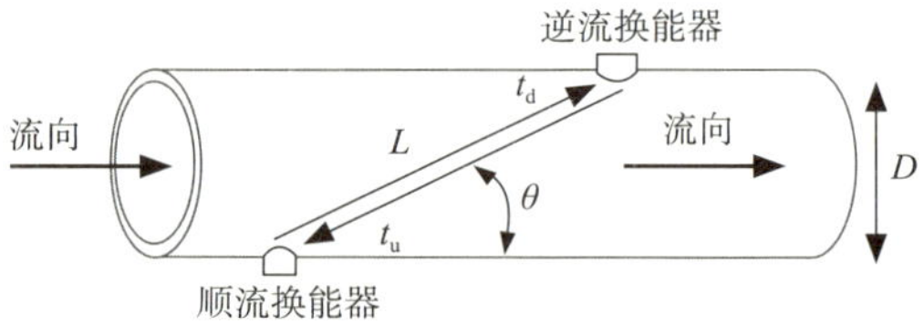

图 2-8　超声波流量计

$$V = KD\Delta t \tag{2-4}$$

由原理可知，影响超声波计量精度的因素有以下几个方面：

（1）常数 K，由于在超声波流量计公式推导中忽略了 Δt 的无穷小量才能有效确定 K，因此从原理上就存在一个极小的误差值，不同管径需测试确定；

（2）传感器距离 D，主要是指传感器安装误差；

（3）Δt，与仪表的信号处理水平和制造精度有关；

（4）管道的椭圆度、结垢、表面平整度、锈蚀度、密度、介质均匀程度；

（5）水温，因为超声波在不同水温中的传播速度不同并影响时差而影响流速的测定。

2.2.4　电磁流量计原理

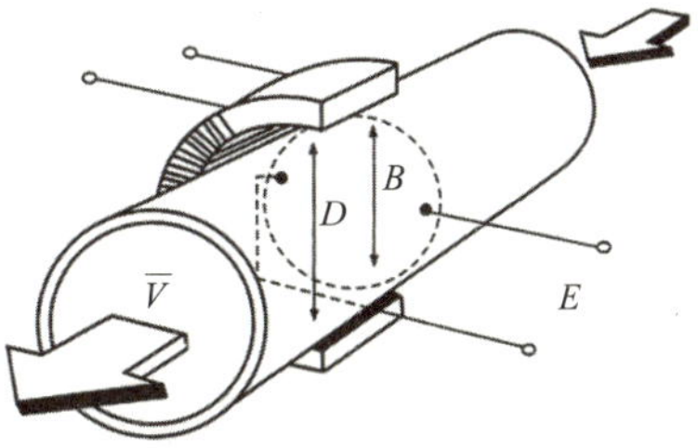

图 2-9　电磁流量计

电磁流量计（图 2-9）的测量原理：基于法拉第电磁感应定律，导电液体在磁场中作切割磁力线运动时，导体中产生感应电势，其计算公式为：

$$E = K \cdot B \cdot V \cdot D \tag{2-5}$$

式中　K——仪表常数；

B——磁感应强度；

V——测量管道截面内的平均流速；

D——测量管道截面的内径。

测量流量时，导电性液体以速度 V 流过垂直于水流动方向的磁场，导电性液体的流动感应出一个与平均流速成正比的电压，其感应电压信号通过两个或两个以上与液体直接接触的电极检出，并通过信号电缆送至转换器通过智能化处理，经 LCD 显示或转换成标准信号 4 ~ 20mA 和 0 ~ 1kHz 输出。

公式（2-5）中系数 K 为流量计校验系数并经校验获得，管道截面内径 D 固定不变，感应电动势 E、磁感应强度 B 由仪表提供。因此，影响电磁流量计误差的主要因素就是由仪表转换的电流而产生的磁感应强度 B 的随机变化值。

2.2.5　流量计测试的技术参数

流量计除了能够测量水在管道中的流速和流量外，不同品牌、厂家还具有不同的测试功能：

（1）超声波声速：超声波在水中的声速为 1400 ~ 1500m/s，随着温度变化而变化。

（2）模拟气泡含量：测量水中杂质和气泡的含量，主要是检测超声波的被折射量值，以百分比计。

（3）管道壁厚：部分超声波流量在其转换器中增加测试管道壁厚功能，配有测厚探头即可测量。

（4）电导率：水的导电性即水的电阻的倒数，通常用它来表示水的纯净度。电导率是物体传导电流的能力，单位为西门子每米（S/m）。用于辅助判断电磁流量计的运行状态。

（5）水体流场：单极插入式电磁流量计可以通过测试水流截面上各点的流速并绘制曲线，整体判断供水管道中水体流场是否正常，是否符合计量条件。

（6）传感器安装距离：判断超声波流量计探头的实际安装距离，以便纠正其安装误差。

（7）测量其他材质供水管道流量、流速：例如塑料管、铜管、水泥管、铅管等。

2.3 流量计的误差分析

目前，国内给水计量系统多数采用电磁流量计、超声波流量计、普通机械水表，本节主要对前两种计量表在实际使用中的误差进行分析。

2.3.1 流量计产生误差的原因

超声波、电磁流量计虽然计量原理不同，但均属于速度式流量计，有着影响其计量的共同因素，现分述如下。

1. 计量表直管段

计量表准确计量的基本前提条件是水体流动稳定，在紊流情况下，其截面流速分布呈规则椭圆形。根据水力学原理，水流在受到阻力的情况下需要经过一段距离调整后水流才能稳定。一般情况下，超声波流量计要求计量表来水方向直管段为 10*D*，计量表后为 5*D*；电磁流量计要求分别为 5*D*、2*D*。但是在使用过程中发现，这个规定并不完全适合，这一点与管道流速及管网中管件的设置及运行状态有关。

例如：鞍山水司所属的北陶与新陶所之间安装了 *DN*1000 超声波流量计，自从安装之后，通过水平衡计算发现其量值相对误差为 30%，用相对标准表在线比对误差也很大，后经 24h 动态测试发现其误差与管道流量高度相关。计量人员到现场踏勘发现该计量表来水方向有 *DN*1000 水门 1 个，安装距离刚满足 10*D* 要求，实际运行水门呈 45° 开启状态。当水门全部打开后，计量表系统误差消除。因此，现在业内人士建议，超声波流量计要求计量表来水方向直管段为 20*D*，计量表后为 10*D*。

2. 水体含气

正常情况下，供水管网中运行的水体含有部分气体，并不影响计量。但由于各方面原因使计量管段含气增加，含气量越大计量误差越大。例如，泵轴密封不严、管道破损、水体下坡运行、管网高处集气等，其误差最大可达 30% ~ 40%，气泡破裂瞬间会产生大量气体，如含气量再大将使计量表无法正常工作。

3. 仪表本身故障

仪表故障一般是计量表本身所处环境影响和人为所致。根据计量表故障处理实践，环境致使仪表故障的因素如下：

（1）井室潮湿、积水、冻融循环，流量计的传感器进水或形成冷凝水等，使传感器阻值改变，从而使流量计不计量或量值不准。

（2）因施工、鼠类撕咬、老化等，使流量计信号线出现断路或短路情况，从而使流量计不计量或量值不准。

（3）转换器在电压不稳情况下出现不计量或量值不准现象，多数为雷击致使电源电路板及主板烧毁，少数也有电压不稳使主板个别元器件烧坏现象。

（4）信号电缆接触不良：流量计传感器或换能器与显示器之间通过信号电缆连接完成工作，接触不良会造成流量变化从而造成误差。例如：某市深峪路 *DN*800 电磁流量计的信号电缆 7、8 号线与显示器接线端子出现松动，通过数据监控系统检测反映，该流量计瞬时流量随机产生突然减小现象从而产生计量误差，误差值与其产生频率有关，经 24h 跟踪测算误差为 $-10.76\% \pm 5.24\%$。

4. 外界电磁场干扰

（1）靠近变频器、微波站，流量计出现不计量现象或计量不稳及不准确现象，例如变频泵站出水口由于变频干扰使计量表无法工作；

（2）外界杂散电流干扰，例如路灯开启、火车经过等情况下，计量表瞬间出现大量。

5. 仪表零点漂移

计量仪表在检测的基准零点发生变化，偏离零点位置，叫零点漂移（简称零漂）。通俗讲，当管道里的水静止时，流量计检测出有一定量的水在流动。通常可在检测前进行清除或补偿，也可通过自动校零补偿来解决。零漂的原因来自于传感器、转换器。

传感器桥路中元件参数本身就不对称；弹性元件和电阻应变计的敏感栅材料温度系数、线胀系数不同，组桥引线长度不一致等综合因素，最后导致传感器组成电桥后相邻臂总体温度系数有一定差异，当温度变化时，相邻臂电阻变化量不同，从而使电桥产生输出不平衡，即产生了零点漂移；时漂——即对系统而言，随着时间的增加，相当于对系统进行老化处理，这样，系统的结构特征就要发生变化，从而产生漂移。转换器放大电路输入信号为零（即没有交流电输入）时，由于受温度变化、电源电压不稳等因素的影响，使静态工作点发生变化，并被逐级放大和传输，导致电路输出端电压偏离原固定值而上下漂动的现象。

零漂多数是仪表自身设计及制造问题，在低流量情况下其误差较大，到仪表测量量程内则不再影响计量。零漂现象已受到生产厂家广泛重视并解决，多数计量表都较少存在。

目前，在实际应用流量计过程中发现一种新的零漂现象，零漂出现后影响其在测量量程内计量，多数是传感器或信号线由于外界原因使其阻值变化所致。另外，零漂多发生在超声波流量计中。

6. 人为破坏

市电供电流量计通过断电使流量计少计量，也有少数用水用户通过过载电流击坏电路板使流量计不计量。电磁流量计一般采取短接传感器励磁接线端子或短接励磁回路造成励磁电流短路，励磁线圈不供电使流量计不计量；励磁回路并联电阻，使计量出现负误差；改动仪表参数计量误差较大。超声波流量计多数采取信号线短路、断路、改动仪表参数、改变换能器安装距离等产生计量误差，仪表参数改变较大使仪表无法正常工作。

2.3.2 超声波流量计产生误差的原因

由于前面已经介绍了超声波、电磁流量计产生误差的共同因素，这里仅叙述超声波误差因素，主要指不同电磁流量计而言。

1. 仪表参数设置

超声波流量计适用于各种管径，在工作时需先输入管径、壁厚、衬里、温度、材质等参数，由于现场管道材料不同，其参数也不尽相同，工作中可能出现参数输入错误。

（1）管径、壁厚：东营市胜利油田供水公司的研究结果显示，管径输入误差使测量结果扩大 2 倍；壁厚输入误差与测量误差成正比，但对测量结果影响不大。但，管径、壁厚等参数输入错误较大时计量表将不工作。

（2）材质、衬里：材质输入错误造成传感器安装距离计算错误产生的误差及声波在介质中传播速度差异，由于管壁厚相对较小，通常情况下材质较为接近的情况下，其误差不大；材质差异较大，误差影响较大，有的品牌流量计影响信号接收，不计量。

2. 管道横截面圆度

钢管等柔性管道管径较大时，由于施工和管理问题，横截面变形率较大，即圆度和直径发生改变，声波运行距离随之变化，影响声波收发时间差，同时截面也发生变化，即流量积算发生双重变化，方向一致情况误差增加，方向相反误差减小。对于大口径管段计量如果相对误差达1%,则对范围较小的计量区域,其绝对误差对无收益水计算将产生较大影响。

3. 声速

超声波在不同水温中其传播速度不同，在 0% ～ 40℃ 范围内，变化幅度随水温增加变小，呈线性负相关。1℃ 时，声速为 1407.7m/s，25℃ 时，声速为 1509.4m/s。鞍山供水管网中，地表水源供水区域内，冬季最低为 1 ～ 2℃，夏季最高为 24℃；地下水源供水区域内常年保持在 12 ～ 16℃。在实际测量过程中存在声速与温度不符现象，个别情况出现超出声速范围现象。

根据超声波流量计计量原理，其流速测得与声速无关，与声波收发时间倒数差有关，但声速却与收发时间倒数和有关，与声波传输距离有关，因此声速影响超声波流量计的测量误差。在测量中，实测声速与理论值出现较大差异，有传感器安装问题（包括管道本身固有参数造成的安装问题），也有转换器收发声波和计算问题。在测量过程中对超声波流量计声速菜单进行过人为调正，发现其计量值是发生变化的，声速下降测得流量下降。声速应该是超声波流量计准确计量的衡量标准之一，虽然现在仪表生产厂家未将其列入仪表自身考核调整功能之列，但国内一些检定部门或应用单位已经注意到这个问题并实施。

根据山西长治自来水公司的研究，声速每降低 10m/s，相对误差增加 0.68%，声速每降低 50m/s，相对误差增加 3.41%。提出测量结果修正值为 1（声速相对误差），同时总结出影响声速的环境因素及解决方法：

（1）计量井室通气，减少潮湿气体；

（2）使传感器保持干燥，安装后细微调整；

（3）计量表运行有足够的预热时间。

4. 换能器安装误差

1）安装方法

超声波流量计传感器的安装方法有 Z 法、V 法、X 法、W 法等，常用的为前两种。对于便携式超声波流量计，为使用方便，多采用 V 法。经验表明，此法计量精度高于 Z 法，安装精度易于保证，安装方便；固定式则由于 Z 法信号强度较 V 法好，较多采用。

2）安装距离、入射角度

换能器安装距离决定声速行程，声波入射角度误差主要表现在换能器与管道表面接触的密实程度及平整程度，管材的密实均匀程度，其余弦值与流速呈反比，即入射角与流速也成正比。

3）二次安装误差

在工作中经常发现，用便携式超声波流量计对在线的电磁或超声波流量计进行量值比对后，隔段时间再次比对（计量表检定周期范围内），在换能器位置一致的情况下其相对误差不会完全一致，有的超出计量标识精度。这里称作二次安装误差，为此，作如下研究。

将流量计送到国内具有检定资质的生产厂家进行在线比对 24 台次。由于在标准实验室，剔除了台位差、仪表环境影响、管道参数、管道运行条件、压力、安装人员水平等因素，其误差由仪表精度和换能器安装合成。实验数据见表 2-4。

误差差值排序数值表 **表 2-4**

实验编号	1	2	3	4	5	6	7	8	9
差值（%）	−4.75	−4.49	−3.88	−3.44	−2.32	−2.2	−1.05	−0.98	−0.16
精度（%）	0.5	0.5	0.5	0.5	0.5	1	0.5	1	1
实验编号	10	11	12	13	14	15	16	17	18
差值（%）	0.3	0.39	0.47	0.63	0.91	1.12	1.93	1.93	2.69
精度（%）	1	1	0.5	0.5	1	1	0.5	0.5	1
实验编号	19	20	21	22	23	24			
差值（%）	2.71	2.8	2.97	3.26	3.89	3.89			
精度（%）	1	0.5	0.5	0.5	1	1			

误差频点见图 2-10。

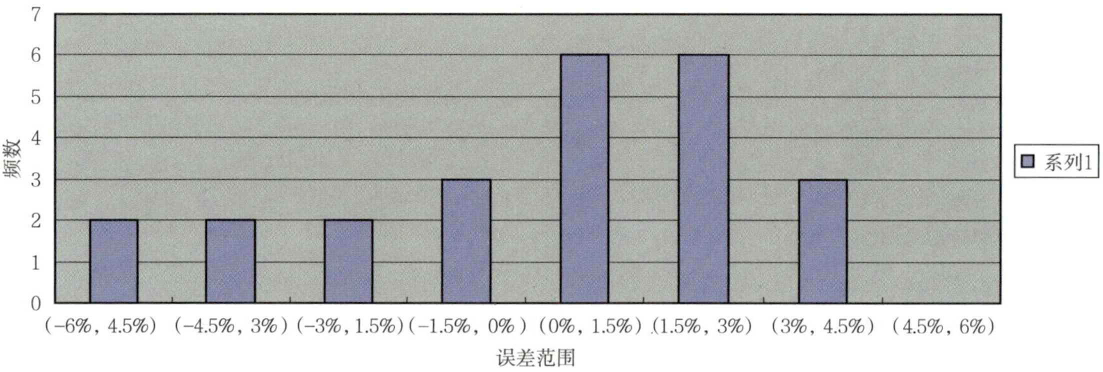

图 2-10 超声波流量计二次安装误差频率分布图

由图 2-10 及表 2-4 可知，超声波流量计在标准工作条件下，在线比对误差呈正态分布，平均值为 0.28% ± 2.6%。也就是说，超声波流量计二次安装总体误差趋近于 0，但偏差较大；误差控制在 ±1% 以内的概率仅为 29.8%，满足概率 95% 的误差为 ±4.56%。同时，二次安装误差与仪表标称精度相关度极低，即与仪表标称精度无关。插入式超声波流量计经系统误差调整不再存在安装误差。

5. 压力波动或振动

压力波动或振动使管道内水体流速分布畸变，超声波测得的线流速偏离超声波计量数学模型产生误差。

6. 低流量测量及零点

超声波在水流体管道内运行过程中测量的线流速与测量位置某截面的平均流速之比为修正系数 k，其是以雷诺数 R_{eD} 为自变量的函数，自变量的定义域下限为 10^4，即 $R_{eD} \geq 10^4$

的湍流状态，超声波测得的流速经 k 修正后，才能获得管道内水流体真正的流速。例如：DN50 管道，常温下，其流量下限为 0.205m/s。

层流与湍流之间的过渡区内，流体流动状态不稳定、随机变化，修正系数非函数关系，不能很好地反映其真实量值。

层流状态时，管道内某截面的最大流速是平均流速的 2 倍，而超声波测量得到的流速是最大流速的 2/3，经换算管道内水流体的真实流速为超声波测得的流速的 4/3。

静止状态时，换能器发出的超声波的逆流和顺流传播时间应相等。但由于时差测量误差、换能器对称性、温漂、时漂、流体涌动、声学干扰、磁电干扰等，造成零点漂移。超声波流量计一般通过设置零点切除来解决零漂问题。

2.3.3 电磁流量计产生误差的原因

1. 仪表参数设置

电磁流量计可修改参数并影响计量的主要是管径、励磁频率、仪表系数。管径按转换器指定菜单更改规格，仪表正常工作，不存在信号收发问题，其量值根据流量公式由转换器计算，以其量程为限，量值较大，容易发现。励磁频率改动可改变磁场强度，量值随频率呈指数增加。

2. 传感器安装

电磁流量计传感器属标准管段，安装时注意方向、管段所处位置等，主要是将传感器与管道连接处的皮垫在安装前用刀具均匀剔除，保证水流稳定即可。

2.3.4 流量计误差判定

流量计误差的识别方法有离线检定、在线检定或比对、串表、水池容积比对、数学模型校验、水平衡测试法等，目前广泛使用的是前两种。

1. 离线检定

离线检定法，将需要检定的流量计送至具有相应资质的检定单位检测并修正，多数用于争议较大的贸易结算计量器具。是对计量器具自身计量性能的总体检验，缺点是对环境误差无法判断。近年来，国家相继出台或更新的标准有《超声波流量计检定规程》JJG 1030—2007、《电磁流量计检定规程》JJG 1033—2007、《浮子流量计检定规程》JJG 257—2007 等。

2. 在线检定

对正在运行的流量计进行现场检定或比对，对仪表的本身计量性能和环境误差总体评价。多数执行标准表制度，是企业内部计量体系考核的一种最直接的方法。即，在每一个检定周期内（根据精度划分），将便携式超声波流量计送至国家计量主管部门授权的检定站进行检定（我国授权单位是开封的国家水大流量计量检测站），给出精度和修正系数，将此表作为相对标准表。用相对标准表对在线流量计进行标定。主要用于计量等级低于标定等级的计量表检定（水表、超声波流量计、外夹式电磁流量计、插入式电磁流量计）等或同等级计量表比对（管段式电磁流量计）。

《管道式电磁流量计在线校准要求》CJ/T 364—2011 主要是采取电参数法、在线比对法。电参数法要求测试精度较高，不能对计量表进行总体评价，因此很少采用。在线比对由于不可控误差合成值较大，存在争议。电参数法主要是通过仪表（电流表）检测其信号线、励磁线圈等阻值及其他参数评价其计量性能，不是量值之间比对。

在线检定的最大缺点，也是业内人士比较顾虑的，就是相对标准表以超声波流量计为主，由于环境影响，其可产生粗大误差有时难以避免。但，定期在线比对是发现计量表粗大误差的最有效方法，长春水司在每块出厂水及分区水计量表前都加装白钢标准直管段并定期进行在线比对，换能器安装位置固定，较好地控制计量表误差。

3. 串表比对

如上，计量表离线检定不能完全代表在线运行状况，在线检定存在一定的缺点。当在线表计量准确度无法进行离线检定，而在线检定出现较大误差时，采取串表是一个简便可行的方法。

例如，鞍山水司所属千山营业公司与铁东营业公司之间的托普南 *DN*1200、托普北 *DN*1200 计量表进行在线比对时，托普南与相对标准表相对误差在 1% 以内，托普北相对误差高达 7%。如果按这个误差调整在线表，千山公司所属高新所无收益水率由原来的 10% 降至 –10% 以上，这显然不符合水平衡测试理论。选择 *DN*1200 流量计离线检定显然不经济。经与调度室、管网技术人员协商，决定实施串表比对方法。关闭汪家峪水厂至托普北沿线辽宁科技大学水门（夜间），开启托普南与托普北之间联络门，提高托普北出水口压力，保持原有流速进行在线串表试验。经比对，在瞬时流量 6000m^3/h 的情况下，汪家峪 *DN*1200 流量计与托普北 *DN*1200 流量计误差仅为 –0.5%。

4. 水池容积比对法

总体看，供水计量体系中在线计量表多数计量是准确的，但也确实存在个例问题难以解决。城市供水系统中水池较多，如供水厂中的清水池、调节市区水量的高地水池等，可以利用水池水位变化值计算出水池中进入或供出水量作为真值，对流量计的准确性予以在线比对。

鞍山市区双头水池进口计量表属千山公司供出计量表，进入立山公司深沟寺所。水池出口有三块计量表，一块供给铁东公司，两块分别供给立山公司自由所、深沟寺所。计量表安装以来，进水表计量为 17000m^3/d，出水口三块表合计 15500m^3/d，进出水量相差 8.8%。对于深沟寺所，在没有增加营业收入的情况下，区域计量表的差值便形成无收益水率 5%。经计量人员多次在线比对，差值依然存在。然后对该水池作满水试验，证明水池漏水 150m^3/d，不是计量表差值的主要构成因素，计量表误差真实存在。对进水、出水表分别通过水池水位升高和下降数值乘以水池面积，确定进水表误差为 2%，出水表总体误差为 –9%。

濮阳市自来水公司利用水厂新清水池对进入市内生活区的电磁流量计进行在线比对，分别对新清水池的容积测算、阀门的严密程度、人为的测量误差、蒸发渗漏等因素认真考虑并制定相应对策。试验持续 2 个小时，水池总出水量 2400m^3，在线运行的电磁流量计相对误差 0.092%，并根据水位测量误差 E_1、清水池面积误差 E_2 推算容积法最大误差 E_3 为 1.02%。水池容积比对试验后，将该表送至国家水大流量检测站进行离线检定，检定结果是该表精度为 ±0.18%。

5. 数学模型

2014 年，在全国第六届水行业流量仪表选型与应用技术研讨会上，中国计量科学研究院的王池在所作的题为《水流量计在线检测及量值核查》的报告中提出数学模型用于流量计在线校验问题。三峡电站大口径流量计达 10m 以上，现有检定装置无法检验。超声波流量计的数学模型明确显示，水流量由长度量、时间量，和流速模型决定。也就是说，数学模型中参数能够准确测得，其量值准确。据此，课题组采用在电路上插入时间延迟的方法检测计时准确度，达纳秒（ns）级。全站仪测量管道内壁及传感器位置，软件拟合管道内轮廓并计算管径，在计算模型中作传感器安装位置修正。

6. 水平衡计算

水流量计其测量区域耗水总量与其计量值，理论上是量值相等、符号相反，即进出平衡，总量为零。同样，流量计流出区域也存在平衡问题，当流量计出现粗大误差时必然导致平衡关系破坏，而且可以通过其他指标反映出来。例如，水厂流量计出现粗大误差，则水厂单耗将变得异常；其供水区域无收益水率变得异常等。

2.3.5　流量计误差消除

计量表粗大误差排出是准确计算无收益水量的基础，应予以高度重视。

1. 满足直管段

依据相关标准、厂家产品说明书，结合工作实践建议，超声波流量计上游直管段为 10*D*，有条件最好延长至 20*D*；下游直管段 5*D*，有条件时延长至 10*D*。电磁流量计上下游直管段分别为 5*D*、2*D*。在不能满足直管段的情况下，可以加装整流器。目前，流量计厂家根据管径渐缩整流原理开发出无直管段要求的流量计。

2. 气体排出

管道敷设具有坡度时，单向流计量表以上坡计量或双向流计量点应做“U”形管道下卧并于两侧加装排气阀。出厂水计量表前加装排气阀，定期检查水泵运行状况，有条件时应在吸水管处加装测流井，便于比对或测试气泡含量。

3. 仪表故障排除

（1）密封传感器或换能器；

（2）对线号线加强保护，例如敷设套管等；

（3）选用直流供电或电池供电的转换器；

（4）充足的备品备件；

（5）加大窃水稽查力度。

4. 外界干扰

（1）流量计位置选择时，应考虑远离变频器、微波站、铁路等；

（2）选择抗干扰能力强的计量表；

（3）标准安装，例如：规范接地等。

5. 零点消除

目前，国内外流量计生产厂家都已经注意到仪表零点问题，都在努力解决。质量较好的流量计基本解决了这个问题，供水管网在线运行的仪表部分存在这个问题。

（1）动态、静态置零；

（2）做好传感器接地；

（3）定期检查仪表工作参数。

6. 标准直管段

标准直管段是解决超声波流量计安装误差的主要方法，长春水司采用的白钢直管段，解决了圆度、内壁结垢问题。换能器安装要求在固定位置，排除二次安装误差入射角及管道材质差异性带来的误差，较好地实施了量值传递。

7. 流量计安装位置选择

（1）避免强烈振动。

（2）保证传感器充满液体，安装在管道最低点，消除水中含气量的影响；禁止安装在管道最高点；禁止安装在与自由出口垂直的管道上。

（3）垂直安装在管道上的流量计，水流方向朝上。

（4）避免安装在泵站进口等自由出水管段上。

（5）安装在水流上坡方向。

2.3.6　流量计小流量误差

供水管网物理漏损测试需要性能较好的流量计初步确定泄漏方向和范围，尤其是计量表的零漂和小流量计量性能。随着现代科学技术的发展，流量计的零漂问题基本解决，尤其进口流量计在这个方面的技术比较成熟。而小流量误差多少，是否满足查找供水管网物理漏损的需要，应予以明确。为此，根据日常工作特点选取进口的超声波流量计和电磁流量计在水表检定中心 *DN*200 检定台对小流量进行测试，试验数据见图 2-11。试验表明：

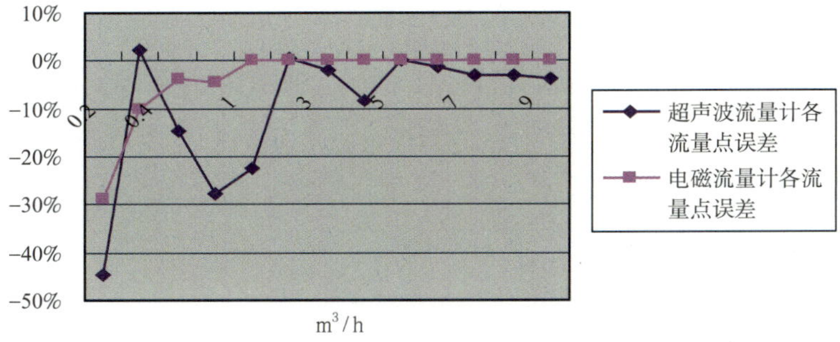

图 2-11　电磁流量计与超声波流量计小流量误差比对

（1）电磁流量计小流量计量性能优于超声波流量计；*DN*200 电磁流量计在瞬时量 $1m^3/h$ 以上基本不用修正，0.5 ~ $1m^3/h$ 时误差 –5%，$0.5m^3/h$ 以下误差较大。

（2）超声波流量计小流量情况下计量偏负，误差不呈线性，只能分段修正；$0.5m^3/h$ 以下误差更大。

（3）虽然超声波流量计小流量计量相对误差波动，但分析绝对误差，与电磁流量计一样适合于供水管网物理漏损测试。

2.4　居民用户水表离线误差检定

水表是供水企业贸易结算计量器具，水表精度调查是供水企业贯彻国家计量法规的体现，是维护国家、企业、消费者三者利益关系的体现。水表精度涉及售水成本、利润等重要经济指标的核算。同时，由于水表精度随着水表运行时间和周期轮换在动态变化，水表精度调查又为制定长期水表改造计划和指标考核提供了依据，为供水企业的用表提供了方向。水表误差的产生由自身计量能力及所处环境共同决定，离线检定是评定其自身计量性能的手段。目前，国内很少见到水表精度调查方面的资料，本节主要介绍2006年以来，鞍山水司先后进行的三次居民用户水表离线误差检定测试试验。第一、二次试验主要总体评价了售水计量体系中用于计量的普通机械式水表的计量性能，为分析居民水表误差提供理论依据；第三次试验主要是分析水表检定周期问题。

2.4.1 水表离线误差调查方法及抽样样本确定

1. 水表精度调查的方法

目前，水表在线校验的技术和经验还不成熟，不能完全准确地反映在装水表精度。借助台位差小于1%的经验估计值，确定随机抽样样本。拆卸在装水表并送至鞍山市水表检定站进行离线校验，确定在线水表的自身计量性能。检验人员根据已经拟定好的表格，分项填写检验记录，营业管理处以10%的比例复检。然后经过数理统计分析确定我市水表精度及其他相关指标。校验台型号SBT15-25，精度等级0.2级，已经通过年检。

2. 抽样样本的确定

根据数理统计抽样样本确定原则，采用公式如下：

$$n=\frac{NZ_{\alpha/2}^{2}\delta^{2}}{(N-1)\Delta_{2/x}^{z}+Z_{\alpha/2}^{2}\delta^{2}} \tag{2-6}$$

2006年，鞍山市居民用户44.1万户，即N=441000。

先抽出一个100件样本算出标准差s=9.06%，并用它代替δ，即δ=9.06%。

同时按在线水表检定规定，水表校验台计量等级为0.2级，误差范围不超过0.2%。

即$\Delta_{2/x}$=0.2%。

另外，设定该统计样本的置信度为95%，即$Z_{\alpha/2}^{2}=1.96^{2}$。

将上述数据代入公式得：n=7745；即：随机抽取7745件水表，有95%的置信度满足整体样本空间的描述。

但从现实看，无法完成这么大的工作量。同时，考虑到本次离线检表采用串联方式，误差将会加大，所以调整$\Delta_{2/x}$=0.5%，得n=1264。这个抽样数量还是偏大，进一步降低置信度为90%也能满足研究的需要，通过计算n=871。

3. 条件假设

第一条件：假设用户在水表计量量程内用水均匀，则每块水表精度以其三个流量点的平均误差值代表水表的离线检测误差值。

第二条件：不考虑本市各地区因水质及占的比例对水表总体误差影响的情况下，对样本进行描述。

第三条件：不考虑因水表停走引起的误差。

2.4.2　鞍山地区居民水表第一次离线检定

1. 抽检水表的结构分布情况

抽检水表中因水质、拆卸、运送、人为破坏等原因，存在停表、污表、效验无效表等，构成如下：

（1）抽检水表中污表平均占 6.3%，其中立山地区占 3.2%，是其他几个地区的总和，说明立山地区水质易使水表污盘。

（2）抽检水表中公称流量停走的占 2.28%，经解体分析主要有以下两个原因：一是大量泥沙、污物堆积在叶轮盒内所致，占停表总数的 80%；二是温度变形或钢丝别挡等使叶轮无法转动，多数属人为破坏，占停表总数的 20%。

（3）无效表是由于运输、拆卸等原因无法校验的水表。

（4）小流停表、分界流停表占 9.14%，主要是泥沙、污物堆积在叶轮盒内所致。

2. 计量量程内水表精度统计

停表的相对示值误差达 -100%，属水表运行的非正常状况，在水表精度计算时能够带来较大偏差。因此，在剔除污表、停表、无效表的基础上，在水表的计量量程内确定鞍山地区在装水表计量精度。即，在满足上述前 2 个假设条件的前提下，鞍山水表总体精度见表 2-5。

鞍山地区水表精度调查统计（一）　　表 2-5

地区	铁东	铁西	立山	千山	鞍山	国内平均
精度（%）	5.38	2.86	3.39	0.64	3.56	4.32
偏差（%）	8.56	6.59	9.87	6.12	8.22	6.1

由表 2-5 可知，我市水表总体精度为 3.56%，低于国内平均值 0.76 个百分点；但偏差却大于国内平均值，说明水表精度离差较大。

3. 总体精度的样本描述

计量量程内精度的样本描述不含停表带来的误差影响，但在抽样样本中却不同程度地存在停表现象，三个流量点停表占抽样总数的 11.42%，尤其小流停表带来的小流不计量问题，同时也发现停表往往是用水量相对较多的用户。因此，考虑实际情况，在满足上述三个条件的前提下，在装水表总体精度见表 2-6。

鞍山地区水表精度调查统计（二） 表 2-6

地区	铁东	铁西	立山	千山	鞍山
精度（%）	0.1	−4.41	−7.23	−4.48	−2.10
偏差（%）	18.64	21.91	29.8	14.27	16.61

4. 三项流量指标的误差统计及水表合格率

1）水表计量量程内三项流量误差统计

三项指标是指校验水表的三个流量点的示值相对误差，即：公称流量 Q_n=1.5m³/h、分界流量 Q_t=120L/h、最小流量 Q_{min}=30L/h。

根据测试统计，发现水表的误差随着服役期限增加而变化。计量量程范围内，公称流量、分界流量误差呈现偏正，最小流量偏负（表 2-7）。

水表三项指标统计 表 2-7

地区	铁东	铁西	立山	千山	鞍山
公称流量误差（%）	6.69	4.76	6.54	2.11	5.53
分界流量误差（%）	7.27	4.24	6.46	3.19	5.66
最小流量误差（%）	1.91	−0.41	−2.82	−3.37	−0.51
公称流量误差偏差（%）	8.49	6.28	11.52	4.29	8.34
分界流量误差偏差（%）	9.3	5.99	12.04	5.95	8.92
最小流量误差偏差（%）	10.90	11.51	16.71	13.70	13.06

2）三项指标误差分布

由三项指标误差统计结果可知：立山地区各流量点误差偏差较其他地区大，铁东地区接近平均水平，千山及铁西地区偏差较小。为了进一步具体、形象地表达误差分布情况，现采取分段统计的方法描述三项指标误差分布情况。

分段原则：按国家《冷水水表检定规程》JJG 162—2009，在装水表检验误差允许值 ±4%，同时考虑均匀原则和平均偏差，拟定误差分布分段值为 ±4%。误差分布频率见表 2-8。

（1）水表在公称流量 1.5m³/h

84% 的水表误差偏正，34% 的误差在 0% ~ 4% 之间，按在线校验规定有 50% 的正差超差；16% 的水表误差偏负，8.5% 的误差在 0% ~ −4% 之间，7.5% 的负差超差。另外，91.2% 的误差在 ±20% 之间，负误差超差的有 63% 属停表；正差超差平均表指针 1645m³，高于样本平均指针 638m³，55% 的指针超过 1000m³。

（2）水表在分界流量 120L/h

75% 的水表误差偏正，30% 的误差在 0% ~ 4% 之间，45% 的正差超差；25% 的水表误差偏负，8.99% 的误差在 0% ~ –4% 之间，16.1% 的负差超差。另外，87% 的误差在 ±20% 之间，负误差超差的有 74% 属停表；正差超差平均表指针 1333m^3，高于样本平均指针 326m^3，55% 的指针超过 1000m^3。

（3）水表在最小流量 30L/h

39% 的水表误差偏正，17% 的误差在 0% ~ 4% 之间，22% 的正差超差；61% 的水表误差偏负，33.2% 的误差在 0% ~ –4% 之间，27.8% 的负差超差。另外，77.2% 的误差在 ±20% 之间，负误差超差的有 38% 属停表；正差超差平均表指针 1003m^3，接近样本平均指针。

水表误差分布频率统计表　　　　表 2-8

比较项目 \ 流量点误差	公称流量	分界流量	最小流量
正误差比例（%）	84	75	39
误差在（0，4%）区域的比例（%）	34	30	17
正误差超差比例（%）	50	45	22
误差在（0，–4%）区域的比例（%）	8.5	8.99	53.2
负误差停表比例（%）	63	74	38
负误差超差比例（%）	7.5	10.1	73
误差在（–20%，20%）区域的比例（%）	91.2	87	77.2

3）水表的始动流量

通过本次水表精度调查和统计发现，水表的始动流量普遍上升，平均上升 2.8L/h。

4）水表合格率

水表误差分误差高区和低区，分界流量—公称流量为误差高区，允许误差 ±2%；最小流量—分界流量为误差低区，允许误差 ±5%。因此，水表校验中，任何一项指标超差，均属不合格水表。但现实工作中存在因计量纠纷影响水量计算的问题，通常情况下求取三项指标的平均值来判断水表是否合格。所以，本节从两个角度来判断这批抽检的在装水表合格率。

（1）三项指标综合合格率

在装水表三项指标综合合格率较低，全市平均仅为 18.89%，尤其立山地区水质影响较为严重。水表合格基本集中在水表指针 300 ~ 600m^3 之间，但偏差较大，说明水表在使用的各个阶段合格率都较低。

（2）三项指标均值合格率

本市在装水表三项指标平均值合格率为 39.91%，水表合格基本集中在水表指针 650m³ 左右，但偏差仍然较大。立山公司因水质问题低于平均值 15 个百分点，因此水质对水表精度影响较大。

5. 相关程度及回归分析

影响水表的因素有许多，如水质、污物、温度、服役期限等。如果逐个寻找可能比较困难，而且变量越多越难以分析。因此，综合各个影响因素及较为容易获得的数据来看，以水表的示值作为因变量并分组来研究水表的误差较为科学、合理。根据水表校验数据，以水表示值 100m³ 等距划分。

1）水表示值及样本总体三项流量误差之间的相关程度

水表示值与公称流量误差的相关系数为 0.79，接近高度相关。说明水表的公称流量误差随着水表的示值增加而呈现增加的趋势。水表示值与分界流量误差的相关系数为 0.60，属显著相关。水表的分界流量误差随着水表的示值增加也呈现增加的趋势。水表示值与最小流量误差及均值误差的相关系数分别为 –0.17、0.44，相关性较差。通过进一步分析，当水表示值读数由 0 运行至约 900 ~ 1000m³ 之间时，相关系数为 –0.77，接近高度相关，水表总体精度随着运行时间增加而偏负；然后随着运行时间增加误差偏正。

水表公称流量与分界流量的相关系数高达 0.98，而与最小流量之间的相关系数分别为 –0.01、0.02。因此，通过相关分析可以确定公称流量误差与分界流量误差互为正比例关系，两者的平均值完全可以代表大流用水的水表精度。

2）计量量程内水表精度的相关分析

上述相关分析包括样本中的停走水表等，那么广大营业抄收人员及用户可能更想知道计量量程内正常运行的水表总体精度的内在联系。计量量程内正常运行的水表总体精度的相关分析与上述分析基本相同，不同特点是水表总体精度与水表示数属显著正相关，不在指针读数 948m³ 处表现为分段函数，说明停表并不与水表运行时间有直接关系。多数属意外泥沙、污物封堵或人为破坏等。公称误差、分界误差分别与最小流误差呈显著正向相关，主要是剔除了小流停表误差偏差较大的因素，同时证明了用均值代表整个水表总体误差的合理性。

3）回归方程的建立

通过相关分析已经初步掌握了水表各变量之间的相关程度，因此可以确定参数建立回归方程，根据变量关系现拟定建立以下几个一元回归方程。

鞍山地区水表总体精度方程模型：

$$\delta_{总} = a + b\delta_{示} \tag{2-7}$$

式中　$\delta_{总}$——总体精度；

a——拟定返回回归线性方程的截距；

b——拟定返回回归线性方程的斜率；

$\delta_{示}$——水表示值。

但由上述分析可知，水表总体计量精度与水表示值分段高度相关，因此需分段建立两个回归方程。当水表示数在 0 ~ 948m^3 时，a=1.6，b=–0.0077；948 ~ 2123m^3 时，a=–10.94，b=0.008。所以，鞍山水表总体精度回归方程为式（2-8）和式（2-9）。函数图像见图 2-12。

$$\delta_{总}=1.6-0.0071\delta_{示}\text{（水表示数 0 ~ 948}m^3\text{）} \tag{2-8}$$

$$\delta_{总} = -10.94 + 0.008\delta_{示}\text{（水表示数 948 ~ 2123}m^3\text{）} \tag{2-9}$$

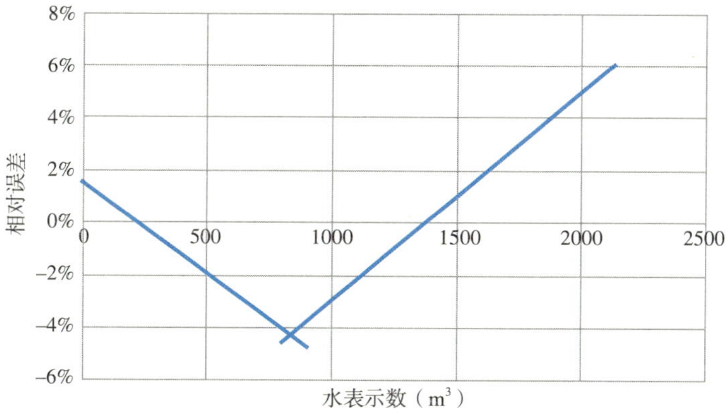

图 2-12　函数图像

2.4.3　鞍山地区居民水表第二次离线检定

鞍山地区第二次水表离线检定是在《鞍山市供水产销差评价体系研究与实践》项目中进行并验证的。以深沟寺所为研究对象，在置信度达 95% 以上的情况下，根据公式抽样计算，需 433 块水表代表全体。

1. 总体误差分析

在本次试验中，分别在四个流量点对水表进行精度测量。假设用户在水表计量量程内用水均匀，则每块水表总体计量精度以其四个流量点的平均误差值来表示。此次抽检水表中，因污盘或表蒙破裂等原因无法测出数值的水表占 10.2%，公称流量停表占 0.9%，一般流量（0.8m³/h）停表占 1.6%，分界流量停表占 3.9%，最小流量停表占 24.1%，停表在其计量量程内的示值相对误差达 –100%，属水表运行的非正常情况，会给水表精度计算带来较大偏差，所以将这种情况扣除。在此基础上，在水表的计量量程内对样本总体取平均值确定鞍山市区在装水表计量精度。

按照国家《冷水水表检定规程》JJG 162—2009 拟定分布分段值为 ±2%，计算相对误差分段曲线。从总体上看，四条曲线基本偏正。过载流量与公称流量相对误差曲线基本重合，误差 2% ~ 4% 之间为曲线峰值；分界流量相对误差曲线的峰值出现在 0% ~ 2%，总体上误差要小于其小三种流量；最小流量曲线与前三者走向一致，但偏差较大，且正负分布相对均匀。对 433 块水表的误差分析计算统计见表 2-9。

水表在线鉴定误差数理统计表（N=433）　　表 2-9

项目	数据	项目	数据
数学期望	0.00963	中位数	0
偏度系数	–0.231	众数	0
峰度系数	0.041	均方差	24.652

数据服从近似正态分布，见图 2-13。

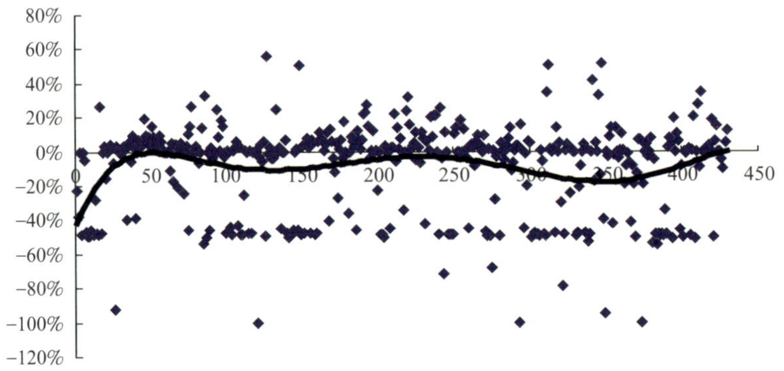

图 2-13　数据分布图

2. 三项指标误差分布

（1）过载流量时，合格率为 18.50%，76.50% 正差超差，5.00% 负差超差；正差超差平均表指针 602.30m³，负差超差中有 17.60% 属停表。

（2）公称流量时，合格率为 20.50%，73.30% 正差超差，6.20% 负差超差；正差超差平均表指针 685.32m³，负差超差中有 25.00% 属停表。

（3）分界流量时，合格率为 29.30%，49.50% 正差超差，21.20% 负差超差；正差超差平均表指针 706.12m³，负差超差中有 18.30% 属停表。

（4）最小流量时，合格率为 36.80%，19.70% 正差超差，43.50% 负差超差；正差超差平均表指针 729.94m³，负差超差中有 26.20% 属停表。

3. 误差区间

各个水表的误差数学期望为 0.00965，那么在构造 μ 已知的情况下，σ^2 未知的置信区间则为：

$$t=\frac{\overline{X}-\mu}{\frac{s}{\sqrt{n}}}\sim t_{\frac{\alpha}{2}}(n-1) \tag{2-10}$$

上置信区间为：

$$\overline{\mu}=\overline{X}+\frac{s}{\sqrt{n}}t_{\alpha}(n-1) \tag{2-11}$$

下置信区间为：

$$\overline{\mu}=\overline{X}-\frac{s}{\sqrt{n}}t_{\alpha}(n-1) \tag{2-12}$$

计算抽取水表误差率为：

$$\frac{\text{抽检水表年误差水量}}{\text{抽检水表实际水量}}\times 100\% \tag{2-13}$$

计算各种口径、不同服役年限的公司水表年误差水量。

$$\text{深沟寺水表误差水量}=\text{水表年计水量}\times\frac{\delta}{1+\delta} \tag{2-14}$$

计算深沟寺水表年总误差率为：

$$\frac{\text{年误差总水量}}{\text{年计量水量}}\times 100\%=\frac{\text{年误差总水量}}{\text{年计量水量}-\text{年误差总水量}}\times 100\% \tag{2-15}$$

根据上述步骤，按最小流量示值误差、公称流量示值误差、总体示值误差分别计算深沟寺水表的总体误差率。计算结果为：水表误差区间为（–0.013，0.0323），即是在深沟寺服役期限为 5 年左右的水表误差为 –1.3% ～ 3.23%，符合国家要求。那么每月的误差水量即为供水量与误差区间之积。

此数据只能作为参考，原因如下：

（1）抽检水表具有很大的随机性与偶然性，因此所计算的抽检水表误差率 δ 也存在一定的偶然性。

（2）测量结果$\hat{\delta}$只能是被测量δ的估计量。由于测量不确定性的存在，测量结果不可能完全反映被测量水表。即设水表误差$\hat{\delta}$是参数δ的估计量，$E=(\hat{\delta})$是$\hat{\delta}$的数学期望（或称平均值），如果有$E=(\hat{\delta})=\delta$，则称$\hat{\delta}$是参数δ的无偏估计量。由于所抽取的水表数量有限，暂不足以满足计算条件。

（3）用抽检水表的误差率来计算深沟寺水表的误差水量，进而评价在线水表总体误差率，其本身就存在误差，即抽取水表检验所得结果并不是最优估计量，而是被测量真值的最优无偏估计量。

设测量数据δ_1、δ_2都是深沟寺水表误差参数δ的无偏估计量，$D(\delta_1)$、$D(\delta_2)$分别是δ_1、δ_2的方差，如果有$D(\delta_1)\leqslant D(\delta_2)$，则称$\delta_1$是比$\delta_2$有效的估计量。若$\hat{\delta}$是参数$\delta$所有无偏估计量中方差最小的估计量，则称$\hat{\delta}$是参数$\delta$的最有效无偏估计量，又称最优无偏估计量。

（4）影响水表计量精度的因素很多，难以准确评价水表的整体计量精度。

4. 水表示数与误差回归方程

对抽样的433件水表中水表示数（X）和相对误差（Y）等有效数据进行曲线回归分析，用观察值拟合效果从图中几乎分辨不出，应通过模型总体参数判断，见表2-10。

模型总体参数估计表 表2-10

方程 equation	Model summary 模型参数				
	拟合度 R square	自由度 F	Df1 样本个数	Df2 变量个数	sig 犯错概率
线性方程 linear	0.527	20.039	1	18	0.000
二次方程 quadratic	0.527	9.465	2	17	0.002
指数方程 exponential	0.755	55.402	1	18	0.000

由参数表拟定三个回归模型方程：

$$Y=0.009X-0.157 \tag{2-16}$$

$$Y=2.115\times10^{-7}X^2+0.009X-0.016 \tag{2-17}$$

$$Y=1.7655\text{e}0.0013^X \tag{2-18}$$

表中指数函数R square值为0.755，三个回归方程中最高，犯错概率（sig）0.000，自由度F值最大，认为方程回归显著。即，深沟寺地区水表精度回归方程为$Y=1.7655\text{e}0.0013^X$。

2.4.4　水表质量评定

在第二次离线鉴定中进行了系统聚类分析，系统聚类法又称分层聚类法，是最常用的一种聚类方法，其基本思想是开始将 433 个样本各自作为一类，并规定样本之间的距离和类与类之间的距离，然后将距离最近的两类合并成一个新类，计算新类与其他类的距离；重复进行两个最近类的合并，每次减少一类，直至所有的样品合并为一类。所有聚类方法的区别在于类与类之间距离的计算方法不同。本例中，样本总数为 13，动态聚类法更适用于大的数据，而且 N（433）越大，它的优越性就越突出，这点优势无法体现，因此选用最常见的系统聚类法。

由于不同生产厂家生产的水表在不同流量点的精度和始动误差都不一样，所以水表的质量也必定有所不同。本文以在鞍山市抽样出来的 433 个水表为样本，采用聚类分析的方法来衡量不同生产厂家生产的水表经在线运行后的质量水平。通过比较分析的方法，指出哪些生产厂家的水表仍需要在精度上进行改善，从而在整体上提高鞍山市用水计量的精准度。

根据对抽样出来的 433 块水表的分析，除了 21 块因为污盘或表蒙破裂无法辨识生产厂家，其余 412 块水表分别来自 13 个不同的生产厂家，而它们所占的比例即可大致反映这些品牌在鞍山水表市场所占的市场份额。鞍山市水表生产厂家的市场份额和停表率见表 2-11。

鞍山市水表生产厂家市场份额和停表率统计　　表 2-11

生产厂家	市场份额（%）	停表率（%）
NB	25.97	17.67
YG	25.00	71.84
YQ	15.23	19.04
DH	14.08	13.78
FZ	7.77	15.63
LH	7.77	15.63
XM	1.21	40.00
AS	0.97	25.00
ASS	0.49	0.00
CG	0.49	0.00
LY	0.49	0.00
SY	0.24	0.00
TJ	0.24	0.00

众所周知，污盘表、表蒙破裂和停表均属于水表运行的非正常情况，会给水表精度计算带来较大偏差，所以在具体计算时需要将这几种情况扣除。在此基础上，在水表的计量

量程内，对不同生产厂家的样本取相对误差的平均值来确定鞍山市区在装水表的计量精度。因此，本文采用“流速 1500L/h 时的平均相对误差”、“ 流速 800L/h 时的平均相对误差”、“流速 120L/h 时的平均相对误差”、“流速 30L/h 时的平均相对误差”以及“平均始动流量”五个指标来进行聚类分析。

采用 SPSS 软件进行聚类分析，使用系统聚类法（分层聚类），选取重心聚类法（Centroid Method），间距使用欧几里德距离，结果见图 2-14 和表 2-12。

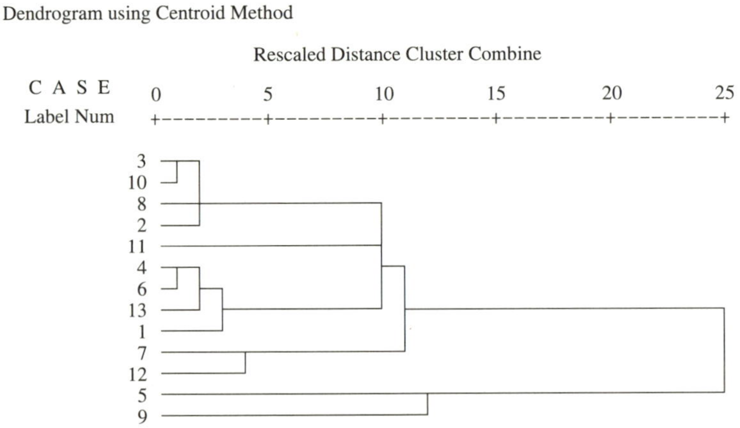

图 2-14　采用 SPSS 软件进行聚类分析的结果

水表检测五项指标聚类分析表　　表 2-12

聚类中心				
测试点	聚类			
	Ⅰ（2，3，8，10，11）	Ⅱ（1，4，6，13）	Ⅲ（7，12）	Ⅳ（5，9）
流速 1500L/h 时的平均误差	3.37%	13.90%	4.24%	4.31%
流速 800L/h 时的平均误差	3.69%	15.23%	4.44%	21.80%
流速 120L/h 时的平均误差	6.23%	7.48%	7.26%	26.65%
流速 30L/h 时的平均误差	3.85%	4.24%	18.30%	9.58%
平均始动流量（L/h）	12.97%	15.28%	20.52%	12.96%

由表 2-12 看出，鞍山市区在装水表质量水平按照生产厂家可以分为四类。通过计算，其分类如下：

第一类包括 NB、TJ、XM；

第二类包括 AS、DH、LH、YQ、ASS；

第三类包括 LY、YG、CG；

第四类包括 FZ、SY。

第一类，为总体质量优秀的水表品牌。从表 2-12 中容易看出，第一类生产厂家的五项指标值都比较小，说明这五个品牌在四个不同流速时的水表的平均误差都比较小，居 13 个生产厂家的前列；始动流量也很接近要求的 10L/h。这说明水表的质量较高，较不易产生偷水或误算的情况，属于可信赖品牌。而且，这五个品牌的水表停表率为 17.9%，远小于总体平均停表率 30.6%，从一个侧面说明了这五个品牌的水表总体质量较高。但同时也发现，第一类水表所占的市场份额为 28.4%，相较于庞大的水表市场来说并不高，这说明鞍山市区的在装水表市场还需要很大的改善。

第二类，属于质量良好的水表，计量误差和始动流量都要比第一类的水表大，实际应用中也更易出现相应的流量计算的问题。通过观察发现，这四个生产厂家的水表在分界流量和最小流量时的误差要明显小于过载流量和公称流量时的误差，即说明在小流量时水表的质量还是过关的，但流速变大，这类水表的计量便会出现较大误差。该类水表的停表率 16.6%，甚至小于第一类水表，这再一次说明了这一类的水表在小流量时的计量较为真实可靠，不易出现停表现象。第二类水表的市场份额大约为 38.11%，是四类水表中所占比例最大的一类。针对这一情况，这些厂家要注意对水表在大流量时的误差作改进，以提高总体的精准度。

第三类，与第二类相反，发现这类水表在分界流量（包括）至过载流量的高区范围的误差要明显好于最小流量至分界流量（不包括）的低区范围的误差，并且由于对小流量不敏感，始动流量也高于标准很多，是四类水表中平均始动流量最高的一类，这很容易纵容一些不良用户的偷水行为，加大无收益水量，给国家造成很大的损失。第三类水表的市场份额为 25.49%，停表率为 70.5%，远远大于鞍山市在装水表的平均停表率。正如前面陈述过的，停表的现象多是由于对小流量的不敏感，这正印证了这类水表厂家生产的水表在小流量区域时所存在的问题。该类水表生产厂家要注意加强所生产水表在分界流量以下的低区范围的水表灵敏度。

第四类，属于误差最大的一类。从表 2-12 中不难看出，第四类水表的五个聚类指标中有两个异常大的值，分别是公称流量和分界流量时的相对误差，而其他三项指标却都相对稳定，甚至好于前两类水表生产厂家。这也正是将这两个生产厂家分为一类的原因。公称流量到分界流量的区间是一般用户使用水表最常用的流量，若水表在这个区间的误差很大，则会给计量工作带来很大的问题，这两类水表在这个区间的大误差导致了对这类水表的质量的较差的评价。这类水表的市场份额为 8.01%，停表率为 15.2%。虽然所占比例不大，但还是需要生产厂家予以重视，注意对常用流量时水表的误差控制。

2.4.5 水表轮换周期

根据《冷水水表检定规程》JJG 162—2009，对住宅生活用水表，如果实施“首次强制检定、限期使用、到期轮换”的方式，则首次检定合格后第一个检定周期为6年（标称口径25mm及以下的水表）或4年（标称口径32 ~ 40mm的水表）。使用到期后，如果后续检定合格，则水表以后的检定周期为2年。当然，各个国家规定不尽一样，新加坡*DN*15水表检定周期为9年。这说明了水表检测周期也是导致水表计量精度下降及无收益水形成的主要原因，因此展开第三次离线水表校验，研究水表检定周期。

1. 水表精度变化统计

此次试验抽样市辖区内在线民用水表1208块。选用在线水表运行使用年限作为因变量，结合在线水表的使用水量，并设定我市居民每户平均年最大用水量为130m^3，以每户平均年用水量作为分段值，分析在线水表的精度。用水表的精确度作为函数，水表运行用水量年限作为变量，统计结果见表2-13。

建立相关参数统计　　表2-13

精度 E（%）	平均误差（%）			Q_0 均值（%）	平均误差（%）	年限 T_i（年）
	Q_3	Q_3	Q_3			
0.81	1.98	1.85	–1.42	11.01	11.38	1
1.36	2.61	1.91	–0.45	11.63	9.48	2
1.47	3.40	3.49	–2.50	13.00	9.17	3
2.75	5.11	5.15	–2.00	12.08	8.43	4
2.36	4.45	4.31	–1.67	12.90	9.69	5
2.99	6.13	6.05	–3.20	14.23	8.22	6
2.61	5.26	5.56	–2.99	13.46	8.01	7
2.65	5.62	5.37	–3.03	14.11	7.69	8
1.90	6.03	5.76	–6.09	15.69	6.11	9
0.83	4.41	5.34	–7.25	16.13	4.00	10
3.21	6.85	5.96	–3.18	13.86	4.43	11
1.53	3.92	6.98	–6.32	16.84	2.63	12
1.79	5.65	6.55	–6.83	15.83	2.53	13
3.60	7.52	8.40	–5.13	15.31	1.37	14
2.04	4.67	5.65	–4.21	15.33	1.26	15
2.00	4.66	7.00	–5.67	17.00	0.95	16
2.36	7.24	7.45	–7.60	17.20	1.05	17
1.10	5.76	8.38	–7.75	21.00	0.63	18
–0.28	6.16	5.12	–12.03	16.50	0.42	19
3.19	7.80	8.15	–6.37	15.25	2.53	20以上

（1）水表运行的第 1 ～ 6 年，精度趋势逐年递增，第 6 ～ 10 年，精度趋势逐年递减；10 年以后，总体计量精度变化不稳定，水表运行时间已超出设计期限。另外，从拆开表体看，表壳存在不同程度的腐蚀，滤水网堵塞，顶尖偏磨，重复性不稳定，易出现呆表、停表故障，不宜继续在线运行使用。精度趋势偏正。总体精度变化是以 10 年为折点的分段周期函数。

（2）随着时间的递增，在线水表年分布数量、市场占有率逐年减少。在 10 年以后，在线水表数量为测试表总数的 17.80%。Q_3 与 Q_2 两种精确度走势完全一样，在量值上接近，彼此之间显著线性相关（相关系数为 0.80）；随着时间的变化，Q_3、Q_2、Q_1、Q_0 与用水使用时间线性相关。

2. 回归分析

用“最小二乘法”为条件求得最佳估计值，建立函数关系，对在线水表的相关参数进行描述。精度及 4 个流量与用水时间递增变化的函数关系 T=20 年，见表 2-14。

（1）总体精度 E 与在线水表运行时间存在非线性关系。

精度及 4 个流量与用水时间变化函数　　　　表 2-14

相应函数关系	相关系数	相关类型
$E=3\times10^{-5}T^6-0.002T^5+0.04T^4-0.42T^3+2.09T^2-3.86T+3.14$	0.76	非线性
Q_3=3.42+0.18T	0.68	线性
Q_2=3.10+0.25T	0.80	线性
Q_1=-0.68-0.40T	0.82	线性
Q_0=11.58+0.32T	0.81	线性

（2）Q_3 精确度与在线水表运行时间存在线性关系，线性关系为显著正向相关。以每年 0.18 的平均速率递增。

（3）Q_2 精确度与在线水表运行时间存在线性关系，线性关系为显著正向相关。以每年 0.25 的平均速率递增。

（4）Q_1 精确度与在线水表运行时间存在线性关系，线性关系为显著负向相关。以每年 0.40 的平均速率递减。

（5）样本 Q_0 与在线水表运行时间存在线性关系，线性关系为显著正向相关。以每年 0.32 的平均速率递增。由于该指标逐年上升，直接导致在线水表总体计量精度大幅度降低，计量表达到少计量甚至不计量。因此，供水企业必须加大力度对其指标进行考核，要求抄收人员在抄表收费时，必须做到对该指标进行强制性查验、判别。

3. 水表轮换周期确定

1）水表误差运行时段划分

由图 2-15 可知，精度是非线性函数，而且是分段周期函数。根据其变化规律，取 1 ~ 10 年为水表第一个运行周期；10 ~ 19 年为水表第二个运行周期，以此作为研究对象。

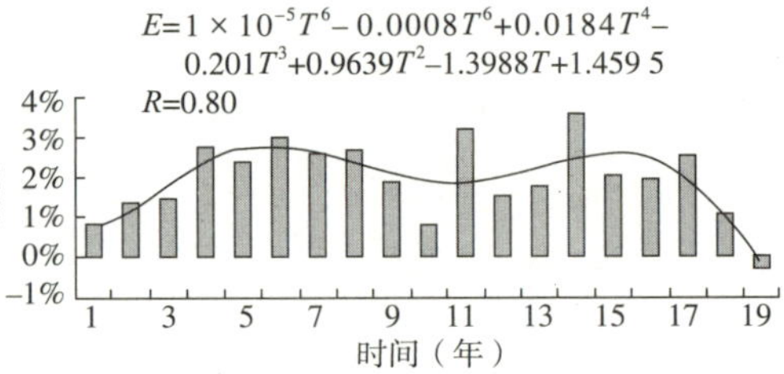

图 2-15　精度曲线

在第一个周期内，计量表性能参数都存在显著，或高度线性、非线性关系，总体计量精度偏正，抽样计量表占有率为 82.20%；而在第二个周期内，计量表线性关系不如第一个周期，且运行磨合频率达到 10 万次以上，已超出使用期限，运行不稳定，但总体计量精度仍以正向为主；经过计算计量表第一个周期精度离散系数比第二个周期小，均匀，实际运行工况稳定，更具有代表性。因此，计量水表在线运行时间由第一个周期确定。

2）计量水表在线运行轮换周期的确定

从图 2-15 可知，计量精度与时间的函数关系为 $E=f(T)$，相关系数 $R=0.80$，判定为显著非线性相关。按统计学原理，精度按时间等间隔递增序列计算其期望值为 2.05%，将其代入 $E=f(T)$ 的图像中，用图解法得出 $T_1\approx3.4$ 年；$T_2\approx9.1$ 年；$T_3\approx12.2$ 年；$T_4\approx16.9$ 年，选择 T_2，取 9 年。

3）在线计量表轮换时间及精度预测

以样本测试结果推断总体计量表特征，预计在 t 年内轮换完毕，达到计量表运行周期，则年均轮换水表数量占有率 n_0 满足：

$$t\cdot n_0+\sum n_i-100=0 \tag{2-19}$$

式中　t——计量表轮换时间（年）；

$\sum n_i$——在线计量表年占有率之和，其中：$n_i=11.22-0.59T_i$，相关系数 $R=0.95$。

达到轮换周期所需轮换水表数量和相关参数见表 2-15。

年轮换水表数量与其占有率统计　　　　表 2-15

年份	年轮换水表占有率（%）	在线计量表年占有率 n_i（%）	年均轮换水表占有率 n_0（%）	表数 N（万块）
2009 年	68.52	10.63	31.48	11.01
2010 年	62.02	10.04	18.99	6.64
2011 年	54.93	9.45	15.02	5.25
2012 年	47.25	8.86	13.19	4.61

续表

年份	年轮换水表占有率（%）	在线计量表年占有率 n_i（%）	年均轮换水表占有率 n_0（%）	表数 N（万块）
2013 年	38.98	8.27	12.20	4.27
2014 年	30.12	7.68	11.65	4.07
2015 年	20.67	7.09	11.33	3.96
2016 年	10.63	6.50	11.17	3.91
2017 年			11.11	3.88

在线计量表占有率为：1－259/1208=78.56%，数量为：44.5×78.56% 万块 =34.96 万块。从表 2-15 能得到年轮换水表数量与轮换时间存在非线性关系，回归函数为：$N=0.20t^2-2.66t+12.26$，相关系数为 0.95，使投资费用最小达到轮换周期的时间为 6.65 年，取 6 年，即在 2014 年轮换完毕。6 年后运行精度曲线见图 2-16，精度均值为 2.10%，偏差为 0.76%，离散系数为 0.36%。

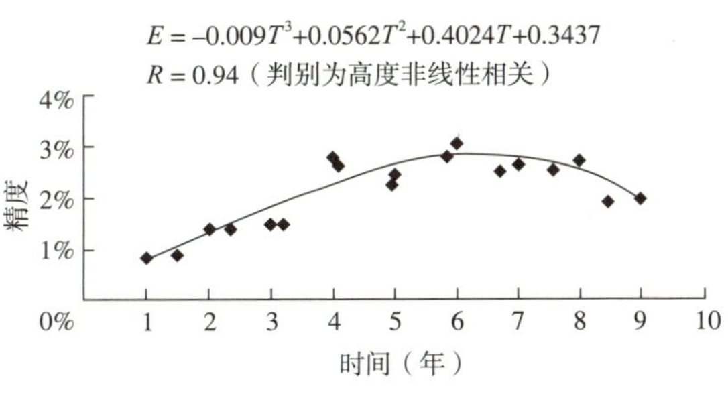

图 2-16　6 年后运行精度曲线

4）呆、停表和无效表分布及对在线总体计量性能的影响

为进一步说明在线水表运行状态，必须考虑在线呆、停表对在线水表运行性能的影响。停表出现概率是随机事件，但占有一定的比例。应该说大部分产生的原因是超期服役；水表生产质量；人为破坏；在线运行时间长形成的铁氧化物、管路中的污物、不在检定周期内校验等综合因素。无效表是指在数据处理过程中被“剔除”的水表，测试点的准确度与样本总体均值偏差过大，计量性能相当不稳定，濒临呆、停表运行状态。正因为它们的存在使得在线水表运行总体计量率及合格率下降，上述水表品牌分布以国内中小企业生产的“杂牌”水表居多，其数量分布见图 2-17。

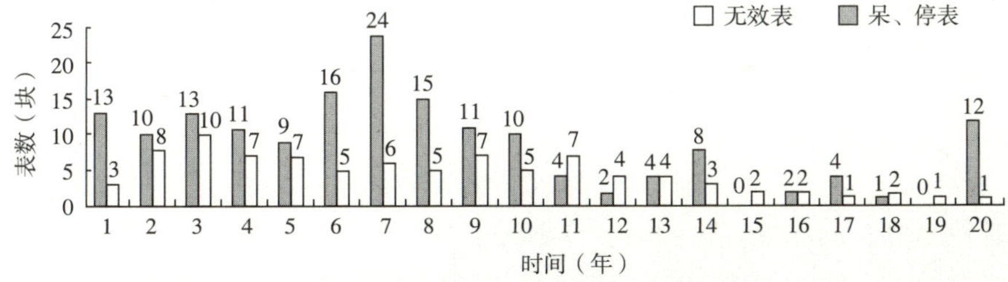

图 2-17　呆、停表和无效表数量分布图

本次流量测试中呆表（指水表运行过程中，间断性停表）、停表样本比例为 13.99%，

过于偏大，而无效表样本比例为 7.45%，过于偏高。剖析表体结构可看到部分水表度盘模糊，影响水表示值读数，水表进出水口、表壳底部、滤水网堵塞，形成不同程度的暗红色斑垢，顶尖磨损，在线运行大流量偏正，小流量偏负，有的甚至不计量。另一部分从图 2-17 和拆卸表体构造看出导致水表计量性能降低的因素是人为破坏水表计量机构，窃水，占有一定的比例，这说明在日常管理中有缺陷，导致少收、欠收水费，使供水企业蒙受不应有的经济损失，因此，必须在加大力度换表的同时，更要加强对在装表“Q_0”的查验，达到以表计量收费，逐年缩小无收益水率。

综上分析，考虑我市居民生活用水习惯并结合我司实际营业管理水平，建议我市民用在装水表运行轮换周期为 9 年，用 6 年时间轮换在线超期计量表。

2.4.6 结论

（1）鞍山地区在线水表总体离线检测精度偏正、动态变化、偏差较大，说明水表计量性能差异性较大，需进一步加强更换力度。有 91% 的水表误差在 ±20% 以内，9% 的水表误差超过 ±20%；其中最大误差为 +57.5%，最小误差为 –100%。

（2）在装水表合格率较低，三项指标综合合格率仅为 18% ~ 20%，三项指标平均误差合格率为 30% ~ 40%。水质对水表的精度影响较大，铁锰含量高的用户水表较正常水质的水表合格率下降 37.5%。

（3）水表的公称流量误差与分界流量误差高度正向相关，大流误差完全可以按两者的平均值估算且总体偏正。最小流误差总体偏负，是造成呆表的主要原因。同时，始动流量随着水表运行普遍上升。呆表及始动流量上升是构成无收益水的因素之一。

（4）在线水表质量存在一定差异，参与测试的 13 种型号的水表中，有 3 种型号的水表质量优异，5 种型号的水表质量良好。

（5）水表周期轮换是提高居民水表精度的主要方法。根据有关规定，国内许多水司基本采用 6 年为轮换周期，但由于在线运行水表数量太多、投资较大，一些水司很少能做到。根据水表轮换周期检测结果，建议运行 9 年以上的水表应强制更换。

2.5 居民用户水表在线误差分析

通过离线水表检定知道，水表自身计量性能（精度）随着在线运行时间增加和自身制造质量差异是在动态变化的。虽然，精度总体偏正，但最小流量偏负、始动流量上升。因此，离线检定难以评价在线水表精度对无收益水的影响程度。水表运行中受到许多因素影响，尤其是用户用水行为、水质、压力、安装等，便携式水表校验仪在线比对也不能反映实际情况。同时，评价无收益水构成是从各级计量体系量值传递中得出。在 DMA 定量工作中发现总分表误差客观存在，与离线检定结果存在差异，因此通过总分表误差研究水表在线误差十分必要。

2.5.1　国内总分表误差统计情况

国内较早资料，1993 年出版的《2000 规划》记载：据对国内 10 个城市 140 个总分表计量进行全年调查，分表读数总和平均比总表读数小 5.8%。

1992 年北京市节水办制定的《北京市用水单位水量平衡测试办法》规定，保持管网压力和供水管道没有漏失的情况下，测试一天的总分表水量，二级水表总和比一级水表总和应小于 3%；连续测试 30d 的情况下，应小于 10%。2005 年，北京水司对城区内居民用户总分表计量数值统计显示：在无管道漏失情况下，平房院总表 1293 块、分表 23319 块，总分表误差 8.01%；楼房总表 9424 块、分表 172336 块，总分表误差 13.61%。

鞍山水司在评价无收益水结构时也提出了总分表存在误差，负误差偏少，正误差偏多。在水司之间的交流过程中，也都普遍反映总分表差总体存在偏正问题。总分表计量误差使得无收益水形成，实质上就是在线表总体误差问题。

2.5.2　总分表误差分析

总分表误差是一个误差函数，是一个间接量值。因此，应首先分析其误差合成与传递问题。

1. 误差合成

1）误差函数

$$f_{总分}=\frac{Q_{总}-\sum_{i=1}^{n}Q_i}{Q_{总}}\times 100\%=\frac{(Q_{总}-Q_{真})-(\sum_{i=1}^{n}Q_i-Q_{真})}{Q_{总}}\times 100\%=f_{总}-\sum_{i=1}^{n}f_i \qquad (2\text{-}20)$$

式中　$f_{总分}$——总分表相对误差；

$Q_{总}$——总表计量值；

Q_i——第 i 块水表计量值；

$Q_{真}$——水量真值；

$f_{总}$——总表相对误差；

f_i——第 i 块水表相对误差。

2）误差传递

从误差合成角度看，总分表误差函数由总表相对测量真值的总表相对误差和分表总体相对误差构成。总表一般为一块水表计量，其相对误差取决于其本身计量性能和环境误差，分表总体误差取决于各个分表计量性能和环境误差总和因素。根据误差传递性，分表自身计量性能就是离线水表总体误差，且误差总体偏正；分表的环境误差差异性较大，难于定量分析。

3）误差函数分析

（1）不考虑环境因素，在线水表误差由总表计量性能与分表总体计量性能决定，而分表计量性能总体偏正，根据鞍山二次水表离线检定结果，平均为 2.27%。理论上，目前鞍山地区总分表误差为 –2.27%。

根据鞍山的实际情况，分表不可能短期内全部更换。当在线总表均在正常计量情况下时，随着分表更换数量增加，其误差趋近于 0。这一点通过南京水司的串表试验可以证明。

南京水司随机选取 60 块水表在检定台分 10 组进行串表试验，结果显示总分表总体误差 –0.143%，趋近于 0；最大误差 0.43%，最小误差 –0.49%。

（2）总表计量问题对总分表影响比较直接，起主要作用，详见大口径水表误差分析。

（3）环境因素是总分表计量差值的决定因素，将在下面分别介绍。

2. 用户用水规律及水表计量性质

众所周知，水表运行有误差高区、低区，小流量运行误差偏大，呈现负偏差；大流量误差偏小，呈现正偏差。然而用户用水并不规律，在不同的用水时段，其误差不同。

南京水司抽样 14239 件居民用户水表，按每天 6h 用水分析用时水量得出，*DN*15 水表在最小流量以下运行的水表占抽样总数的 17.4%，在最小流量与分界流量之间运行的水表占 36.01%，在分界流量以上运行的水表占 56.84%，也就是说居民用户 *DN*15 水表有 56.84% 计量误差较小。

鞍山水司居民用户水量测试试验显示，居民用水分两个高峰期。早高峰 6:00 ~ 7:00 时，户均水量 20L/h，晚高峰 17：00 ~ 19：00 时，户均水量 13L/h。8：00 ~ 17：00 时户均水量 5 ~ 10L/h。当用户平均用水时间低于 2.5 ~ 5min，水表运行在分界流量以上，计量误差较小；户均用水时间高于 2.5 ~ 5min，水表运行在分界流量以下，计量误差较大并偏负。

另外，各个城市居民用户滴水问题普遍存在，虽然现在高灵敏度水表、滴水表已经开始使用，但毕竟未普及。而且高灵敏度水表小流量计量装置使用 1 ~ 2 年后开始失效。鞍山地区居民户均水量 $6m^3$/ 月，始动流量按 1 ~ 6L/h 计，滴水时间按 12h 计，则其误差达到 6% ~ 37%。

3. 供水压力

压力控制是水司目前控制无收益水的技术措施之一，夜间供水压力普遍调低，管道施工抢修造成供水管网局部短时低压区现象时有发生，楼下用水楼上降压情况等都会使用户水表处于低流量运行，计量偏负。另外，压力偏高地区用户在开启水头或正常使用时，其用量超负荷，长时间运行水表，叶轮轴与顶针磨损较大，叶轮下沉，计量较慢。

4. 水表安装不规范

水表安装不规范可导致粗大误差，应按相关规范、标准、产品说明书安装。在对在装表的调查中发现确实存在不同程度的安装不规范问题。通常情况下由于水表初始安装空间狭小或用户改造管线等原因造成。现对不同安装形式的误差分析如下。

1）水表轴项倾斜安装

普通旋翼式水表要求水平安装，倾斜一定角度会带来不同程度的误差，这种情况可以采用立式水表或扩大空间解决。

深圳水务集团对水表轴向倾斜安装水表的分析结果显示，检定合格刚出厂的水表在常用流量下，水表轴向倾斜 0° ~ 45°，其倾斜角度对水表计量影响不大；分界流量时水表误差随倾斜角度增加而增加，但处于可控范围内；最小流量时误差显著，倾斜 15°、30°、45°时，误差分别达到 –6.28%、–8.40%、–16.60%。同时对抽样小区实施倾斜表扶正试验显示，当抽样小区水表安装倾斜 15° ~ 45°、水表总数占 79.2% 时，总体影响计量 –1.75%。鞍山水司对垂直安装水表（要求水平安装水表轴向倾斜 90°）进行模拟用户用水，其误差可达 –39.7%。

2）直管段不够

多数是水表来水方向安装 90° 弯头，低流速运行误差较小，公称流量运行误差在 45% 左右。

3）反表安装

水表应按指示箭头方向安装，反方向安装时，试验显示其误差达 –49.3%。

4）水表与水头之间安装位置靠近

由于水表与水头之间安装位置靠近，背压不足造成水表灵敏度不够，引起计量误差。

5. 水质影响

水质是普通机械水表计量偏负的一个主要影响因素。产生此类问题的原因有由供水管道抢维修后，未采取管道清理、冲洗等措施，开启水门所致；由管网中水体矿物质含量过高沉淀或水流方向相反等所致。

（1）头发、麻等丝状物缠绕叶轮轴、齿轮轴、计数器齿轮。曾经在某水表厂检定合格的水表抽检中发现一块水表误差竟达 –17%，经现场水表解体发现一丝头发缠在水表计数器齿轮中，经处理后恢复正常。

（2）杂物进入叶轮盒，堆积在其底部，使叶轮转动偏心、上移，与上夹板摩擦减低转动速度；还有的杂物将叶轮、齿轮打坏减低转动速度致使计算水量偏负，甚至造成停表；有的杂物将叶轮别住，使叶轮转动缓慢或停走。当然，有些杂物沉积于表壳或封闭滤网，使过水面积减少，造成局部射流，也会使水表计量偏正。

（3）水体中矿物质（铁、锰）含量较高时，水表长期处于静止状态等原因使水表叶轮轴锈死，致使水表计量性能下降。

6. 其他

1）水表自转

由于管道含气等原因，在用户不用水的情况下，水表转动并计量，基本多计量，也有个别水表反转少计量的，详见本章第 8 节。

2）窃水、停表等故障

此类水表少计量，窃水表影响计量误差详见本章第 7 节。

3）示值误差

水表污盘、偏针，或抄表员粗心等会产生示值误差。

【案例 4：某市售水表计量误差测定】

通过水表精度试验知道，离线检定居民水表多数表现为公称流量为正误差，分界流量以下为负。也就是说，在线使用的水表计量性能除了用户滴水或水压不足等因素作用下用户小流量用水时，计量用户水量总体偏正，不会产生无收益水。而在现实水表使用中由于安装问题、用户用水习惯、水质、管道含气等环境因素影响，使得水表运行并非处于标准实验室条件下。新上楼住户水表大多数由于用户家庭装修挪动水表使安装位置不标准、姿势不正确。用户在用水过程中，不同楼层压力和水量也不同，在不同用水习惯下水表处于各个流量段。例如，坐便上水处于分界流量上，洗漱、做饭等处于分界流量左右（主要取决于用户习惯），部分用户滴水处于始动流量以下。因此，离线检定不能真实地反映水表计量的真实性，售水计量水表误差确实存在。

2010 年，随机抽取 7 个封闭小区，4700 件居民用户，采取产销平衡法研究售水计量水表系统误差。小区总表、分表均采用数据监控，排除了抄表时间差问题，区域内水表均没有更换。

环山小区，始建于 2004 年，居民用户 292 户，其中 76% 的水表从入户开始一直服役到现在，无非居民用户；区内管线 823m，总进线为 *DN*200 管道，总表采用 0.2 级东芝电磁流量计。经测试确认管线无漏失。2011 年 4 ~ 9 月产销平衡测试数据显示，总分表相对误差为 –0.43% ± 2.65%，详见表 2-16。

环山小区产销平衡统计表　　表 2–16

时间	供水量（万 t）	用水量（万 t）		漏失量（万 t）	供用水量差值（万 t）	漏失率（%）	差值率（%）
		居民	非居民				
4 月	53.2	56	0	0	–3.2	0.00	–6.02
5 月	59.5	60	0	0	–0.6	0.00	–1.01
6 月	61.1	61	0	0	0.5	0.00	0.82
7 月	69.6	67	0	0	2.9	0.00	4.17
8 月	66.2	66	0	0	0.4	0.00	0.60
9 月	61.3	62	0	0	0	0.00	–1.14

汇花园小区，始建于 2007 年，居民用户 634 户，其中 92% 的水表从入户开始一直服役到现在，非居民用户 2 户；区内管线 1568m，总进线为 *DN*200 管道，总表采用 0.5 级川仪电磁流量计。2011 年 4 月成立实验小区以来发现区内管网漏失率较高，经查修漏水后于 6 月无漏失。2011 年 4 ~ 9 月产销平衡测试数据显示，总分表相对误差为 3.57% ± 3.67%，详见表 2-17。

汇花园小区产销平衡统计表　　表 2–17

时间	供水量（万 t）	用水量（万 t）		漏失量（万 t）	供用水量差值（万 t）	漏失率（%）	差值率（%）
		居民	非居民				
4 月	272	146	9	109	8	40.07	2.94
5 月	279	166	9	93	11	33.33	3.94
6 月	171	151	9	0	11	0.00	6.43
7 月	184	169	9	6	0.4	3.26	0.22
8 月	179	172	9	0	–1.6	0.00	-0.89
9 月	171	147	9	0	15	0.00	8.77

团结小区，始建于 2002 年，居民用户 1195 户，其中 85% 的水表从入户开始一直服役到现在，非居民用户 8 户；区内管线 2103m，总进线为 *DN*200 管道，总表采用 0.5 级川仪电磁流量计。经测试确认管线无漏失，2011 年 5 ~ 8 月产销平衡测试数据显示，总分

表相对误差为 7.28% ± 6.91%，详见表 2-18。

团结小区产销平衡统计表　　表 2-18

时间	供水量（万 t）	用水量（万 t）		漏失量（万 t）	供用水量差值（万 t）	漏失率（%）	差值率（%）
		居民	非居民				
5 月	263	190	49	12	12	4.56	4.56
7 月	288	233	49	0	6.2	0.00	2.15
8 月	288	195	49	0	43.6	0.00	15.14

以上 3 个封闭小区均属管网无漏失小区，各量值均来自仪表计量，无人为因素影响。根据误差统计原则，去掉团结小区 8 月粗大误差，可以得出售水计量表与总表差值率为 1.82% ± 3.71%。

繁荣 3、5 街坊，始建于 2002 年，居民用户 1232 户，其中 75% 的水表从入户开始一直服役到现在，非居民用户 11 户；区内管线 2238m，总进线为 *DN*200 管道，总表采用 0.5 级川仪电磁流量计。漏失率较高，2011 年 9 月大修后，3 街坊漏失率为 0%，5 街坊漏失率降低到 24.75%。2011 年 5 ～ 10 月，总分表相对误差为 2.19% ± 3.08%，详见表 2-19、表 2-20。

繁荣 3 街坊量化产销差统计表　　表 2-19

时间	供水量（万 t）	用水量（万 t）		漏失量（万 t）	供用水量差值（万 t）	漏失率（%）	差值率（%）
		居民	非居民				
5 月	201	51	5	144	1	71.64	0.50
6 月	171	56	7	109	–1	63.74	–0.58
7 月	131	49	12	72	–2	54.96	–1.53
8 月	116	51	9	53	3	45.69	2.59
9 月	105	56	14	33	2.6	31.55	2.49
10 月	64	53	13	0	–2	0.00	–3.13

繁荣 5 街坊量化产销差统计表　　表 2-20

时间	供水量（万 t）	用水量（万 t）		漏失量（万 t）	供用水量差值（万 t）	漏失率（%）	差值率（%）
		居民	非居民				
5 月	384.9	101.6	30.5	246	6.8	63.91	1.77
6 月	396.5	99.6	23.4	256	17.5	64.56	4.41
7 月	379.6	108.7	22.6	230	18.3	60.59	4.82
8 月	288.5	108	21	140	19.9	48.53	6.90

续表

时间	供水量（万 t）	用水量（万 t）		漏失量（万 t）	供用水量差值（万 t）	漏失率（%）	差值率（%）
		居民	非居民				
9 月	381.2	113	21	241	6.5	63.22	1.71
10 月	203.6	112.8	27.6	50.4	12.8	24.75	6.29

万科小区，始建于 2009 年，居民用户 686 户，其中 100% 的水表从入户开始一直服役到现在，非居民用户 21 户；区内管线 1435m，总进线为 *DN*200 管道，总表采用 0.5 级川仪电磁流量计。2011 年 4 月漏失率为 41.25%，后经查修漏水降至 29.65%。2011 年 4 ~ 9 月，总分表相对误差为 8.48% ± 7.98%，详见表 2-21。

万科小区产销平衡统计表　　**表 2-21**

时间	供水量（万 t）	用水量（万 t）		漏失量（万 t）	供用水量差值（万 t）	漏失率（%）	差值率（%）
		居民	非居民				
4 月	337	152	46	139	0	41.25	0.00
5 月	328	171	46	120	–9	36.59	–2.74
6 月	317	156	43	85	33	26.81	10.41
7 月	345	159	43	83	59	24.14	17.19
8 月	322	166	43	72	41	22.31	12.64
9 月	348	155	43	103	47	29.65	13.36

万泰小区，始建于 2008 年，居民用户 643 户，其中 100% 的水表从入户开始一直服役到现在，非居民用户 17 户；区内管线 1625m，总进线为 *DN*200 管道，总表采用 0.5 级川仪电磁流量计，漏失率较高。因 6 月数据采集问题未统计，2011 年 5、7 ~ 9 月，总分表相对误差为 2.05% ± 1.45%，详见表 2-22。

万泰小区产销平衡统计表　　**表 2-22**

时间	供水量（万 t）	用水量（万 t）		漏失量（万 t）	供用水量差值（万 t）	漏失率（%）	差值率（%）
		居民	非居民				
5 月	860	424	13	406	17	47.21	1.98
6 月	—	—	—	—	—	—	—
7 月	902	430	13	432	27	47.89	2.99
8 月	800	422	13	343	22.5	42.88	2.81
9 月	744	443	13	285	3	38.31	0.40

繁荣、万科、万泰等封闭小区产销平衡差值计算中，管网水量漏失是通过本章所述的分层法进行计算的，其中居民最小用水量用测试平均值来进行计算，存在一定的偏差，影响产销差计算约占 1.01% ~ 2.56%。因此，在无收益水率计算时考虑该因素，同时剔除万科小区测量值的粗大误差，则这 4 个小区总分表相对误差为 2.07% ± 4.62%。

鞍山地区 DMA 总分表误差测试数据统计　　表 2-23

DMA 名称	户数（件）	总分表误差（%）
环山	292	–0.43 ± 2.65
汇花园	634	3.57 ± 3.67
团结	1192	1.82 ± 3.71
繁荣 3、5 街坊	1232	2.19 ± 3.08
万科	686	8.48 ± 7.98
万泰	634	2.05 ± 1.45
合计 / 平均	4670	1.94 ± 4.2

综上，对参与测试的 7 个小区进行综合分析（表 2-23），得出如下试验结论：

（1）试验区域内，剔除管网物理漏失、消防用水、自用水、抄表等因素影响，总分表相对误差售水计量表总体误差为 1.94% ± 4.2%，总体在（–2.26%，6.14%）区间。

（2）总分表误差总体呈现总表大于分表总和现象，其量值小于全国统计的平均值，即总分表误差确实存在。偏差分析表明，总表大于分表的概率为 70%；反之，分表大于总表的概率为 30%。

2.6　大口径水表选择提高收益水量

大口径水表多用于机关、企事业单位等非居民用水性质的售水计量，其数量较少但占收益水市场份额较多，是降低无收益水量的主要计量手段。因此，大口径水表计量性能研究及合理选用十分必要。

2.6.1　大口径水表市场份额及发展

据统计，鞍山供水市场中 *DN*80 以上水表占整个供水市场的 3.4%，水量占 72%；佛山 *DN*80 以上水表占 2.4%，水量占 70%；武昌 *DN*80 以上水表占 1.04%，水量占 60%。同时，在水行业交流过程中也注意到，基本所有的水司都存在着大口径水表数量少，计量水量份额较大现象。

2000 年以前，大口径计量表安装选型基本按管径选择，很少考虑不同型号水表的性能与用户用水性质，整个用水市场以机械表为主。随着降低无收益水工作的开展，水司逐渐注意到大口径水表计量问题，甚至引进电磁流量计、超声波流量计、电子水表等。同时，国内水表生产厂家也在研究并引进生产线开发宽量程、高性能水表，例如 WPD 等。

2.6.2　大口径水表计量面临的问题

大口径水表用户都是非居民性质用户，有连续型用水用户和非连续型用水用户。连续型用户多数为生产型企业、医院、住宿学校、供暖、基建等，有的用水均衡，有的用水不均衡。非连续型用水用户多数是白天用水，主要是商业、办公类，多数用水相对均衡。不均衡用水单位在集中用水时其流量能达到过载流量，长时间工作致使机械元器件磨损造成计量偏负；用水量小时处于分界或始动流量以下，水表计量偏负或不计量。

1. 在线水表计量偏负

信阳水司随机抽检 3 块在线运行的 *DN*80 水表送至水表测试站进行离线检定，平均误差达 –8.45%。鞍山水司用便携式超声波流量计对锅炉厂、铁西地税局等在线运行水表进行在线比对，其误差总体偏负，有的误差达 –10%。佛山水业集团对 7 家企业的在线运行水表与电子水表串联比对，平均误差为 –3.91% ± 3.40%，最大误差达 –11.41%。东营市胜利油田供水公司进行的在线水表串联试验表明，超声波水表较垂直螺翼式水表多计量 10.54%，比旋翼式水表多计量 7.46%。对 20 块在线水表更换超声波水表后，水量平均增加 8.1%。福州水司对某企业将检定合格的超声波水表与机械水表串联在同一管道上，两年累积增加水量 7.89%。

2. 不合格率偏高

国内一些水司的统计资料显示，非居民用户在线运行的水表普遍存在合格率偏低问题，与口径、用水量成反比。信阳水司 *DN*80 口径水表不合格率达 7.56%，相同口径水表随着用水量增加而增加。鞍山水司，2006 年用超声波流量计对在线大口径水表进行比对，发现存在偏负现象；2015 年抽检 *DN*50 以上大口径水表进行离线检定，不合格率达 36.4%。

2.6.3　大口径水表计量性能

大口径水表根据进水方向、叶轮设计等分为旋翼式、螺翼式等，由于原理不同其计量性能有所不同，同时也存在因生产厂家不同而导致的质量差异、型号差异。例如：*DN*150

普通机械式水表，不同型号、不同厂家水表计量性能和压力损失见表 2-24、表 2-25。

大口径水表主要计量技术参数（m^3/h）　　表 2-24

型号、厂家 技术参数	垂直螺翼式			水平螺翼式			水平螺翼式 C 级
	A 公司	B 公司	C 公司	A 公司	B 公司	C 公司	
始动流量	0.25	0.45	0.35	1		0.8	0.12
最小流量	1	1.5	1.25	2	2.5	2.5	0.4
常用流量	250	200	250	400	400	400	250
过载流量	312	350	312	500	500	500	312
量程范围	250	133	200	200	160	160	625

大口径水表压力损失（MPa）　　表 2-25

型号、厂家 技术参数	垂直螺翼式			水平螺翼式			水平螺翼式 C 级
	A 公司	B 公司	C 公司	A 公司	B 公司	C 公司	
100 m^3/h	0.01	0.007	0.01	0.002	0.002	0.002	0.0007

2.6.4 大口径水表离线检定

在线大口径水表与小口径水表的误差都是由其自身计量性能和环境因素共同作用产生的，其计量性能由自身设计制造质量和运行时间有关，总体计量性能通过抽样离线检定获得。

鞍山水司于 2015 年对在线用户 *DN*50 ~ *DN*100 大口径水表抽样 11 块并进行离线检定，平均水表示数 75924m^3，最小示数 887 m^3，最大示数 308326 m^3，结果表明：

（1）在线运行大口径水表误差平均偏负，常用流量 –0.54%、分界流量 –0.09%，在误差允许范围内；最小流量 –5.59% 并有 3 块水表停走，超出误差允许范围。

（2）常用流量与分界流量高度相关，与最小流量相关性较差。

（3）水表合格率 36.4%，不合格的主要原因是最小流量超差所致。图 2-18 所示为抽检大口径水表误差曲线图，图中停走水表以误差 –30% 为代表，使得曲线连续完整，易于识别。

2.6.5 影响大口径水表计量的环境因素

大口径水表运行环境影响与小口径略有不同，其误差影响较大的主要是水表选型、口径、水质等因素。

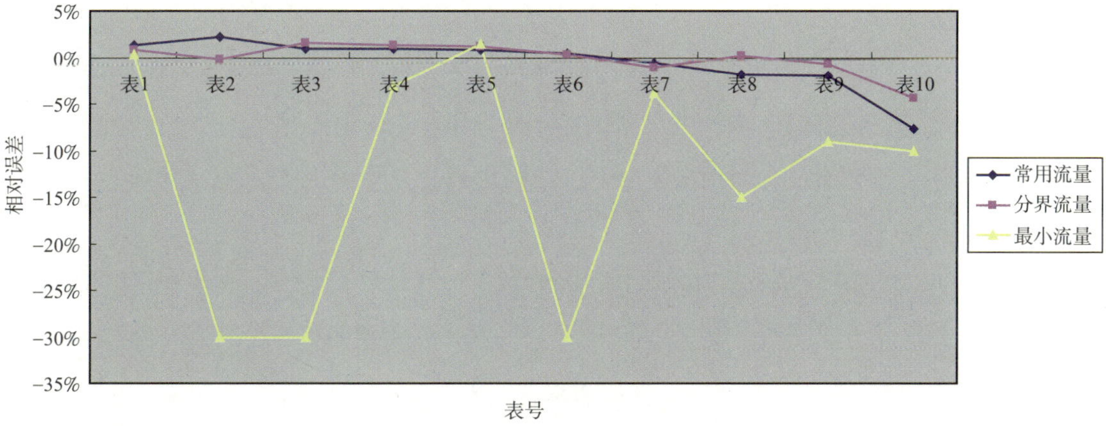

图 2-18　大口径水表误差曲线图

1. 用户用水规律与水表选型

1）持续均匀型

鞍山供水市场以水平螺翼式水表为主，大口径水表以 *DN*50、*DN*80、*DN*100 为主，供暖企业多数为 *DN*100。经统计，冬季供暖用户用水平均时段流量低于水表分界流量（12m^3/h），使水表处于误差低区，占水表总数的 63.7%，水量占 38.1%；夏季供暖企业仅为生活用水，用水量基本处于水表最小流量以下，水表计量偏负或不计量。

2）持续周期型

该类用户主要是住宿学校、医院、宾馆等，夜间用水较少、白天用水量较大，水表白天处于误差高区，夜间处于误差低区。

3）持续波动型

持续波动型企业用水无规律，水表叶轮频繁波动，部分用水较少企业水表不间断地在误差高区和低区转换。该类企业水表内部机芯磨损大，水表响应时间长，长期运行使水表计量偏负。

4）非持续用水型

许多商业、办公、不住宿学校等属于非持续用水型，用水时间 8 ~ 10h。该类用水用户占供水市场份额较大，在用水时间段里用水基本均匀，变化幅度较小。

由于用户用水规律不同，不同类型水表计量性能不同，因此水表选型极为重要。旋翼式水表计量性能较差，基本上属于淘汰类型。对于持续型均匀用户且用水量较大及非持续用水型的用户，应根据水表公称流量选择垂直或水平螺翼式；对于持续型均匀用户且量值较小的用户应选择垂直螺翼式水表；持续周期型用户应根据水表量程按水量权重选择。持续波动型用户应选择量程较大的水平螺翼式或电子水表，应定期跟踪或在线比对，缩短换表周期。

2. 水质影响

水质对大口径水表影响比较严重，对拆下来的水平螺翼式水表进行统计发现，多数水表机芯都或多或少进入了杂质。部分在线水表半年至一年停走现象依然存在，更有甚者水表安装的第二天就停走。因此，应对用水量较少、长期运行没有周检的用户水表定期清洗机芯。

3. 检定周期

根据《冷水水表检定规程》JJG 162—2009，对于标称口径大于 50mm 或常用流量（Q_3）超过 16m^3/h 的水表检定周期一般为 2 年，较小口径水表服役期短。而在线大口径水表检定、更换并不及时，也是在线大口径水表计量出现负误差的一个主要原因。

水表在实际使用中应根据用户水量量值及变化动态确定其检定周期，以保证水表计量准确。马鞍山首创水务离线检定旋翼式和垂直螺翼式大口径水表 1048 块，对于 *DN*100 口径水表建立以水表使用时间、水表检定合格率、月均用水量为变量的二元线性回归方程，确定了大口径水表轮换周期，在水表合格率达 80% 的情况下，月用水量小于 500m^3 的为 3 年，小于 10000m^3 的为 2 年，小于 20000m^3 的为 1 年。信阳水司根据工作经验总结的大口径水表检定周期见表 2-26。

信阳水司大口径水表检定周期统计表 表 2-26

口径（mm）	年用水量≤ 120000m^3	年用水量≥ 120000m^3
80	1 年	2 年
口径（mm）	年用水量≤ 180000m^3	年用水量≥ 180000m^3
100	1 年	2 年
口径（mm）	年用水量≤ 700000m^3	年用水量≥ 700000m^3
150	1 年	2 年

4. 水表口径选择

通常情况下，水表按设计管径配置。当用户用水较少时，选择下一级口径水表可以使水表处于计量高区，计量准确。用水量较大时，扩径提高公称流量来提高计量精度。

5. 其他

1）水表滤网堵塞

深圳水务集团对 WPD 型水表上游模拟滤网堵塞对大口径水表计量影响的试验显示，不同口径水表影响程度不同。*DN*100 影响最大，水表总体正误差，计量低区可达 2% ~ 7%；*DN*150 水表，计量低区达 –10%，高区 +1%；*DN*80 水表总体正误差，但影响不大。

2）水门开启

按规范，水表上下游均安装水门，埋地管线一般采用暗杆闸阀。水门全部开启不影响计量，开启度不同对小流量影响不大；大流量影响较大，来水方向水门干扰一般使水表计量偏正，表后水门计量较慢。

3）计量机构损坏

计量机构损坏主要是杂质影响和人为损坏，其计量影响程度取决于破坏程度和位置。

2.7　冷水水表技术窃水及识别

2.7.1　窃水手段及技术分析

根据水表的结构，窃水用户基本上采取改动水表计量装置或指示装置两大类方式。

1. 改动水表计量装置

开放调节孔：调节孔的主要功能是对出厂超差水表进行误差调整。转动调节板造成叶轮盒底部调节孔水流分流，叶轮转速降低，指示装置减少累积过水量。试验表明：始动流量没有影响，水表示值相对误差总体下降 1.93%，最大可达 –6%。

人为钻孔扩叶轮盒底部和调节板：用电钻将叶轮盒及调节板钻透，使水流经叶轮盒底部大量分流，叶轮转速明显下降。试验表明：当扩孔直径为 15 ~ 30mm 之间时，误差范围为 –44.2% ~ –83.45%；平均每扩大 1mm，相对误差下降 2.59%。

切削叶轮直径：用刀具将叶轮片削短，有的垂直切削，有的按 45° 斜向切削。切削范围一般在 1/3 ~ 3/4 半径之间。叶轮半径切削后，减少水流冲击叶轮的切向力，转数下降，降低水表计量能力。通常切削量小于 1/2 的误差在 –5% 左右，大于 1/2 的误差为 –17% ~ –50%（图 2-19）。

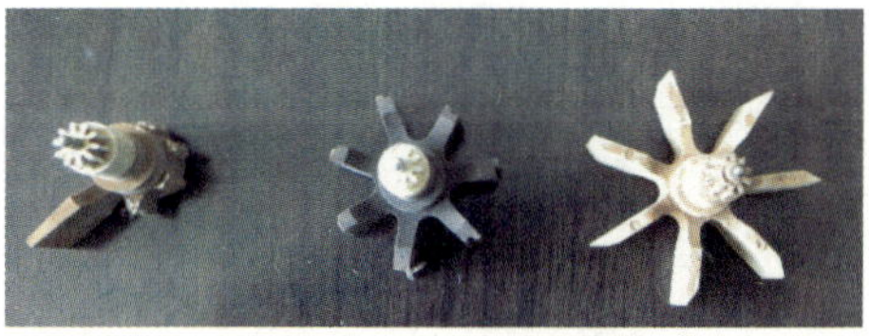

图 2-19　切削叶轮

摘除叶轮片：*DN*15 旋翼式水表叶轮有 7 片，摘除叶轮片，叶轮受力减少，转数下降，计量性能下降。摘除 1 片叶轮误差下降至 –1.8%，摘除 3 片叶轮误差下降至 –4.46%，摘除 6 片叶轮误差下降至 –11.88%（图 2-19）。

别叶轮：将钢丝等硬物塞进水表进水口别住叶轮，成为停表。

切削叶轮轴中心齿半径：目前发现 1 例切削中心齿半径的窃水用户，切削半径 1/2。切削中心齿半径影响数据传递和积算。齿轮无法传动，水表米字针来回转动，基本属于停表。

锉掉中心齿片：近 3 年仅发现 4 例锉掉中心齿片使水表出现偷停和停表的现象，一般锉掉的分别是 1 ~ 3 片，通过加大试验片数寻求规律。锉掉中心齿 1 ~ 3 片，误差平均达 –6.4%，在 30 ~ 120L/h 时有偷停现象，误差不好估计。锉掉中心齿 5 片以上，基本趋近于停表，较容易发现。

改动顶针：改动水表叶轮顶针，多数采用电烫、火烫、机械磨损等方式将顶针顶端削平，使叶轮下沉，增加水阻力和叶轮与顶针之间的摩擦力，从而使中心齿传动啮合力减少，达到计量偏负。顶针削平后，误差低区平均误差为 –13.36%；误差高区下降至 –83.5%。

2. 改动水表指示装置

改动传动齿或计数齿：改动传动齿或计数齿能够使水表计量装置传递上来的数据无法累计和显示。通常是在百升位摘除或锉掉传动齿（片）或计数齿（片），并在此位开始不计量，也不影响始动流量和其他校验点的校验，实际上属于停表，见图 2-20。抄表员在日常的巡检中很难发现。

图 2-20　改动传动齿或计数齿

下夹板开裂：正常情况下，下夹板开裂存在于下夹板与托板销连接的水表中。当用户取出水表指示装置后，人为将销连接脱开，传动齿及计数齿与托板定位孔脱离致使齿轮无法转动而积算水量，属停表。

丝状物质缠绕：头发、麻刀等丝状物缠绕计量装置齿轮，增加摩阻使指示装置积算水量减少。误差偏负，但偏差较大，这与丝状物缠绕的位置有关，最大误差可达 –33% 左右。

拨指针：在用户水表无封计标识或容易伪造的情况下，用户打开表盘及玻璃，拨动计数指针或数字轮，减少计量值。

3. 其他方法

温度变形：冷水水表使用范围在 0 ~ 40℃之间，超出使用范围将产生温度变形。在冬季温度达到零下以后，部分用户人为将水表冻坏以达到窃水目的。水表内部的计量装置与指示装置受到冰胀应力后，水表度盘上凸为球面，多数水表停走。另外，人为热烫（用户将开水顺水表进口倒入等）使水表计量及指示装置产生扭曲变形，基本也是停表，见图 2-21。

图 2-21　温度变形水表

零件代换：是指用户将水表内部的运动零件采用不同规格的零部件进行代换。常见的为单件代换，也有多种代换。一般以增加摩擦、改变质量及几何尺寸为主要方式。应该说，零件代换是水表窃水中比较隐蔽的手段，技术要求也较高。

轮换水表、倒表：用户备用一块水表进行轮换，当抄表员例日抄表时将原表换上，抄表后再将备表换上。倒表是用户在两次例日抄表期间将水表反向安装，抄表时再正向安装。

2.7.2　识别方法

1. 观察法

表体外观法：观察表盘，如有封记标识损坏、表耳或指针脱落或互换，说明用户曾经打开表盘。表盘出现突起或扭曲变形，说明水表受到冻胀、热烫；将水表进水口冲着阳光观察水表底部计量装置，能够直接发现烫坏、别叶轮等破坏现象；还可以将现场水表与新水表进行性能比对发现差异。

始动流量观察法：水表计量装置中叶轮片的切削、摘除、扩大叶轮盒调节孔、磨烫顶针等手段使始动流量上升。因此，可以采用始动流量观察法初步判断上述改动水表的可能。另外，改动水表指示装置时，由于水表指针存在偷停和来回摆动现象，所以也可以采用该方法。

大流观察法：一是将用户水头开启到最大程度，观察米字针（或三角针）运转情况。如能看出旋转圈数，可以初步判断水表计量装置被改动。二是水大流通过水表时，度盘校验针或读数针出现倒走、颤动、停走现象，则该处传动齿、计数齿存在锉齿或摘除现象。

2. 校验法

在线校验法：在线校验法有简易容积校验法和流量计测试法。简易容积校验法使用方便，即检验人员手持带有刻度的量筒，比较筒内充水体积与校验针积算体积，计算出相对误差，若其值小于 –15%，则存在改动水表计量装置的可能。

离线检定法：指供用水双方到国家规定的水表检定部门经测试确认水表相对误差。此法克服了简易容积校验法因使用不当产生粗大误差及校验时间短的缺欠，整体上判断水表改动的形式。

3. 解体法

解体法是判断水表改动的最直接的方法。水表解体后，其内部计量和指示装置经与标准件比较确认，再高手段的窃水也昭然若揭，例如，齿轮代换通过对比齿轮代码揭露窃水现象。

4. 其他方法

以加强封计标识、勤验表、账目对比、暗记、更换高科技含量计量表等方法识别及防范。

2.8 水表自转

普通机械式水表，在不受外力作用时是不会产生自转的，只有在供水压力波动、用水设施使用不当、水表安装不规范时才会通过外力使其转动。水表自转多数造成计量偏正，极少为负。

2.8.1 室内用水设施漏水或排气

1. 卫生洁具漏水或排气

（1）储水箱浮球过高或失灵，造成自来水从水箱溢流口流出。

（2）储水箱泄水口皮垫老化或开启后不回位。由于漏水量小，用户不易察觉，可采用向便池滴墨水或撒面粉等方法检查洁具有无漏水现象。

（3）储水箱进水管长期不使用（由于漏水没有维修），使进水管内气体从浮球阀排除。

解决方法：降低浮球高度、更换老化部件、修复箱内进水管并开启。

2. 淋浴器有漏水或排气现象

淋浴器进水阀门未关严或失灵，淋浴器溢流或排（蒸）气，造成水表转动。用户可采用断开淋浴器连接管，看水表是否转动来确定。

解决方法：关闭或更换淋浴器进水阀门。

3. 室内管线有暗漏

一般来说，室内暗埋供水管线有轻微漏水时，不容易被发现，在排除 1、2 两种原因后，可通过夜间读表检查来确定，时间选在凌晨 2：00 ~ 3：00 之间（此时可排除相邻住户用水干扰），若水表仍连续稳定地转动，则管线有渗漏。若实在无法确定，可请专业查漏公司协助探测。

解决方法：更换漏水管线或配件。

2.8.2 供水管道存有空气

管道内存有空气也是造成水表自转的一种原因。由于空气可以压缩，用户在关闭水龙头时，水管内压力瞬间增大，空气被压缩，而后再反弹，致使管道内的水前后波动，水表因此产生正反转动，用户盈亏基本持平，但对于单向水表和高灵敏度水表，则只会产生正转，不会倒转。

引起管道内有空气的情况很多，如：新通水或新换水表、管网末梢（灵山、旧堡地区）、发生过停水、泵站定时供水，用户使用气压式坐便器、过滤净水器（翠园、豪园），管道有盲端（化纺地区）等。

解决方法：关闭来水总阀门，打开户内所有用水设施（管道盲端拆下丝堵），再打开总阀门放水 2 ~ 3min，直至空气全部排空为止。另外，对过滤净水器等用水器具，用户要经常进行排气处理，同时建议用户长期不在家时，关闭来水总阀门。

2.8.3　管网压力波动

管网压力波动能促使管道内的水涌动，目前我市广泛使用的旋翼式水表，尤其是高灵敏度水表对管网中的水压波动很敏感，稍有一点水流就可使叶轮带动指针转动。

造成压力波动的原因有以下几个方面：①区域性供水管网压力波动；②个别用户擅自加装增压设备；③高地势或高层住宅采用变频供水等。

解决方法：区域性供水管网适当安装减压阀，拆除违章增压设备，水表前安装止回阀，条件允许的情况下适当延长表前直管段，供水管线经常作排气处理。

2.8.4　高灵敏度水表的广泛使用

水表生产厂家为了顺应市场需求，不断改进技术，水表的灵敏度有了很大的提高。以 *DN*15 水表为例，普通小液封 B 级水表始动流量为 8 ~ 10L/h，而高灵敏度水表为 2L/h，有的甚至达到 1.5L/h 以内。由于高灵敏度水表的广泛使用，由水压波动造成的水表自转现象有所增加，如楼下用水楼上表转等。我司使用的“宁波”牌水表说明书第九条说明：由于水压波动产生的水表轻微转动现象，属正常情况，符合国家规定的误差标准（水表灵敏针每转 10000 圈为 $1m^3$）。

解决方法：在用户水表前加装止回阀，条件允许的情况下适当延长表前直管段，更换普通 B 级水表。

2.8.5　水表和室内供水管线安装不规范

1. 水表未能水平安装（立式水表除外）

在施工中，安装人员为方便抄表或受安装局域性限制，水表未能水平安装。由于水表是按水平轴线与水流方向平行的运行状态进行设计校验的，因此非水平安装会直接影响水表的正常运行，导致计量不准。

2. 水表前后没有足够直管段

旋翼式水表是利用流体机械传动原理进行计量，对水流波动特别敏感。因此，当水表安装位置低于标准高度，或距离立杠管太近，水表直接受到水压波动和上下楼邻居开、闭水头时形成的水锤作用影响，出现自转。

上述两种情况的解决方法：水表必须水平安装，水表前后都要有足够直管段，使变化的水流得到缓冲，达到稳定压力和流速的作用。一般表前直管段为 10 ~ 15 倍水表公称直径，表后直管段为 5 ~ 10 倍水表公称直径。

3. 室内管网布设不合理

对于双卫、复式、跃式住宅，由于用水需要，室内供水管线安装比较复杂，需多次爬升、下降，特别是铺设凹形走向的管线形成虹吸现象，造成水表自转。

解决方法：引导用户规范化铺设室内管线，尽量杜绝管线反复攀爬、下降，还可以在管线的适当位置安装止回阀或排水阀。

本章小结：

无收益水指标建立、考核、分析等均来自供水计量表，而一切测量都存在误差，明确计量表误差是解决无收益水的基础。计量表性能由离线检定来评价，而一些计量表离线检定合格，却在使用中受到环境影响形成无法接受的误差。本书第 2 章系统剖析了形成给水计量表误差的因素及解决措施，分节讨论了居民水表离线检定、在线检定、窃水表、水表自转等问题，专题研究大口径水表的运行误差及解决措施。

第3章

城市供水管网物理漏失

3.1 供水管道泄漏

城市供水管网物理漏失主要包括供水管道及附属设施泄漏，是构成无收益水的主要因素，从无收益水构造分析，可知供水管道泄漏占主要份额，是本章的主要研究对象。

3.1.1 供水管道及附属设施泄漏构成

泄漏由两部分组成：

（1）背景泄漏，又叫背景漏失，是所有泄漏源的集合，每一个泄漏源都很小，视觉和声学方法都检测不到，压力管理对这部分有较大作用。

背景泄漏的数学定义：现代检测技术可检测到的最小值，当供水管网压力为 0.5MPa 时，流量为 0.25 ~ 0.5m^3/h。

（2）破损泄漏，指供水管网破裂造成的漏水，分为明漏和暗漏。明漏指相关人员向管理部门报告的漏水，一般能看见。暗漏指经检测发现的漏水，是形成无收益水的主要原因。

3.1.2 漏水时间构成

总漏水时间划分为三个区间，感知时间、定位时间、修复时间。感知时间是指从漏水发生到管理部门获知所需时间；定位时间指漏点精确定位所需时间；修复时间指漏点定位后的修复时间。

明漏感知、定位、修复时间短，因此不是构成无收益水的主要因素。

暗漏感知时间与区域计量体系完整程度、主动检漏周期、管网监控参数的变化等有关。实施分区定量管理及区域计量的，通过数据分析或网络自动报警可以时时获得；没实施分区定量管理的，感知时间与检测周期有关。如果管网每年检测一次，则平均漏水感知时间为半年。按相关资料统计，每月分析或检测一次 DMA 流量，感知暗漏时间为 15d，定位 3d，修复 5d，总漏水时间为 23d。

例如：鞍山地区 DMA 覆盖率 52%，实施数据监控的 180 个区域通过漏失判别系数可以做到时时感知漏水；没有实施数据监控的一般 1 ~ 2 周验看 DMA 表，平均感知时间为 3 ~ 7d。没有实施 DMA 的漏水感知时间则根据测试或揭三井确定。定位时间一般情况下低于 5d，但个别漏点定位需较长时间，其主要原因如下：

（1）现场条件不具备定位条件，例如管线上部障碍、埋深太深等；

（2）感知漏水区域过大，没有明确和划小漏点定位范围；

（3）三井设施不完整，管线不清；

（4）漏点感知数量远大于定位能力；

（5）背景漏失发展到破损漏失的时间。

修复时间一般在一天之内。

3.1.3　供水管道泄漏的主要因素

由于供水管道的设计、施工、服役条件等不同，影响管道泄漏的因素也不尽相同。例如，南北方由于气候及温度不同造成的埋设深度不同，其引起泄漏的因素不尽相同。但，总体上引起管道泄漏的主要因素基本相似。

1. 管材锈蚀

1）钢质管道防腐处理不当

供水管道设计施工中，工艺管道、转换件、过河及穿越障碍等管道均需要采用钢质管道，这些管道防腐设计与施工不当或服役期限过长都会引起管道锈蚀造成漏水。

2）冷镀锌管使用及防腐

正常建筑给水设计施工应采用热镀锌钢管，尤其是用户进户管，抗腐蚀能力强、寿命长。而实际在施工中有相当数量的冷镀锌钢管，其防腐能力极差、价格较低、管壁薄，在腐蚀性介质环境中极易造成管道腐蚀。另外，从相关标准、规范看，没有资料显示镀锌钢管可以不做防腐，而在设计时就没有要求镀锌钢管防腐，这个问题值得深思。

3）灰口铸铁腐蚀

一般灰口铸铁管抗腐蚀能力较强，由于管材较脆，逐渐被球墨铸铁管取代，但多数城市供水管网依然存在大量的灰口铸铁管，服役年限多数超过 20 年。经有关专业人士研究表明，灰口铸铁管腐蚀主要受 pH 值、溶解氧、余氯、流速等因素影响。

长期服役的灰口铸铁管道内壁形成腐蚀瘤，厚度 15 ~ 30mm，与水接触层呈褐色且酥松，内层为黑色密实状物，剥去腐蚀层，管道内壁有 1 ~ 3mm 深的凹沟，降低了管道的抗压及弯折能力。同时，在查修漏水中发现，与下水交叉处或化工厂附近灰口铸铁管道多处发生管材腐蚀漏水现象，表现为块状脱落。

2. 供水压力及波动

供水压力是供水管网漏失的源动力，是管道内力并因此产生应力，压力越高应力越大，管材接口等处承受抗压及弯折能力低于应力或集中应力便产生漏水。关于压力与泄漏将在本章第 5 节详细介绍。

压力波动也是管道泄漏的原因，当管网中压力长期稳定，与泄漏或即将泄漏处达到一定平衡点时，由于压力波动使其平衡点下降，随之压力恢复或上升便造成泄漏或使原有泄漏量增加。

3. 外力

1）外部静荷载

管道敷设深度、构筑物及其附加应力、管道交叉处理不当等。尤其近年来城市道路维修、绿化施工致使多数城市供水管线埋深大幅度增加。

2）动荷载

重载汽车、火车、工厂振动源等。

3）市政施工

城市各种配套管线及基建施工中致使管道破坏、滚管等。

4. 温度应力

城市供水管道多数埋置于地下，尤其北方城市，回填并压实的土方或沙石与管道的线膨胀系数不同。由于四季交替，外界温差较管道及管道内水温变化为大时便产生温度应力，使管道在薄弱处产生泄漏。北方城市多数漏水产生于 3 ~ 4 月、11 ~ 12 月的突变天气。

5. 管道施工质量

管道施工质量造成泄漏已是不容置疑的问题，国内大量文献记载并研究，主要表现在管基处理不当、接口质量差、管道交叉处理不当、回填不合格、支墩形式及强度不足等。

6. 其他

管道服役期限、废点掐断等。

3.1.4 供水管道泄漏的类型

城市供水管网漏水类型因不同的气候、供水方式、无收益水管理水平而具有一定的差异。水司应根据历年查修漏水的统计资料进行分析，以便有效地解决本地区管网的物理漏失问题。

1. 钢管及铸铁管占比较大

由于城市供水管网建设之初多采用钢管及铸铁管，近些年 PE、PPR、复合材料、球墨铸铁等逐渐兴起，同时钢管及灰口铸铁管防腐问题一直没有系统解决，管道泄漏主要还是以钢管及铸铁管为主。例如：2008 年，云南某水司市区 180km 管网上，发现漏点 39 处，漏水量达到 441m^3/h。镀锌管漏水占全部漏点 66.7%，占全部漏水量 28.9%；铸铁管占全部漏水量 65.1%，其中断管占铸铁漏点 71%，漏水量占铸铁漏水量 90% 以上。江苏某水司，

2010 年在 11 个镇区 676 公里管网上查修漏水 128 处，漏水量达到 736m^3/h。钢管及铸铁管占全部漏点 69.53%，占漏量 75.25%。

2. 管道泄漏三种主要类型

供水管道泄漏形式较多，接口漏水、管材腐蚀、断管、管裂、位移、废头漏水等，综合看主要表现为前三种情况。

（1）管材腐蚀

多数为小口径进户管，部分为长期服役灰口铸铁及腐蚀性介质土壤中。主要是选材及防腐措施不当所致。

（2）接口漏水

刚性接口较多，部分为铅口，较少发生在胶圈接口处。各种管径都有，大口径管道较为普遍。主要是施工质量、外力、温度应力所致。

（3）断管

主要集中在 *DN*100 ~ *DN*200 口径管道中，由于外力及自身承载能力较低所致，*DN*300 管道也存在少量断管形式

3. 漏点频率及漏水量

由于小口径管道密度较大、自身承载能力等原因，其漏失频率较高，但占整体水量相对较少。反之，大口径管道漏失频率较低，但占整体水量相对较多。

【案例 5：鞍山水司漏水类型统计及分析】

（一）2014 年北方某省会级城市查修漏水统计

（1）类型：接口漏水占 43.64%，管体断裂占 55.45%；

（2）原因：年久腐蚀占 63.59%、管道交叉叠压占 11.69%、环境变化占 9.97%、季节变化占 8.13%、外力破坏占 5.9%；

（3）口径：*DN*50 及以下占 59.77%、*DN*100 占 14.65%、*DN*150 占 7.37%、*DN*200 占 7.7%、*DN*300 占 5.67%、*DN*400 占 2.81%、*DN*500 占 0.37%、*DN*600 占 0.88%、*DN*800 占 0.18%、*DN*1000 占 0.28%、*DN*1200 占 0.32%。

（4）管材：塑料管占 39.06%、灰口铸铁管占 35.98%、镀锌管占 17.31%、球墨铸铁管占 6.98%。

（二）鞍山城市查修漏水统计

鞍山水司 2004 年成立查漏队伍，2010 年独立核算，按查修漏水管径核算工作量。2011 ~ 2014 年，平均每年查修暗漏 340 处，根据查修漏水工作单对管网漏水（暗漏）进

行统计分析如下。

1. 漏水类型

鞍山地区可统计漏水类型为管道接口漏水、管身断裂、管身漏眼、管身裂缝、废头及其他等六类。数据统计见表 3-1。

2011 ~ 2014 年查漏数据统计（t）　　表 3-1

管径	口漏	漏眼	断管	裂纹	废头	其他	合计
*DN*50 以下	8	480	12	35	15	61	611
*DN*75 ~ 100	161	27	167	1	2	27	385
*DN*150 ~ 200	77	8	41	0	1	16	143
*DN*300	65	1	12	1	0	4	83
*DN*300 以上	135	0	0	0	0	3	138
合计	446	516	232	37	18	111	1360

根据表 3-1 统计，居民楼进户钢管腐蚀漏眼、管道接口漏水、断管为鞍山供水管网漏水的主要类型，分别占比 39%、32%、18%。

（1）管身锈蚀漏眼主要集中在 *DN*50 及以下的住宅进户管线，占所有管径所查管身锈蚀漏点的 93%，因此钢管防腐及住宅大修改造问题应引起重视；

（2）管道接口漏水主要分布在 *DN*100、*DN*300 以上的管线上，分别占所有管径所查管道接口漏水的 36%、30%；

（3）断管漏水主要集中在 *DN*100 ~ 300，*DN*100 占 72%，*DN*150 ~ 200 占 18%；

（4）鞍山地区塑料管使用较少，本表中其他类中含部分塑料管，比例不大。因此，鞍山地区漏水类型以钢管和铸铁管为主。

2. 漏点发生频率分析

不考虑其他因素，以不同管径的管长占总体管网比例为漏水发生数学频率，以实际查修漏水为统计频率并作对比，如表 3-2 所示。

2011 ~ 2014 年鞍山管网漏水频率分析表　　表 3-2

	管径（mm）	< 100	100	150 ~ 200	300	300 以上	合计
数学频率	管长（km）	564	922	426	186	138	2236
	计算频率（%）	25	41	19	9	6	—
实际频率	漏点个数	611	385	143	83	138	1360
	实际频率（%）	45	28	11	6	10	—

由表 3-2 知：

（1）*DN*300 及以上管道，数学频率（理论频率）与实际查找漏水频率总体上基本相近，大约在 15%；*DN*300 以下漏失频率占 85%，国内有关资料显示为 75%，这个数据稍微有些出入，但差异不大；因此，供水管网物理漏失主要集中在 *DN*300 以下管线。

（2）*DN*100 以下管线理论发生频率远远低于实际发生频率，不符合数理统计学上的随机理论，必然存在一个或多个系统因素，其分析见漏点形成原因分析。

（3）*DN*100 管道理论发生频率远远高于实际发生频率，因此 *DN*100 管道应作为未来工作的重点。

（4）*DN*150 ～ 200 管道理论发生频率稍高于实际发生频率，应值得注意。

3. 鞍山地区暗漏总体估算

以 2011 ～ 2014 年鞍山水司查修漏水能力和经济条件为基础，以 $4m^3/h$ 为可查漏点，参与统计小区为实际封闭小区的 40%，整个管网需查修漏水点至少 340 处（因为较大夜流漏点可能由 2 处以上组成），背景漏水点为 410 处，背景漏水点随时间增长可能发展至较大漏水，也就是说我司目前暗漏至少 750 处以上。

4. 不同管径漏点组成分析

从漏水口径看 *DN*50 以下进户线占 50%，为主流；*DN*75 ～ 100 占 25%，为第二大类。

（1）*DN*300 以上管道以管道接口漏水为主，占同类管道的 98%；

（2）*DN*300 管道接口漏水占 78%，断管占 14%；

（3）*DN*150 ～ 200 管道接口漏水占 54%，断管占 27%；

（4）*DN*100 管道接口漏水占 42%，断管占 43%；

（5）*DN*100 以下管道锈蚀漏眼漏水占 78%，其他情况均存在，漏点情况相对复杂。

综上，*DN*100 及以上铸铁管道接口漏水随着管径增加而增加，断管随管径减少而增加；*DN*100 以下钢管管道漏水主要是管道本身腐蚀漏眼所致。因此，大口径管道接口质量应引起管理部门注意；管身断裂主要集中在 *DN*75 ～ *DN*200 之间，因此施工中管道交叉处理、管基处理、日常管线巡检等工作应值得注意；*DN*50 以下进户线管身漏眼为主要问题，因此选材及防腐施工质量应引起重视。

3.2　管网物理漏水查修经济效益分析

目前，国内许多水司都成立了查修漏水队伍，组织形式和业务核算方式多种多样，但由于计量体系、管理体制、人员素质等原因，较少对其经济效益给予评价并用于主动控制管理。随着无收益水工作的深入，其经济效益评价将会逐步引进管理指标考核体系。

3.2.1 查修漏水经济效益分析目的

1. 评价查修漏水及控制无收益水水平

管网泄漏是无收益水构成的第一因素，无收益水指标往往通过供水量和售水量来体现，其值变化一般情况下仅能通过售水量变化得到。这样计算显然不合理，因为售水量变化受到用水市场周期变化、追缴水量、较大用户用水变化等许多因素限制。查修漏水效益分析将自行建立一套统计、分析体制，这样能够科学、系统、独立地评价查修漏水水量及取得的经济效益，并结合水量反弹情况总体评价其对无收益水的控制水平。

2. 制订查修漏水年度指标

目前，国内水司多数制订年度无收益水总体管理指标，很少制订查修漏水量指标。但众所周知，无论某区域还是某个地区或城市，当物理漏失占无收益水较大份额，其无收益水指标下降并稳定到较为理想量值时，其查修漏水数量多会经历一个周期。这个周期将经历平稳上升期、急速增长期、平衡期、阶梯式下降期、水量控制稳定期、管理振荡期。例如，江南某水司无收益水率由 20% 降至 4%，期间年度最多查修漏水多达 800 多处。因此，应正确评价自身查修漏水能力及无收益水控制指标，制订年度查修漏水指标，也可以借鉴同规模先进水司的成功经验，进行比较来确定。

3. 权变查修漏水方向

查修漏水经济效益分析势必分析漏水构成、分布、量值等指标，可根据其构成和自身能力、资源等具体情况确定查修漏水方向。例如，降低管网物理漏水初期可能以量值较大的为重点，随着管理水平的提高和较大漏点的减少，可改变其方向。

3.2.2 查修漏水效益评价方法

1. 单体漏点平均值法

（1）记录考核年度内查修漏水情况，包括漏水时间、漏水量、管线埋深、管材、接口等参数；

（2）核算单体漏点水量、平均漏水时间，求得年度总体漏水量及占无收益水比例；

（3）利用 DMA 及数据监控体系，统计并核算管网漏水回弹量值；

（4）综合评价查修漏水效益。

2. 无收益水微分方程法

根据无收益水的影响因素的变动情况（变动率），总体评价物理漏失管理水平，详见 1.6 节。

3.2.3　漏点分布

漏点分布分析是管网物理漏损经济效益评价及制定年度指标的一种主要方法，这里介绍其数学分布和地理分布，从两个方面分别分析和制订措施。

1. 管网物理漏点频数的 F 分布

根据供水管网内 DMA 小区建设情况进行全抽样或部分抽样，以样本为依据，取得最小夜间流量，掌握用户夜间用水规律，对每个 DMA 漏水进行统计。DMA 建设越多，抽样越详细，DMA 建设规模越小，其结果越准确。从 DMA 最小夜流量分布看，供水管网物理漏点分布呈 F 分布，以漏水水量为自变量，函数漏点表现为减函数。2013 年，某市获取了 150 个小区的详细资料并作出了夜间漏点分布（图 3-1）。

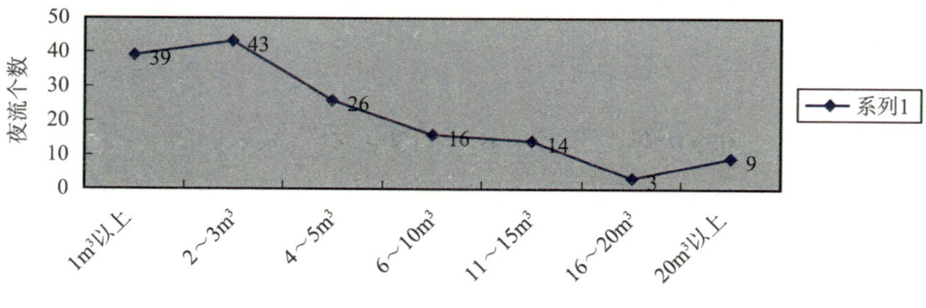

图 3-1　某市管网物理漏点分布图

2. 漏点水量分布图分析

管网物理漏点分布呈现减函数，水量分布是更需要掌握的。通过分布，能够得到某置信概率情况下单点漏失水量为评价其经济效益提供保证；同时，也可以界定漏水管理界限及对降低无收益水的贡献率等问题。根据图 3-1 绘制某市管网物理漏失水量分布（图 3-2）。

漏水量分布图类似正态分布。

3. 漏点位置分布图分析

对近年所查漏点位置在管网图中标出并统计，直观检查漏点地理分布并制订相应的措施降低无收益水率。例如，对漏点分布集中区域可以采取管网改造、降压、集中查修漏水的方法；对漏点分散区域可以采取重点查修漏水的方式。

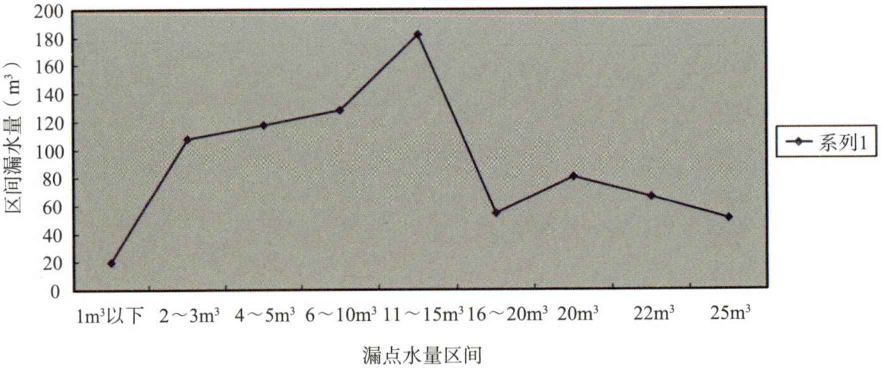

图 3-2　某市管网物理漏失水量分布图

【案例 6：鞍山查修管网物理漏失水量经济效益分析】

鞍山日平均供水量 36 万 t，供水人口 180 万，供水面积 624km²，供水管线长度 2100km。2014 年，无收益水率 30.15%，当年查修漏水 384 处，管网物理漏水经济效益分析如下。

1. 管网物理漏水量计算

1）单体漏点水量核算

2014 年，鞍山水司对所查的漏点按 25% 的比例进行漏水量统计核算，统计方法主要是利用封闭小区、分所计量表计量夜间流量数值变化确定，漏水量统计见表 3-3、表 3-4。

鞍山市 2014 年单体漏点漏失水量统计　　表 3-3

管径（mm）	50	75 ~ 100	150 ~ 200	300	300 以上	单点平均漏失水量（m³/h）
平均漏失水量（m³/h）	5.8	11.8	21.5	22.0	29.0	12.5
偏差（m³/h）	4.2	2.9	11.6	16.3	5.6	—

2）查修漏水比例

鞍山市 2011 ~ 2014 年漏水构成　　表 3-4

管径（mm）	50	75 ~ 100	150 ~ 200	300	300 以上	单点平均漏失水量（m³/h）
平均漏失水量（m³/h）	5.8	11.8	21.5	22.0	29.0	12.5
漏水数量（处）	611	385	143	83	138	1360

续表

管径（mm）	50	75 ～ 100	150 ～ 200	300	300 以上	单点平均漏失水量（m^3/h）
漏水量（m^3/h）	3544	4543	3074	1826	4002	17000
比例（%）	20.8	26.7	18.1	10.8	23.6	100

由表 3-4 知：*DN*300 及 *DN*300 以上漏点个数较少，但漏失水量可达 34.4%；*DN*300 以下达 65.6%。

3）查修漏水效益时间估算

查修漏水效益时间指在某年度内查修漏水效益评估时，平均每个漏点的发生到评估结束的时间，相关资料显示为 6 个月。

根据鞍山水司《查修漏点记录》按月统计漏点发生数量，以查修漏点当月至年底为降低漏失水量有效时间。漏点时间统计见表 3-5。

2011 ～ 2014 年某市漏点查修发生时间统计表（个）　　表 3-5

时间	2011 年	2012 年	2013 年	2014 年	平均
1 月	34	31	35	30	32.5
2 月	29	33	1	8	17.75
3 月	35	36	35	37	35.75
4 月	18	25	28	51	30.5
5 月	40	41	20	40	35.25
6 月	30	40	31	37	34.5
7 月	24	29	37	40	32.5
8 月	44	32	45	33	38.5
9 月	56	18	38	42	38.5
10 月	44	32	39	43	39.5
11 月	4	29	25	35	19.3
12 月	25	39	25		29.7
合计	383	385	359		384.25

由表 3-5 可知，除了 2 月相对查修漏水点数少些，其他月份基本相同，可以按均匀分布考虑。因此，每月漏水近似按月中查修，这样 1 月查修漏水到年底，按 11.5 个月，2 月 10.5 个月，依次类推。由此计算供水管网物理漏水时间：

$$T=\sum n_i \cdot t_i \div N=5.9\text{ 月} \tag{3-1}$$

式中　T——管网物理漏水时间；

n_i——第 n 个月的平均漏水次数；

t_i——第 n 个月至年底的漏水时间；

N——全年查修漏水次数。

4）2014 年度查修漏水量

$$Q_{年漏}=24\times30Q_{点漏}\cdot T\cdot N=24\times30\times12.5\times5.9\times384=2039\text{万 m}^3 \quad (3\text{-}2)$$

2. 经济效益分析

1）物理漏损对无收益水的贡献率

根据 2014 年度该公司查修漏失水量，不考虑管网物理漏损回弹因素，其降低无收益水率为：

$$\lambda=Q_{年漏}\div(Q_{日}\times365)=2039\div(36\times365)=15\% \quad (3\text{-}3)$$

2）水量回弹

由于供水管网压力变化、管网运行状况、气候变化等原因，供水管网随时可能发生新的漏水。根据第 1 章无收益水分布中无收益水运动规律分析，鞍山市年供水支线及庭院管网物理漏失水量回弹率为 21.5%。结合本章第 1 节案例漏点频率分析，DN300 以上管线基本控制，水量回弹现象主要在 DN200 以下支配水管线上，因此水量回弹率计算如下：

$$\lambda=\lambda_{DMA}\cdot\zeta=21.5\%\times65.6\%=14.1\% \quad (3\text{-}4)$$

供水管网物理漏失水量回弹的主要原因是老城区管网老化，其材质及施工质量问题突出，其次是漏水修复后压力调整不及时造成新的漏点发生。

3）经济效益分析及综合评价

（1）综合管网物理漏水量计算及回弹水量分析，目前鞍山地区年查修漏水点平均 384 个，基本控制住管网物理漏水并至少使每年的无收益水率下降 1%。

（2）从漏点分布分析看，目前鞍山需要解决的漏点数量依然很多，但主要集中在背景漏失和水量回弹问题上，尤其是随季节变换管网温度应力造成的漏失问题。

（3）南方某水司无收益水率由 20% 降至 4%，每年查修漏水最多达 800 个漏点，与鞍山水司通过漏点分布分析推算暗漏至少 750 处的情况基本吻合。鞍山总供水量是该水司的 1.5 倍，因此从目前看，进一步加大查修漏水力度仍然是主要工作，例如：DMA 建设的完善、测漏技术人员队伍扩大等。

3.3 漏点定位技术

3.3.1 漏水技术参数

根据《城镇供水管道漏水探测技术规程》CJJ 159—2011，漏水技术的评价、检测、实施参数如下。

1）漏水点定位误差（Leak point locating error）

供水管道漏水异常点与实际漏水点的平面距离，以长度米表示。漏水点的定位误差不宜大于 1m。

2）漏水点定位准确率（Leak point locating accuracy）

漏水点数量与漏水异常点总数量之比，以百分比表示，漏水点定位准确率不应小于 90%。

3.3.2 漏水声波传播特性

1. 漏水种类

有声漏水：管道漏水声波通过介质传出，并能被听漏设备接收，听漏人员以此对漏点进行定位。

无声漏水：管道漏水声波没有传出，不能被听漏设备接收。与管道材质、漏水量、压力、介质摩擦方式、管道周围介质情况有关。

2. 漏水声波产生和传播途径

（1）声波产生：漏空边缘摩擦声、喷流水头撞击声、喷流与介质摩擦声。

（2）传播途径：管道、地面、水中。

3. 漏水声在土壤中的传播特性

（1）频率越高信号衰减越快，特别是大于 800Hz 时。

（2）衰减率与埋设深度成正比。

（3）到达地面的频率范围通常在 70 ~ 800Hz 之间。

4. 漏水声在管道中的传播特性（图 3-3）

1）衰减特性

（1）衰减率因管材而异并与距离成反比，依次为塑料管、铸铁管、钢管，在高频段尤为明显。

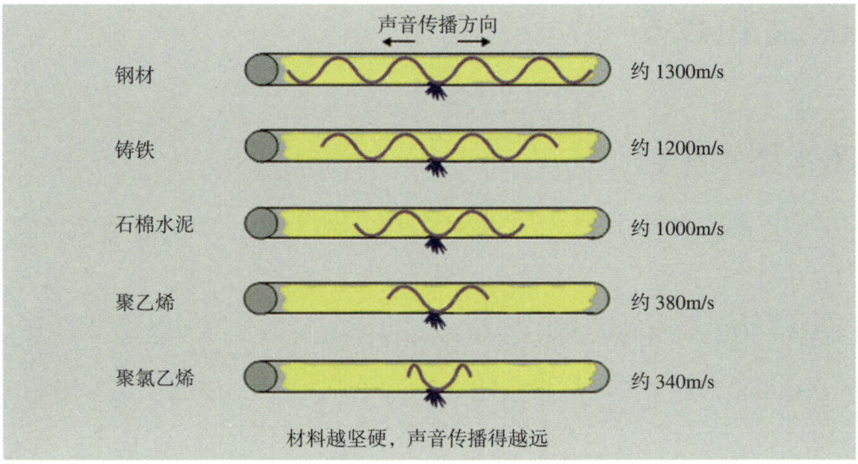

图 3-3　漏水声在管道中的传播特性

（2）管径越大衰减率也越大；水压越高漏水噪声也越高。

（3）三通管或 90° 弯管的功率谱密度与直管部分相比衰减得并不是很多，然而过四通管之后衰减会变得显著。

2）频率特性

（1）铸铁管和钢管，声频集中在 0 ～ 4kHz。

（2）塑料管，声频集中在 0 ～ 1kHz。

3）传播速度

可以用相关仪器测量管道声速。

5. 漏水相似干扰声

（1）管内流水声：阀门半开、排气阀排气、三通点、变径点、变深点等处的声音和漏水声极为相似。

（2）电力回路声：变压器、路灯等会产生 300Hz 以下的低频声。

（3）下水声：下水流动声和下水流入下水井的声音，其声频在 500Hz ～ 2kHz。

（4）汽车行驶声：汽车轮胎的擦过声在 1 ～ 2kHz 的声波内。

（5）风声：拾音器等被风刮时会产生 500 ～ 800Hz 的低频声。

（6）城市噪声：空调、电机、泵站、喧闹等噪声，在林立的楼宇间合成，其声频在 400Hz ～ 2kHz。

3.3.3　漏水测试方法

1. 流量法（Flow measurement method）

借助流量测量设备，通过监测地下供水管道流量变化推断漏水异常（未探测出的漏水）区域的方法，分为区域装表法和区域测流法。

2. 压力法（Pressure measurement method）

借助压力测试设备，通过监测地下供水管道供水压力的变化，间接推断漏水异常区域的方法。

3. 噪声法（Leak noise logging method）

借助相应的仪器设备，在一定的时间内自动监测、记录地下供水管道漏水的声音，并通过统计分析其强度、频率，间接推断漏水异常管段的方法。

4. 听音法（Listening method）

借助听音仪器设备，通过识别地下供水管道的漏水声音，间接推断漏水异常点的方法。采用听音法应具备下列条件：

（1）管道供水压力不应小于 0.15MPa；

（2）环境噪声不宜大于 30dB。

5. 相关分析法（Leak noise correlation）

借助相关仪，通过对同一管段上不同测点接收到的漏水声音，推断漏水异常点的方法。

6. 闭路电视摄像系统内窥法（Closed Circuit Television inspection（CCTV inspection）method）

借助闭路电视摄像系统（CCTV），通过查视管道内部缺陷推断漏水异常点的方法。

7. 探地雷达法（Ground Penetrating Radar method（GPR））

通过雷达对漏水点周围形成的浸湿区域或脱空区域的探测确定漏水异常点的方法。

8. 地表温度测量法（Thermography method）

借助测温设备，通过地面或浅孔中观测地下供水管道漏水引起的温度变化，间接推断漏水异常点的方法。

9. 气体示踪法（Tracer gas method）

在地下供水管道内施放示踪介质，借助相应仪器设备通过地面检测泄漏的示踪介质浓度，间接推断漏水异常点的方法。

3.3.4 检漏步骤

1. 预定位

（1）观察法：地面渗水 / 下水道淌清水、路（地）面隆起和塌陷、地表植物生长旺盛、水表不停转动。

（2）压力流量：根据建立的 DMA、PMA，数据出现异常，初步判定。

（3）听音法（阀栓、地面）。

（4）噪声自动监测法。

2. 精定位

地面听音、相关测试、钻孔 + 地钎。

【案例 7：内窥胀补技术修复大口径管道漏失】

某市铁西大煤场 *DN*800 钢管横穿中长铁路，始建于 1980 年，外设钢质套管。该管段为汤河水源与大伙房水源的连接管段，是事故供水的必要保证，处于热备状态。2014 年通过测试发现该管段存在漏水现象，日漏水量 1050m^3，同时在鞍钢铁路西侧现场发现明漏。但由于该管道敷设在套管内，常用听漏设备无法判别漏点位置。因此，技术人员始终寻找其他途径进行解决，通过网络查询方式并经多方征求意见，最后采用内窥胀圈法解决了这个十分棘手的问题，为降低无收益水量提供了新方法、新思路。

1. 管线漏损确定

大煤场 *DN*800 管道是连接铁东和铁西地区的主要输水管线，管线总长 1058m，铁东大煤场院内安装电磁流量计。2010 年老虎山水厂启用后将该管线铁路东主线水门关闭，大煤场流量计显示瞬时流量为 0m^3/h。2013 年，铁西公司进行水平衡测试发现，该管线铁西段（中长铁路西）有漏损水量，经请示公司领导和有关部门决定将铁路西主线水门关闭，开启铁路东主线水门，大煤场流量计显示瞬时流量为 25 ~ 75m^3/h 之间。铁东公司当即进行水平衡测试，确定该管段漏水量在 24 ~ 26m^3/h 之间。

2. 问题的判定

该管线是连接汤河水源、大伙房水源的主要连接处，是事故供水时保证基本用水的重要保障通道。因此，保证该管线的热备状态是非常有必要的。

漏水现象确定后，技术人员到现场勘察发现鞍钢铁路西侧已产生明漏。根据管龄（30 年）、材质、水量等现象初步判断为管道锈蚀腐烂所致，应采取换管或断面修复方案。投资较大，穿越铁路施工难度大，为确保方案准确，查明漏水原因极为重要。

因此，我司与天津穿越技术工程有限公司共同制订方案，决定在该管段东端开设下人孔，停水后对部分下反管段抽水，保证管段处于无水等安全状态。经勘探人员下到管道内发现，该管道安装时焊缝均采用单面焊接，焊口质量存在安全隐患，管体锈蚀不严重，漏水的重要原因主要是焊缝腐蚀泄漏。

3. 内胀圈修口工艺

双胀圈内衬主要用来修理管道接口处漏水，大致修复流程为：根据管道的内径，首先在工厂定制不锈钢压条和橡胶条，然后进入管道安装，先手工固定橡胶条，接着通过扩张器，用不锈钢压条压住橡胶条，从而完成管道局部防渗修复，必要时还可以对管道渗漏处进行注浆处理（图 3-4 ～图 3-7）。

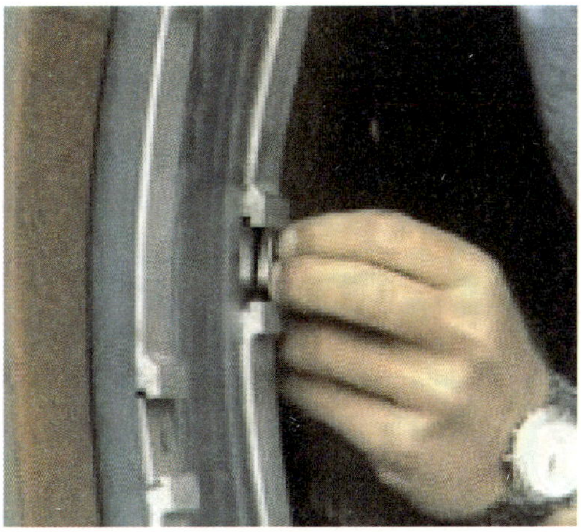

图 3-4　双胀圈内衬施工示意

图 3-5　扩张器扩展钢片

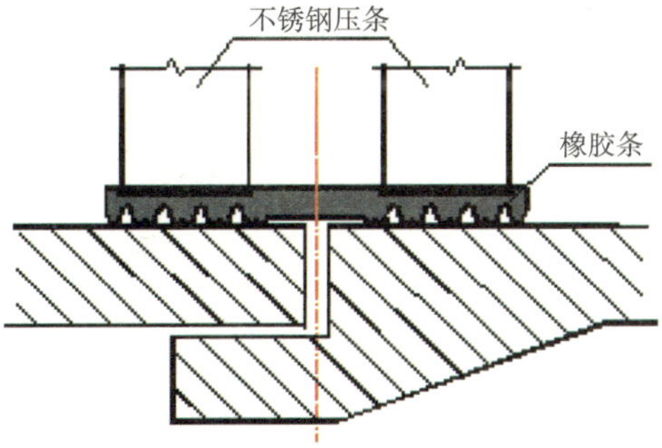

图 3-6　塞入固定片

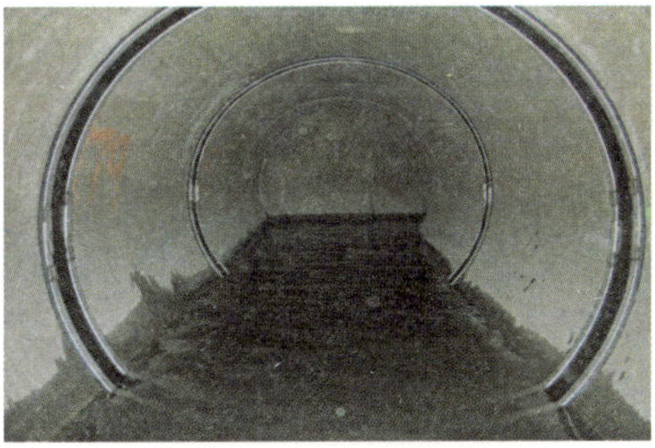

图 3-7　修复后的管道

内置胀圈法修复工艺适用于管径为 600mm 以上的球墨铸铁、灰口铸铁、钢质、强化混凝土、PVC 和其他合成材料的管道修复和维护工程。工艺流程见图 3-8。

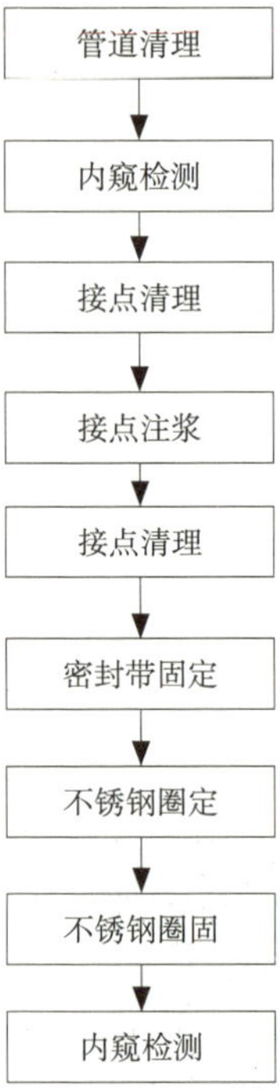

图 3-8　内置胀圈法修复的工艺流程

4. 实施过程

图 3-9 所示为现场管道及附属设施平面布置图，漏水范围由下人井孔 1 至下人井孔 3。首先，在大煤场在线电磁流量计附近将管道上部开孔并焊接法兰盘底座，下人并带录像设备进入管道观测，当走至检查井 5 处时发现管道向下埋设，水深 5m 以上，无法行进。

上来后，经技术人员确定该处为穿越中长铁路检查井，经深入研究和广泛征求意见后决定在检查井 5 来水方向及铁西测流井方向分别加设 2 个下人井孔。施工平面布置见图 3-9。

工作人员由下人井孔 2 带着抽水设备进入检查井处，将水泵吸水口放置在检查井最低处抽水，同时派人从下人井孔 1 进入管道经检查井 4 与进入检查井 5 的工作人员汇合，共同将整个管道情况摸清。

工作人员分三组进行分段施工，按上述工艺流程对各个管道接口进行封堵。第一组，由下人井孔 1 向检查井 4 方向施工；第二组，由下人井孔 2 向检查井 4 方向施工并与第一组会合；第三组由下人井孔 3 向检查井 5 方向施工。

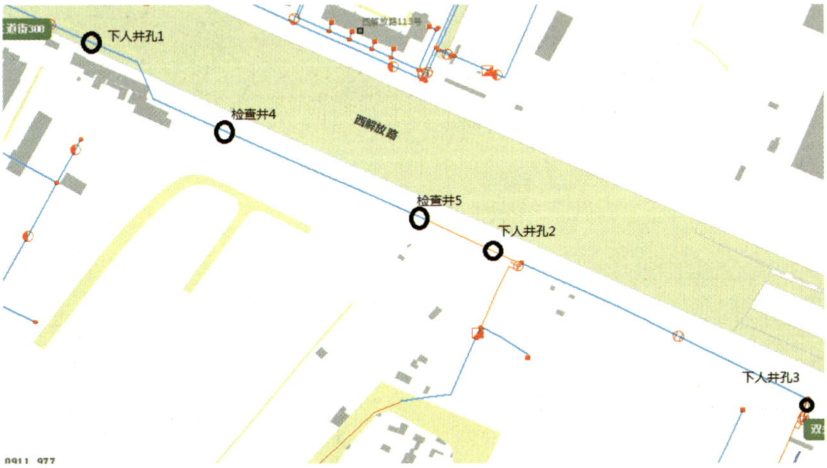

图 3-9　现场管道及附属设施平面布置图

5. 取得的效果

大煤场内窥管道接口胀补工艺实施后，将下线 2 个用户阀门关闭，整个管道瞬时流量为 0 m^3/h。每天降低无收益水量 1050 m^3，年节约运营成本 73 万元。工程施工费用 40 万元，如果采取管道更新则需投资近 200 万元。

3.4　检漏设备

3.4.1　听音杆 / 勘探棒

（1）分类：机械式听音杆、电子式检漏仪（图 3-10）。

（2）用听音棒接触管道暴露点，如阀门、消火栓、裸露的管道部位等，仔细辨别耳机中的声音，判断是否有漏水声存在。声波经触杆传到耳朵或耳机放大，音质单纯，无杂音，易分辨且强度变化明显。机械式听音杆低频损失较多，听漏人员需要丰富的经验。

图 3-10　听音杆 / 勘探棒

3.4.2　听漏仪

（1）分类：电子放大听漏仪、智能数字滤波检漏仪。用地面拾音器（探头）沿管道在地面进行检测。听漏仪及原理见图 3-11、图 3-12。

（2）方法特点：

调节滤波器，将仪器设置到合适的滤波范围；

调节仪器增益和音量，使耳机听觉舒适；

在管道正上方按 S 形路径沿管道进行测量，测量间距 1m 左右，注意仔细分辨漏水噪声异常；

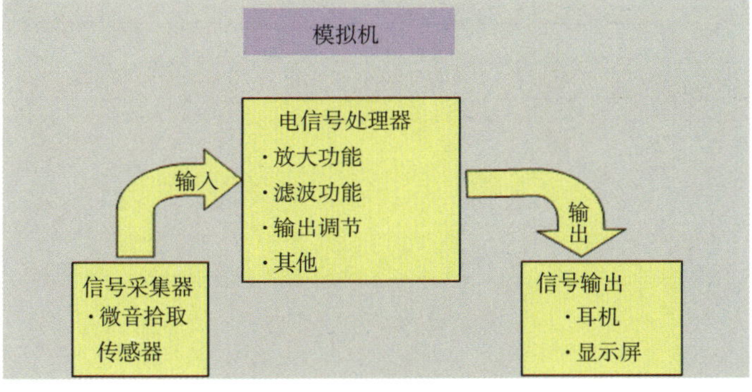

图 3-11　听漏仪原理图

发现异常区域应多次反复测量，并对噪声频率和强度变化进行比较，直到确认异常位置。受环境噪声影响，一般在夜间工作。

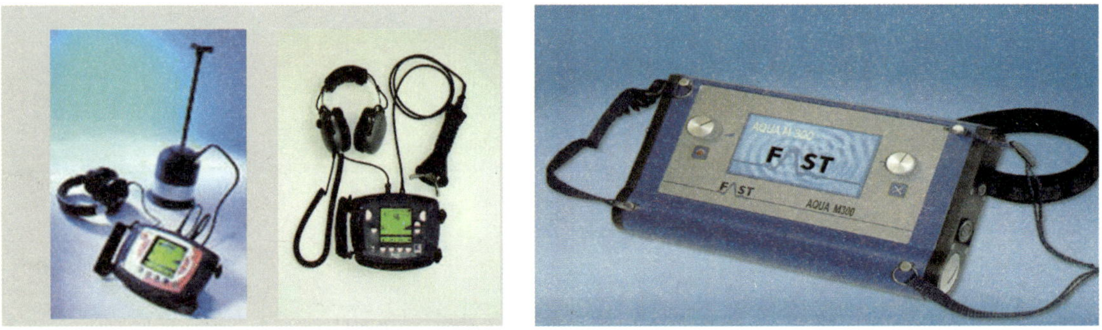

图 3-12 智能听漏仪

3.4.3 相关仪

（1）分类：相关仪、多探头相关仪。相关仪接收来自安装在管道上的两个传感器采集的噪声信号并自动进行相关分析计算出相关结果，给出漏点距传感器的距离。相关仪及原理见图 3-13、图 3-14。

（2）方法特点：

测量结果准确可靠，很少受人的因素影响；

抗干扰能力强，几乎不受环境噪声影响，白天即可工作；

不受埋深限制。

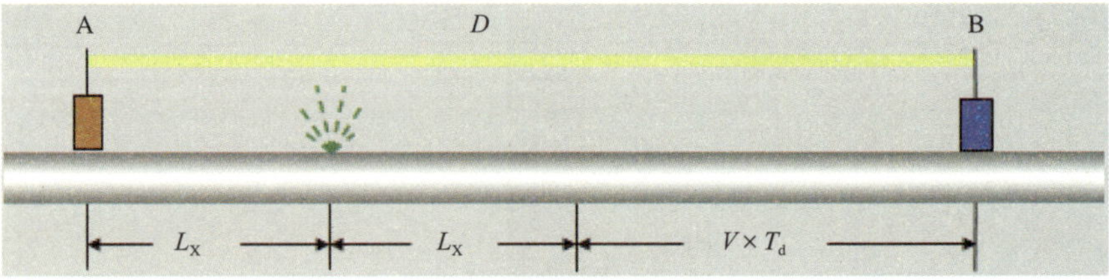

$$L_x = \frac{D - V \times T_d}{2}$$

式中 L_x——漏点距传感器 A 的距离；

D——相关距离（两个传感器之间的管道长度）；

V——声波在管道中的传播速度（管材、管径）；

T_d——漏水声波到达两个传感器的延迟时间。

图 3-13 相关原理

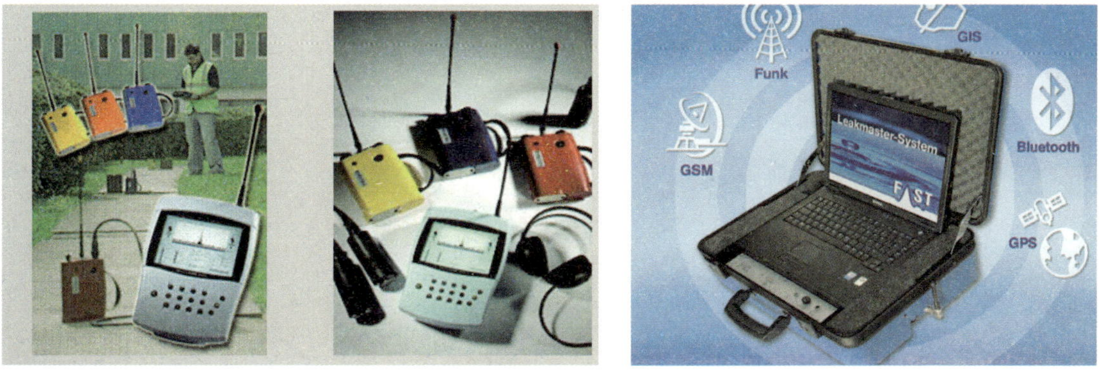

图 3-14　相关仪

3.4.4　噪声自动监测法

（1）泄漏噪声自动监测仪是一个由多个记录仪（探头）组成的整体化的声波接收系统。多台记录仪安装在管网上的不同地点，如消火栓、闸阀或暴露管道，按预定时间（如夜间 2：00 ~ 4：00）同时开、关机，并统计记录管网的噪声信号，该信号经数字化后贮存在记录仪的存储器内并可传输到主机或 PC 机经专业软件进行分析处理，从而查明记录仪附近管道是否存在泄漏（图 3-15）。

（2）使用仪器：Permalog+ 管网漏水监测系统。

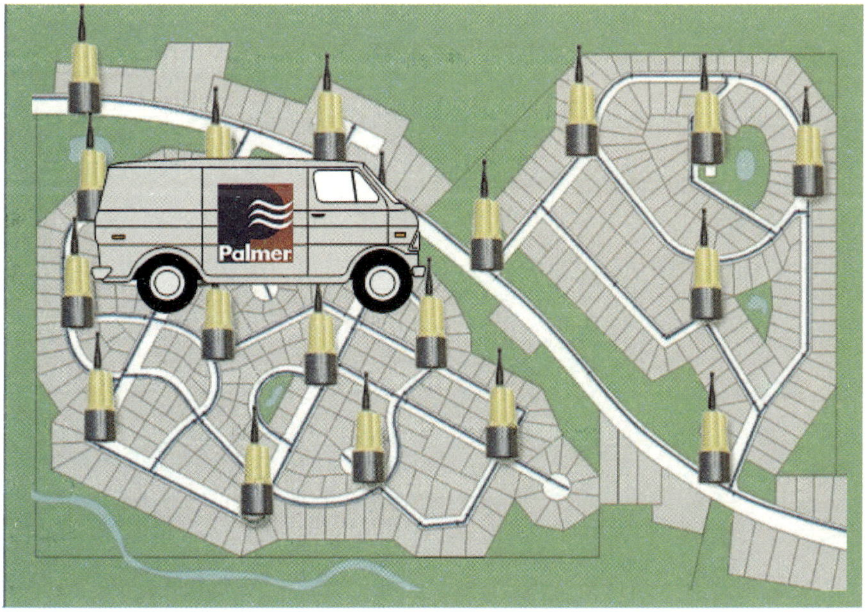

图 3-15　噪声自动监测仪

（3）应用特点：可进行大面积管网漏水监测，为漏水点精定位提供依据。

3.4.5 噪声自动监测辅助仪器

管线定位仪、井盖定位仪。

3.4.6 钻探

（1）在确定泄漏位置后，先用管线定位仪把管道位置找准，探测周围有无其他管线，特别是电缆，以免钻孔时对其造成损害；然后用路面钻孔机打穿路面硬质层，接下来用勘探棒打入，直至管道的顶部。这种方法用于听音杆直接接触管线听音、水位测定、探水、是否有漏、漏点的特征等。

（2）使用设备：路面钻孔机、勘探棒。

（3）应用特点：钻探法是进行精定位的一种辅助手段，但在某些场合也是漏点确认的一种必要手段；在进行相关测量，测试段没有闸阀等管道附属设施时，可采用该方法安装传感器。

3.4.7 注意事项

1. 仪器操作

1）相关仪

（1）放置探头时，须和管道接实。

（2）出现相关峰值时，不要武断就是漏点，因为三通点、变径点经常会产生假异常。

（3）两个传感器在同时接收到一个来自管道以外的干扰信号时，会出现零延时，即中心相关，这时应作认真分析，以免发生误判。

2）听漏仪

（1）在漏水孔周围都是水的情况下，在地面上很难听到漏水声。

（2）在使用数字滤波检漏仪时，要充分利用频谱分析、最小值柱状图定位功能。

（3）听漏仪受环境噪声的影响，应在晚上工作。

2. 作业中的安全事项

（1）在测区作业中，应穿戴安全服。特别是在马路和街道上检测时，要注意过往车辆，尽量避让车辆。

（2）在需下井作业时，应打开井盖多晾一会儿，避免发生中毒事故。

（3）在需路面打孔时，应先用管线仪检查需打孔的范围内有无其他管线，如电力电缆、通信电缆等，以免触电或损伤电缆。

【案例 8：卢森堡噪声监控系统】

国内外大量实例表明，降低无收益水并达到行业标准，查修供水管网的漏水为主要方向。少则 3 ~ 5 年，多则达 10 年之久，都经过漏水修复点数级数增加阶段。DMA 体系的完善和发展为查找漏水缩小了定位范围，最终利用噪声原理确定漏点。随着云技术的出现，单点噪声听漏定位时代已经结束，全范围整个供水管网噪声监测将为降低无收益水提供一个新的方法。

1. 云技术噪声监测原理

传统噪声漏点定位的方式是管网普查或开车定时到某个布置好噪声检测探头的区域收集数据，通过计算机处理确定漏点位置。随着 DMA、PMA 技术的发展，城市无收益水逐渐减少，人们认识到彻底解决无收益水问题应该对整个供水管网进行整体规划和检测。噪声检测是管网查找漏水最直接的手段，噪声区域检测（AZM，Acoustic Zone Monitoring）应向噪声区域管理发展（NMA，Noise Meter Area），见图 3-16。

FAST 公司基于供水市场需求和技术发展，推出双向编程漏水噪声探头，基于互联网云技术对漏水进行时时监控。

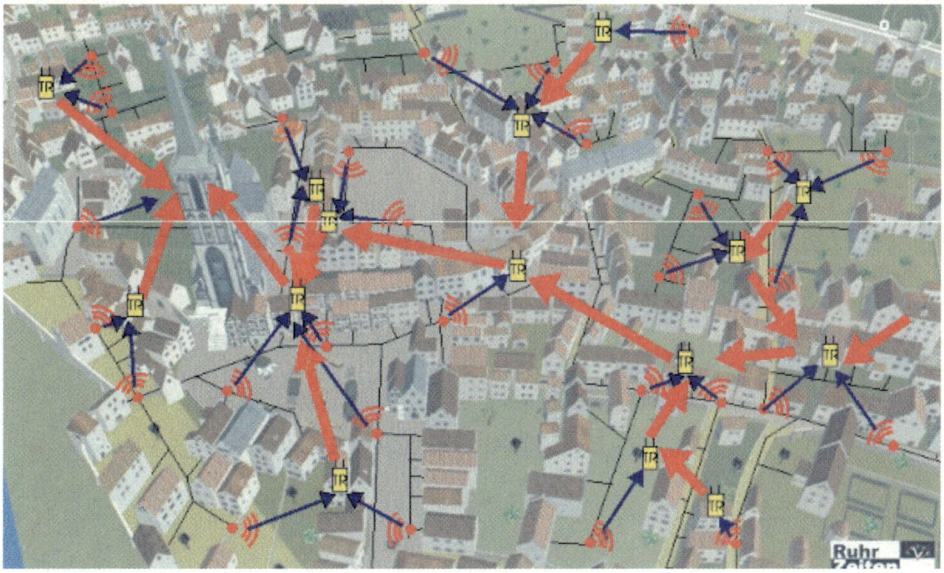

图 3-16　漏水时时检测

该系统由三部分组成，见图 3-17。

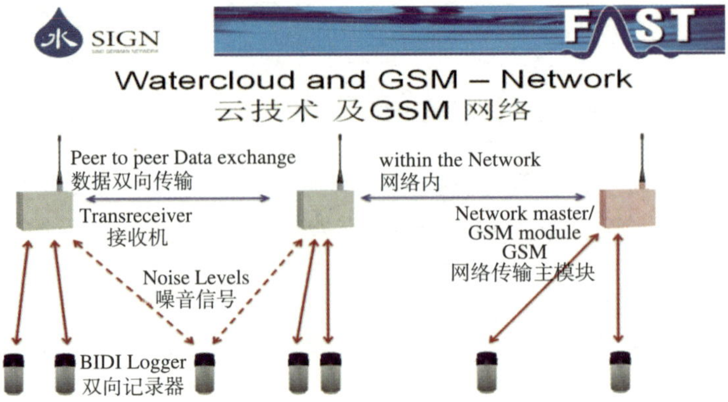

图 3-17　云技术噪声检测系统图

1）噪声传感器及布置

噪声传感器具有数据储存发射、漏水录音等相关功能；按其数据采集距离布置。

2）中继盒

接收传感器采集的数据并通过通用分组无线服务技术（GPRS）传输到互联网服务器。

3）笔记本 / 平板电脑

通过程序远程接收、查看数据，时时对可疑点作相关运算，准确定位漏点。

如图 3-18 所示，长 100m，*DN*50 的球墨铸铁管道上，在距离 60038 探头 41.46m、60039 探头 58.54m 处准确定位一个漏点。

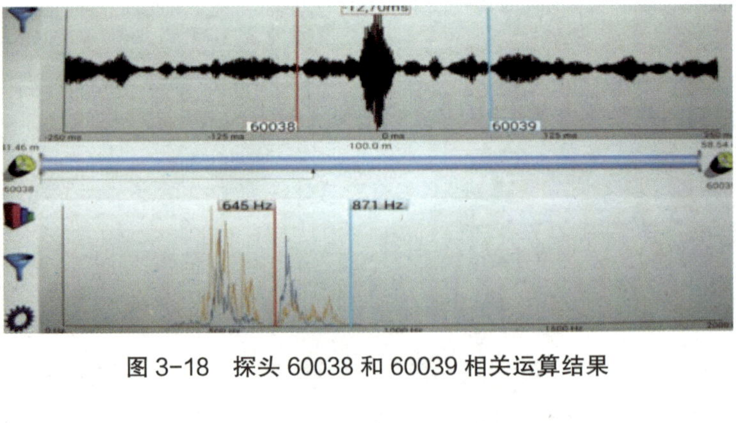

图 3-18　探头 60038 和 60039 相关运算结果

2. 噪声监测云技术在卢森堡的应用

卢森堡位于欧洲，大陆性气候，北纬 49° 36′42″ 、东经 6° 7′48″ 。供水人口 11 万，供水面积 51km^2，日供水量 2 万 t，供水管网长度 248km。该地区丘陵起伏，横跨两个山谷，高差最大达 100m。多数为居民用水、商业用水。

1996 年，卢森堡供水管网漏损极为严重，40% 的漏水皆为明漏，该公司的罗杰·斯凯特先生说道，那时我们就像是被全市居民通报了一样，每个人都知道自来水的服务电话号码，天天有电话打过来，不胜其烦。流量监测和相关测漏技术也未达到预期的目的，罗杰认为，流量和压力管理，因为要开关阀门，使得整个管道压力负荷加大，漏水更为严重。由于有与 FAST 公司的多年合作基础，卢森堡水务最终引进了 FAST 公司的漏水噪声监测技术。

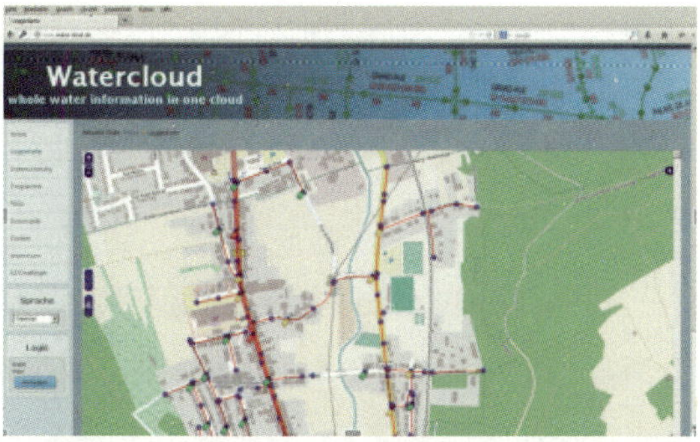

图 3-19　卢森堡供水管网噪声检测仪安装平面图

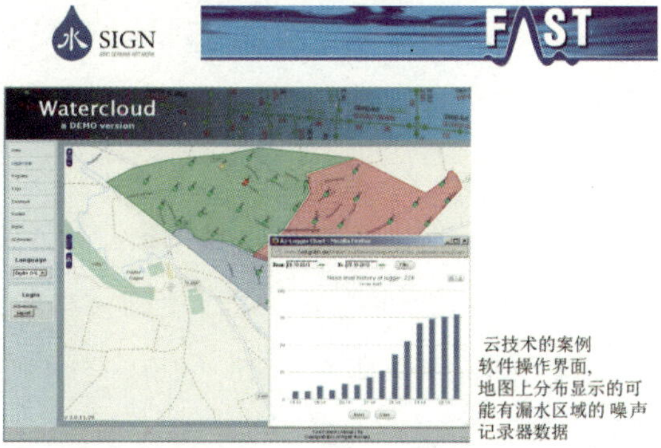

图 3-20　系统分析界面

1996 年，只购置 18 个噪声检测探头，不具备数据发射功能，技术人员只有到现场读取数据后才能作一些相关分析。由于探头数量少，只能做完一个区域再做一个区域，效率较低。2004 年，购置探头 110 个，极大地提高了查漏工作效率。2010 年，供水管网安装了 408 个探头，之后大批量安装，截至 2013 年已安装探头 1400 个，做到整个区域全覆盖。图 3-19 所示为卢森堡供水管网噪声检测仪安装平面图。

随着噪声监控系统的建立，卢森堡水司相应成立了专门的数据分析和指挥部门。数据分析部门根据系统提示，对可疑地区进行分析并指派任务，查找管网漏水效率大大提高。图 3-20 所示为系统分析界面。

1996 年，卢森堡无收益水率达 37%，经过多年努力截至 2013 年无收益水率降至 3.7%。尤其是，2010 年以来，年查修漏水数量增加幅度较大，使无收益水率呈现阶梯式下降。

3.5　压力与泄漏的关系

3.5.1　压力与泄漏

1. 压力与漏失方程

压力对管网泄漏的影响从小孔出流原理已经非常清晰，其中不同的就是管网漏失的刚性漏口符合小孔出流理论，而柔性漏口应进行适当调整与修定。《分区定量》书中给出的压力与泄漏量之间的关系表达式为：

$$L_1=L_0\left(P_1/P_0\right)^N \tag{3-5}$$

式中，P_0 和 L_0 分别代表初始压力和泄漏量，P_1 和 L_1 分别代表初压力改变后的压力和泄漏量，N 一般介于 0.5 ~ 1.5 之间，取决于主要泄漏类型和管材软硬。管网材料混合，N 的平均值通常假定取 1，即泄漏与压力是线性关系。不同的 DMA 由于其特质比较明显，N 值不同，非金属管道，N 接近 1.5，即压力与漏水敏感；金属管道，N 接近 0.5，相对不敏感。

目前，国际上通用的压力与漏水的关系模型为：水漏失量 L 与压力 P 成 n 次方的关系，即：

$$L=P^n \tag{3-6}$$

上述两个公式和意义基本一致，其 n 值解释略有不同，n 的范围为 0.5 ~ 2.5，平均值为 1.15，接近线性关系。对于不同材料的管道及不同的漏点，n 值是不同的，一般认为：非金属管道系统 n 值在 1.25 ~ 1.75 之间；金属管道，当漏失量较小时 n 值一般在 1.0 ~ 1.5 之间，当漏失量较大时（即明漏或爆管），n 值一般在 0.5 ~ 1.0 之间。

2. 压力与漏失管理在鞍山水司的应用

2000 年，鞍山城市供水 45 万 t/ 日，调度室做过压力与夜间最小流量增值的试验并证明全市压力提高 1m，全天水量增加 4%。2014 年日供水 35 万 t，再次对城市供水管网平均增压 10m，全天水量增加 1.2 万 t，增长率为 3.4%。同时，压力管理在总体管网运行中实施区块管理，在满足用户需求的基础上，有效地消除了富余水头。但这些管理主要还是基于经验管理。

2009 年，公司在《产销差评价》项目中做过相关试验。对环山小区进行 24h 模拟漏水试验并检测压力和流量变化，当压力变化在 ±2m 以内时，模拟漏水最大流量为 1 ~ 6 m^3/h，显示压力与漏水量没有明显关系。这一试验证明，当较小区域内，压力变化较小，模拟漏失水量较小时，两者关系不大。这说明，压力管理运用可能存在真空领域。

对深沟寺地区泵站供水区域进行漏失试验，并根据公式（3-6）构造函数如下：

$$Q=CKP^{\alpha} \tag{3-7}$$

式中 C——漏失水量修正系数；

K——非线性方程系数；

Q——物理漏失水量（m^3/h）；

P——二次加压泵站压力（MPa）。

通过六区泵站改变压力并获取流量增加值，经相关及回归计算得六区泵站漏失方程：

$$Q=0.1898P^{3.063} \tag{3-8}$$

根据六区试验，对其他小区试验总结为，不同区域的 C、K 值是不相同的，差异性较大。

3. 夜日因子

管网存在漏失，用户用水规律基本稳定的前提下，压力与流量就存在着变化关系，用水高峰流量增加，压力下降，漏水将减少，漏水量在 24h 中并不是恒定的。因此，提出夜日因子（NDF）概念，通过对获取的夜间最小流量中剥离出来的漏水量进行修正来计算日漏失水量。

$$NDF=\text{日漏水量} \div \text{夜间每小时漏水量}$$

NDF 单位为 h/d，对于市网 24h 全日制供水 DMA 或加压区域，*NDF* 大于 24h/d；重力供水 DMA *NDF* 一般小于 24h/d。

3.5.2　爆管与水锤检测仪

爆管是指供水管网突然发生的管道泄漏事件。现在，水厂多数采用变频技术，除非是较大泄漏，一般供水管道泄漏时压力下降较快，随后逐渐恢复。市场上大多数压力数据采集器不能满足该数值采集频率和辨识精度要求。同时，供水管网压力变化还可由多种因素产生，其规律不一。

1. 供水管网压力变化类型

（1）正水锤：正常开启水门突然关闭，使管道内水压突然上升，随后慢慢恢复正常。

（2）负水锤：正常关闭水门突然开启，使管道内水压突然下降，随后慢慢恢复正常；突然发生漏水，随后压力慢慢恢复。

（3）正负水锤：正常开启水门突然关闭，管道内水压突然上升并产生管道爆管，随后开始下降并低于正常值。

（4）负负水锤：正常关闭水门突然开启，使管道内水压突然下降并使管道塌瘪漏水，之后压力继续下降。

（5）正正水锤：由于水门调整问题，水压始终上升并保持。

2. 水锤检测仪工作性能及处理程序

1）工作性能

每 40ms 采集并保存一次压力数据，数据测量精度 0.01m。

2）处理程序

根据水锤产生类型，发现压力下降水锤类型都包含着管网漏水可能性，因此可根据水锤类型分别制订数据处理程序。

3. 水锤检测仪管网爆管定位原理

1）压力变化等高线法

当管网某点发生爆管，漏点附近压力下降幅度最大，压力恢复时间越长，反之距离漏点越远，压力下降幅度越小，恢复时间越短。根据这一原理，在管网中布置水锤检测仪并读取和分析数据，将与压力变化率相近的布置点连线，形成以漏点为中心的等高线并以明显标记予以显示，压力变化最大的区域便是漏点发生区域。当然，也可以根据压力变化线确定水门突然关闭、开启的范围等。

2）管网平差

通过管网平差与实际监测压力进行比较分析确定漏点。

如果将以上两种方法结合应该能够更加准确地确定漏点。

【案例 9：某市长距离输水管线漏点综合定位】

某市汪家峪水厂向市区输水，日供水量 28 万 t，经水厂加压途径东山过水隧洞进入东山高位水池，由高位水池运行的两条 *DN*1200 输水管线向市区供水，南线经玉佛苑进入湖南泵站加压供水，北线经玉佛苑到烟草公司进入市区，以重力流供水。由于东山过水隧洞到烟草公司之间没有计量表，较难及时掌握漏水情况。2006 年，经水平衡测试确定玉佛苑至烟草公司段有 $3000m^3/d$ 漏水，管线长度 5km，考虑该段管线运行时间较长且听漏效果不佳等原因，公司对该管段进行改造，重新敷设。

2014 年 5 月，地区公司管线稽查部门在例行巡检过程中发现该段路面有清水流淌并报告给相关部门，公司检漏人员沿线听漏没有发现异常。随后派管修所技术人员采取水样送至水质检验中心，水质化验报告显示，疑似自来水，但余氯没有检测出来，无法判定漏水。

6 月，公司计量人员对该段进行水平衡测试，由于管径较大，瞬时流量达 $3000m^3/h$，难以通过上下游量值差予以评判漏水。经计量及检漏人员讨论决定，关闭烟草公司所有下线阀门并确认阀门完全关闭，采取听音杆和流量计两种方法同时确定。在玉佛苑东输水管线上坡处加装超声波便携流量计，测试显示该段有 20 ~ $30m^3/h$ 流量，确定该段漏水确实存在。

检漏人员根据上述结论，从管线的埋深、走向、材质、水压等方面分析发现，该管段以重力流供水，白天压力 0.11MPa，但车流量较大，夜间压力 0.04MPa，是听漏设备盲区，无法定位，需提高该段管网压力。经研究，由市区管网向该段反供水提高压力，由于离其他水源较远，停水面积太大而否定。于是公司管网技术人员查找资料发现，东山过水隧洞标高 78m，东山高位水池标高 68m，烟草公司标高 57m。经有关技术人员反复研究决定，将高位水池进水管关闭，利用东山过水隧洞地势将该段管线压力提高到 21m，满足听漏条件。该方案停水仅为湖南泵站供水区域，影响面积较小。

7 月，公司检漏人员沿线听漏，根据漏水回声显示该段两点声音最强，距离为 7m。产生这种现象主要是因为该段回填土由于某种原因疏松所致，例如：漏水径流等。现场听漏人员核对图纸，并经现场综合判断漏点为新旧管线接点处。开挖后，证明漏点定位准确，经抢修人员维修，该漏水问题解决。

本章小结：

本章主要介绍管网物理漏失的构造和形成原因、漏点定位技术，阐述了压力与泄漏的关系理论。尤其在漏失水量经济效益分析中，提出了查修漏失水量工作应结合供水管网物理漏失回弹现象综合评价，为制订年度考核指标提供依据。

第4章
区域计量管理

1982 年，英国首次提出分区计量作为水务管理的手段，此后逐渐扩展至欧洲、日本、美国等国家和地区。20 世纪 90 年代，我国随着供水行业由计划经济向市场经济转型，国内各个供水公司相继研究企业发展方向和自身管理问题。无收益水这个概念被引进管理中并作为综合评价指标。因此，出厂水计量被广泛重视并完善，同时分区计量概念被引进并得到实施，此后在分区计量基础上进一步提出并完善二级分区计量、小区计量等。上海、广州等大城市于 1997 年开始尝试分区计量，2005 年国内许多水司逐渐推开，2008 年以后供水量 20 万 t/d 以上的城市基本都已经实施，分区计量技术在整个行业得到认可。

4.1 区域计量

4.1.1 区域计量的概念

1. 区域计量

区域计量（District Meter Area），简称 DMA。在城市供水管网系统中某指定永久边界区域的关键部位安装计量仪表记录该区域流量。即，通过截断管段或者关闭管段上阀门的方法将供水管网分成若干个相对独立的区域，并在每个区域的进水管和出水管上安装流量计，从而实现各个区域进入流量和流出流量的检测，有助于及时发现爆管或漏失等问题并加以定位，以便快速修复，减少漏失，通常情况下还可以通过控制一个或是一组 DMA 的水压，使得管网在最优化的压力状态下运行（图 4-1）。

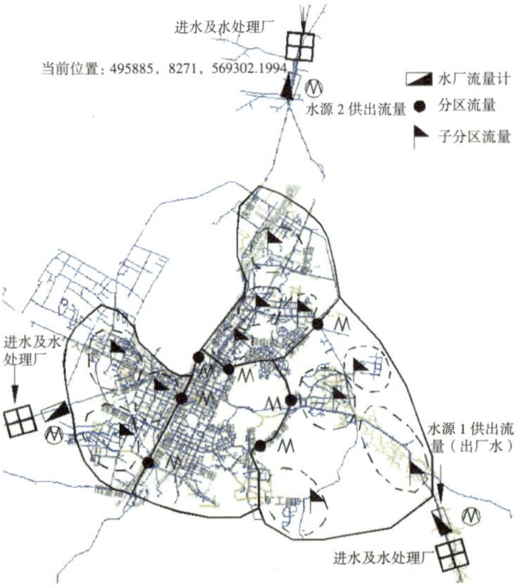

图 4-1　流量分区示意

2. 压力分区

压力分区，（Pressure Management Area）简称 PMA，根据城市的地形和用户对水头的要求，可以将供水管网分成不同的压力分区。从控制漏失的角度也应该考虑压力分区，此种方法是以漏失水量与供水管网中压力之间的正比例关系 $Q_L=Cf(H^n)$ 为理论基础，依据地形高程分布或等水压线分布，将管网分为若干个压力区，通过对所有或部分压力区局部控制，降低整个管网的平均水压，实现减少漏失的目的。

（1）降低现有 DMA 泄漏水量：例如，老虎山水厂投入运行后，大煤场停止转输供水，真理街 *DN*900 压力由原来的 0.21MPa 降至 0.15MPa，高峰期流量由 90m^3/h 下降至 70m^3/h。

（2）降低重复泄漏风险：例如，东矿小区 *DN*300 过道管线修复漏水后，水量由 40m^3/h 降至 32m^3/h。漏水修复前后压力均为 0.2MPa，漏水修复当天夜间测试显示该管段又出现新漏点。

（3）延长管网使用寿命。

4.1.2　区域计量的意义

1. 供水企业年度计划制订与考核的基础

供水企业由于有受地域环境限制、土地资源限制、涉及国计民生等问题，具有公用事业性质，因此形成自然垄断。其市场稳定，与其他企业的生产、销售计量一样按件或其他单位计量，只不过，供水企业的市场预测相对准确。DMA 从广义上讲，包括所有区域性计量，即城市所有水源供水范围计量，因此它是用水市场的记载和量值的传递。

供水计划制订虽然相对稳定，但供水市场还是受到一些因素的影响，例如：地区经济、家庭用水设施及生活水平、水价调整、季节变化、替代品、政策变化等。因此，计划变动实际就是 DMA 运行的记录，其考核也是以此为基础并相应变化的。

2. 计划分解与考核

DMA 合理的设计、建立及完善就是计划分解的基础，只有准确的 DMA 量值，计划部门才能根据不同区域的具体情况（管理、基础设施、人文）分别制订计划。计划执行部门，通常指营业公司，计划继续分解仍然依靠 DMA 管理，即继续划小核算单位，确定执行工作的重心，同时也是计划考核的标准。

3. 建立供水调度系统及供水地理信息系统的基础

供水调度系统（SCADA 系统）、供水地理信息系统（GIS）的建立与运行离不开 DMA 的建立与运行，其是这两个系统运行的眼睛、判断依据，是结果核算的依据。

4. 供水管网漏损控制的主要技术手段

DMA 漏损控制的原理是在一个划定的区域（DMA）利用流量确定泄漏水平。一是对建立的 DMA 小区泄漏水平识别和评价并排列，判断出优先检测的 DMA。二是监测 DMA 流量识别新漏点是否存在。三是通过关闭支线阀门和分段测量缩小漏点搜索区域，为漏点定位提供依据。

目前，关于泄漏程度评价国内外许多专家只是方向性地指出可以通过 24h 供水时段曲线评定，流量的最小值和最大值波动可能是管网泄漏信号，特别是居民小区，这种方法不能直接定量泄漏水平。2009 ~ 2012 年，鞍山市自来水总公司组织实施的《鞍山市供水产销差评价体系研究与实践》(以下简称《产销差评价》)项目中，利用供水曲线时段流量变化首次提出了居民 DMA 漏失判别系数并被张杰院士等项目评审组鉴定为国际先进水平。2013 年，总公司在经济开发区研究的《开发区管网漏失模型研究》项目中，通过居民、非居民用水规律研究并经合成及分解，建立了混合型（居民和非居民共同用水）供水区域漏失模型并提出漏失判别系数及报警，详见 4.5 节案例分析。

5. 时时分析供水市场变化

DMA 设置与运行，是感知用水市场变化的神经元，当用水市场变化时，其某个或多个计量单元（DMA）便会通过流量变化感知水量变化幅度和性质。如果辅以其他参数建立回归方程，则更加精细。例如：某 DMA 夜间流量突然增加值乘以夜日因子后其量值与增加值吻合，则水量变化值为管网漏失或用量均匀的工业生产用户。

4.1.3 区域计量的分类

广义 DMA 包括各级区域计量，也称作分区计量；狭义指计量小区或封闭小区，按 DMA 的作用及管理需要可划分为 2 ~ 5 个等级。

（1）分区计量：称一级计量，在整个城市供水管网系统中，一般根据管理需要在自然行政区域划分的基础上，在水厂（水源）出口及各管理区域连接处加装计量仪表计算各区域水量。同时，一级计量也可以根据当地地理、地貌、城市地标等划分，例如河流、山川、主要街道、标志性建筑物等。是总公司考核各个分公司的主要计量体系，一般在各个分区内设立经营公司。该类 DMA 规模大，日供水量达 5 ~ 10 万 t 以上。多数为大口径计量，计量表精度要求高，安装位置要求标准。

（2）分所计量：称二级计量，根据一级计量原理，在分区计量基础上进一步划小计量区域，是各经营公司考核各管修所的主要计量体系。一般在 DMA 内设立管修所，所内设置维修班、抄收班，分别负责收费和维修工作。分所计量口径较分区计量小，由于它是考核管修所收费及控制无收益水量的基础，因此其计量精度要求较高，安装位置相对标准。

（3）区块计量：称三级计量，是在分所计量基础上对所内供水管网继续划分区域并计量。一般是以进入管修所的供水管线为基本单元，选取一定规模的供水区域分段或划片。区块计量是整体评价某个管理单位管理水平的基础，植入数学模型便能整体、直观地显现出管网漏失分布情况，为查修漏水工作和营业抄收指明方向。同时，它也是预防水量突增突减的第一道预警线。

一般分区、分所计量（一、二级计量）区域内均设有组织机构并管理该区域，以环状管网为主，均为多路供水，因此 DMA 划分主要在供水管路加装具有双向计量性能的计量表。四、五级计量以支状管网为主，单表计量。

区块计量设置于二级和四级之间，是数据链完整的传递环节，环状和支状管网共存。按一、二计量原则划分，DMA 体系数据链完整，但多表计量误差难以量化评价漏损量；同时，多路进出水难以按上下游计量量值递减原则确定无收益水范围。目前，困扰管理者和技术人员的一个问题是，当某段时间某地区水量呈现非季节性周期增长时，该增加量值能具体反映到二级计量范围（管修所）。而增长水量再向下游细分量化不了，且第四级计量并未反映出来。因此，区块计量建立和管理十分关键。

（4）支线及小区计量：称四级计量，在区块计量区域内支状管线进水端加装计量表考核该区域水量，是管修所管理的基本单元。小区计量与分区分所计量主要区别在于只计量供水管线支线区域，没有实施区域内环状管网区域分支（简称环改支）计量及整个区域整体划分。

（5）单元及楼栋计量：称五级计量，国内部分水司的小区计量设置到楼栋单元表，有利于考核售水计量控制账面漏损。

4.1.4 区域计量绩效考核指标体系

1. 考核体系

DMA 考核体系由 8 个数据组成，其中 3 个是派生的，包括供水量、售水量、产销差量、漏损量、实际销售收入、产销差率、漏损率、供水收益率等。这套体系指标反映了水司的综合管理问题，一般应该由两级管理和三个部门组成，即设置系统分析工程师岗位、区域供水管理公司、无收益水控制执行公司等。

2. 三率加权指标

1）区域供水管理绩效（*BP*）

BP= 供水收益指数 × 权重系数 1+ 无收益水控制指数 × 权重系数 2+ 管网漏损控制指数 × 权重系数 3

权重系数主要根据总公司管理要求设定，一般假定权重系数 1、2、3 分别为 0.65、0.2、0.15。

2）供水收益指数

供水收益指数 =（单位供水收入 / 平均单价）× 100

单位供水收入 = 销售收入 / 供水量

3）无收益水控制指数

无收益水控制指数 =（实施前无收益水控制率 – 实施后无收益水控制率）/（实施前无收益水控制率 – 控制目标率）× 100

4）漏损控制指数

漏损控制指数 =（实施前漏损控制率 – 实施后漏损控制率）/（实施前漏损控制率 – 控制目标率）× 100

【案例 10：鞍山水司区域计量建设与发展】

1996 年 5 月，鞍山自来水总公司技术处组织首次全市范围内的水平衡测试。共设计量点 37 处，出厂水计量表 14 块，分区计量表装 23 块便携式超声波流量计，经过连续 48h 测试初步了解市区 3 个自然行政区域用水量。同年 10 月，再次复测 24h。1997 年，总公司根据水平衡测试及时提出《建立分区计量改造方案》。1998 年，分区计量改造完成，安装固定式超声波流量计 16 块，总投资 60 万元。分区计量建立后，使我们清楚地认识到企业当时的运营状况，为坚持区域承包经营，实现责权利统一打下了坚实的基础。2001 年无收益水率较 1999 年下降 7%。

在分区计量体系建立的同时，计量量值传递体系也随之建立，即相对标准表法。标准表每 2 年到国家水大流量计量站校验一次，分区计量表每年春秋二季各在线比对一次。

2002 ~ 2003 年，为进一步剖析无收益水和分解经营任务，充分发挥基层管修所的组织职能，实施全员控制无收益水、人人有责，在分区计量的原理基础上建立了二级区域，即分所计量。分所计量共装表 61 块，投资 90 万元。

分所计量取得一定成绩后，无收益水工作开始停滞不前。有关技术和管理人员开始思考如何进一步划分区域计量，探讨新的控制无收益水方法。于是，以支线管网供水为单元区域的小区计量应运而生，即封闭小区。

随着分区计量体系的运行，随之而来的问题越来越多。截至 2005 年，通过标准表对分区计量体系在线比对结果的反映，有 26.3% 的计量点误差超过 ±5%，个别甚至高达 25% 左右。因此，2005 ~ 2006 年，公司投资 108 万元将在线的国产固定式超声波流量计改造为进口超声波流量计，计量精度有所提高。但运行发现仍然存在整个计量体系不稳的状况，同时各经营公司计量纠纷不断，一度对分区计量的作用产生疑惑。

在总结多年来经验和教训的基础上，在领导和全体技术人员的共同努力下，2009 年适时提出《创新分区计量改造实现产销平衡》的方案。抓住四个主要控制点，以项目分步实施为主线，于 2009 ~ 2011 年将分区计量全部改造完成。

四个控制点主要是：**一是提高仪表精度：**随着技术发展电磁流量计性价比（尤其是小口径）越来越高，而且大口径的仪表精度带来的绝对误差影响因素越来越重要，提高仪表精度势在必行。以国际最先进的技术、质量最可靠的电磁流量计为首选对象；此次改造后，分区计量精度等级由原来的 0.5 级、1.0 级、1.5 级、2.5 级统一提高到 0.2 级（根据产品检验证书，实际精度在 0.07% ~ 0.11%），提高计量精度 1 ~ 4 个等级，见图 4-2。解决了大口径输水管线上下游水平衡测试带来的误差问题、大口径分区计量纠纷问题。**二是计量点整合：**2009 年以前分区计量点多达 29 个，仪表累积误差较大致使分区水量出现不同程度的问题，影响正常的生产经营秩序，同时增加校表、维修、测试等方面工作，工作效率大大降低。计量点整合通过对水厂以及各经营公司之间转供水计量点管网调试并进行技术改造，合并多个相关计量点为 1 个计量点，减少仪表累积误差。经改造分区计量点减少到 22 个。**三是保证仪表运行的计量条件：**管道内水体流态（坡度、直管段）是影响仪表计量的主要因素之一，能引起较大误差（可达 25% 以上）。2009 年 5 月在双头山计量表整合改造设计过程中，将原下坡管道计量仪表段做成下卧的 U 形钢管，管底平直，不随坡下管，低于管底标高 0.5m。同时，在弯管上下游转点处增加排气阀，使过流水量符合流量计检定室要求，解决了多年计量不稳的问题。随之，又对托普、汪峪路等计量点采取措施解决纠纷。**四是建立数据监控系统，保证计量系统稳定运行。**

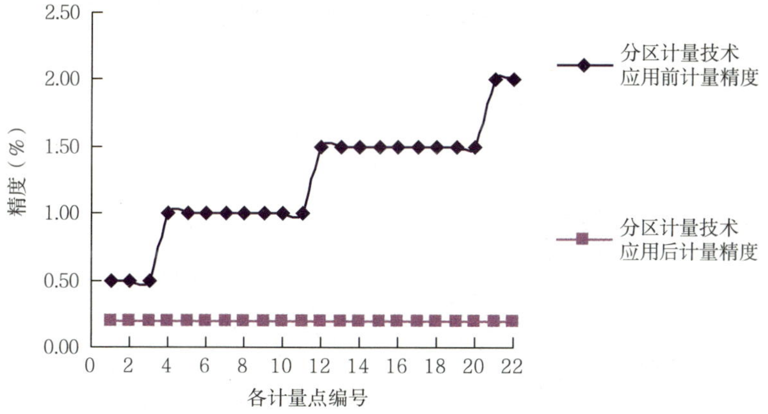

图 4-2　分区计量技术改造前后计量精度分布

分区计量技术改造使原有分区计量精度达到 0.2%，准确测量出各个用水市场用水量，使市场细分成为可能，使公司生产经营走向正轨，使公司年度生产经营计划确定科学化、组织运作规范化、计划实施控制监督合理化，使考核指标真正落到实处。尤其，2010 年 6 月分区计量升级改造基本完成后，总公司计划部门酝酿已久的供销平衡考核制度适时实施并取得较好的经济效果。以往公司计划指标属刚性指标，年初计划下发后，不考虑用水市场变化，年底完成即可。而动态平衡是刚性计划和弹性计划相结合，充分考虑用水市场变化。即在完成年初刚性计划后，根据水量必须完成弹性计划。当市场用水量超过计划时，按 20% 损水率上交超水量计划销售收入。当市场用水量下降并低于计划时，通过降低经营成本和降低损水率来保证计划完成。2010 年 6 月至 2011 年 6 月，在完成刚性计划的基础上实现弹性计划增收 800 万元。供销动态平衡主要得益于分区计量体系的稳定运行，计量体系不稳定，弹性计划就无法实施和考核，甚至刚性计划考核都难以实施。

在分区计量改造的同时，鞍山水司与哈工大联合开发的项目《鞍山市城市供水产销差评价体系研究与实践》中对深沟寺所深入研究第三级计量建设，利用其独特的地理位置和管网布局提出区块划分并实施，通过研究居民用水规律提出区块定量概念，即实现分区计量向分区定量概念转换。可惜的是，当时条件限制只对居民用水区域进行定量管理。2012 年，鞍山水司在经济开发区对混合型用水结构提出漏失报警模型，但由于计算复杂未能全面实施。

2014 年，鞍山水司在铁东公司范围内实施并完成《鞍山市水量预警系统研究与应用》项目，以完善第三计量体系为基础，针对不同区域用水性质建立不同的水量漏失模型，完成了该地区整体性级分区定量工作。同时，铁西公司也对本区域第三级计量体系进行规划并于 2015 年完成。

2015 年，鞍山水司多次到绍兴水司学习考察，已经规划好四、五计量体系，并准备逐步完善。

4.2 区域计量规划与方案

4.2.1 区域计量规划与方案

区域计量是有效控制无收益水的主要方法，其边界划定、区内用水用户、计量表误差是变动的，不同级别的区域计量表数量和计量性能要求也是不同的。供水企业的资金、人力、物力等资源投入有限，需要科学的规划和安排才能发挥较大作用。因此，企业应根据自身的发展目标和资源，科学地制定总体规划和详细的方案并逐步实施。

1. 区域计量目标

（1）通过在供水管网加装流量计，将其划分成多个 DMA，使每一个区域流量时时得到检测，准确计算漏失水量，便于暗漏的识别；

（2）有效地测算区域内用水用户的用水量，考核营业抄收管理；

（3）实施压力管理，使管网在最佳的压力管理下运行。

2. 区域计量规划

1）区域计量体系总体规划

企业应根据无收益水行业标准、行业现状、自身控制水平，总体确定长期的规划目标，分别制订年度目标。同时，根据当地供水市场情况、各级计量体系划分原则总体制定控制范围，计算总体区域计量建设数量和投资，结合企业自有资源制订年度投资计划。

2）区域计量体系计量表的更新改造

根据自身区域计量体系建设现状和未来发展，制定各级区域计量体系计量表的周期轮换或升级改造，保证量值传递的准确性。规划应考虑计量体系的重要性、计量表的在线性能和技术发展、无收益水控制等情况。

3. 区域计量方案

区域计量方案是区域规划的具体设计和详细描绘，具有可实施性。根据预期达到控制无收益水的管理水平，在满足管网优化运行的基础上，根据供水区域划分原则、技术要求确定。

4.2.2　区域计量划分原则

1. 满足供水企业年度计划制订及指标分解

除了较大的生产型企业受到宏观经济影响外，供水市场相对稳定，尤其是居民用水市场。市场预测和供水计划制订基本以历年水量统计为主，而这些数据主要来源于DMA体系。同时，DMA 体系完善、数据链完整是分解计划和指标的基础。因此，DMA 划分首先要满足企业年度计划制订和指标分解。

2. 满足不同的管理需求

供水企业目前管理的总体模式分为产水与售水分离或共同运营模式，但计量体系是完全分开的，管理职责也完全分开，存在不同的管理需求。产水与售水计量分界线为出厂水计量，分区计量是进一步划分营业售水区域的手段。出厂水计量一般设置在水厂出水口，而分区计量相对布置较为灵活。

3. 量值传递的连续性

从 DMA 建设体系及计划分解角度考虑，各级 DMA 划分与建设应注重量值传递问题，即数据链完整。除了考虑 DMA 计量表误差传递，还应该考虑 DMA 逐级划分的覆盖情况。目前，国内水司对此没有完全形成统一意见，笔者建议应逐级全覆盖划分，可能存在一些断管影响水质和总体管网水损，可以通过加装水门随时调整解决。尤其无收益水较高的企业，为了有效控制无收益水量应采取暂时性的措施。

4. 供水管网改造有机结合

城市拆迁扩建、供水企业调度调整、计划性管网改造等将使DMA划分处于动态变化中，因此DMA总体规划应综合考虑上述因素，避免重复建设和浪费问题。

5. 便于计量表选址及安装

如第2章所述，供水计量表准确计量的主要原因在于其运行环境影响，因此计量表选址满足计量表计量性能极为重要。同时，为了减少计量误差合成，应减少计量表数量。

4.2.3 区域计量方案设计考虑的因素

1. 尽量减少计量表

一、二级区域计量划分主要根据行政区域、地理地貌、组织管理幅度等设置。多数城市水源并非为多水源且用水区域均衡，用户在不同时段用水量并非均匀，同时还应该考虑供水安全问题。所以，各个区域之间相互转供水情况必然存在，加设计量表才能满足区域封闭要求。而计量表越多，误差产生的因素越多，在设计区域计量时应尽量减少水源交界面的管线设置，减少计量表。

四、五级计量区域以支线及单元楼为主，一般都实现一块计量表。然而，如上节所述三级计量则存在支状和环状管网共存现象，是水量分解的主要环节，是水量分析的基础。实践表明：三级计量区域内，漏点分布较多，漏水量较大。考虑供水管网运行及水质安全、能耗问题，则采取多表计量，但多表计量误差合成难以辨识漏失水量。而单表计量泄漏测量精度最高，建议三级计量区域划分坚持一块表计量原则，对部分环状管网加装水门隔离，定期将水门关闭确定漏水，查修漏水结束后将水门开启。

2. 考虑用户用水规律

考虑用户用水规律十分必要。居民、商业、办公等用户用水规律性较强，夜间用水量较少或不用，漏失水平评价及漏点定位相对容易，区域划分面积可以适当加大。持续非规律型用户，应缩小区域计量范围，较大用户用水波动难以辨识无效水量，应在其上游加装考核表。

3. 计量区域封闭、独立

区域独立便于评价无收益水管理水平，不受其他区域干扰。

4. 方便漏点定位

支线阀门设计安装完整，增加主线阀门或测流井，管线附属设施维护及时等都能有效地方便漏点定位。

5. 减少管网运行影响

减少边界阀门关闭数量、保持压力平衡，减少能耗、保证水质安全。

6. 满足消防要求

区域划分、计量表的压损、水门关闭等应满足区域消防要求的水量、水压标准。

4.2.4　DMA 规模与经济

DMA 小区建设规模小，使水司一次投资和日常维护费用增加，但管理方便，目标明确，缩短感知和定位漏水时间，节约日常管网运行经费。投资费用是增函数，运行经费是减函数，两个函数的平衡点是理论上确定 DMA 的规模最佳状态。

1. 小规模 DMA 的优点

（1）缩短漏水感知、定位时间。

（2）可识别小流量漏水，容易将漏损控制在更低的水平；实践证明：许多小规模的 DMA 无收益水率达到 0% 以下。

（3）降低定位成本。

2. DMA 规模设计

DMA 设计和建设中，因管网基础结构和压力管理需要，DMA 规模差异较大。英国 DMA 规模由用户数量决定，基本在 500 ~ 3000 户之间。漏水频率高，管网基础条件差的 DMA 小区规模可缩小到 500 户以下。按有关资料介绍，DMA 规模设计按以下原则：

（1）用户数量：5000 ~ 10000 户；水协的一些资料显示为 1000 ~ 3000 户。

（2）管网长度：20 ~ 30km。

（3）供水量：2000 ~ 5000m^3/d。

4.2.5　区域计量参数设置

1. 平均压力估算

DMA 区域内管网高程变化较大，计算管网漏损水量将受到压力影响。因此，估计分区平均压力（AZNP）应是 DMA 小区比较重要的参数。由于夜间用水量较小，压力相对较高，一般以夜间 AZNP 为最佳量值。

（1）DMA 中心区域安装压力表，连续记录近几周数据，确定夜间典型压力；

（2）根据区域内所有用户连接点高程计算平均高程，由 DMA 入口处测得压力总水头减去连接点平均高程即为 AZNP；

（3）已建立管网水力模型并标定的，以区域内用户为权重，加权平均区内各个连接点的高程。

2. 夜日因子估算

假设条件：

（1）夜间最小流量时段的 AZP 压力为 P_{min}；

（2）24h 时段中每个时段内的流量和压力均可知。

根据以上条件假设，夜日因子计算表达式如下：

$$NDF=(P_0/P_{min})^N+(P_1/P_{min})^N+(P_2/P_{min})^N+\cdots+(P_{23}/P_{min})^N \tag{4-1}$$

式中　NDF——夜日因子；

P_i——第 i 时段平均压力；

N——压力与漏失指数，通过式（3-5）和实测数据经计算获得；也可以通过图 4-3 估计取得。

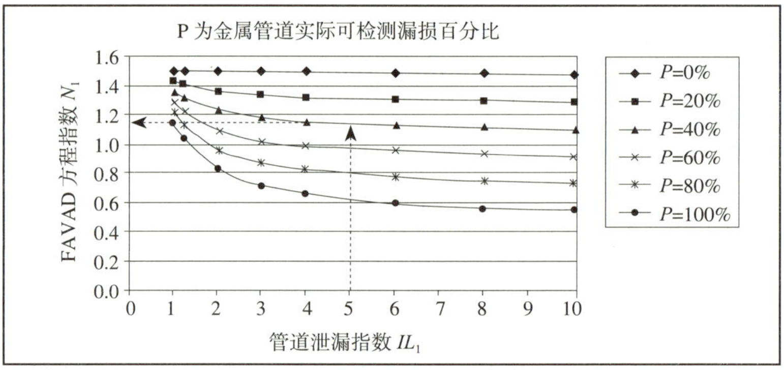

图 4-3　压力与漏失指数 N_1

第一步：估算 DMA 泄漏程度，该表横坐标将 DMA 漏失程度划分为 1 ~ 10 等级，一般按无收益水率估算；

第二步：估计金属管道实际可检测漏损的百分数，一般估算金属管道占管道总长的百分数。

按上述步骤，假设某 DMA 漏失指数为 5、金属管道占比为 60%，则查图 4-3 可知指数 N 为 1.1。图表法简单便捷，主观因素太多，只有在什么资料数据都不清楚的情况下使用。但此图，可以通过测试流量、压力反求漏失指数 N 并用于压力管理，而且该方法应用范围广，适于居民、非居民混合区域漏失判断。

夜日因子主要用于 DMA 漏水估算中，即夜间最小流量分层法剥离合理用水量后乘以该因子便为漏水量，其主要考虑压力对漏水的影响。实践中，一般将夜间压力进行调整，与白天压差变化较小，按 24h 计算满足 DMA 定量要求，不作夜日因子调整。

3. 夜间用户用水量估算

夜间用户用水量是计算区域管网漏失水量的基础，是区域计量管理的主要因素，量值估算详见 1.3 节。

4. 背景漏失计算

1）公式法

根据国际水协的相关规定，DMA 背景漏失按主管道长度、AZNP、连接用户数、私有管道长度（进户管）等因素估算。

2004 年国际水协公布的计算背景漏失水平公式，在管网基础设施良好的情况下，AZNP 为 50m 时，按下列公式计算：

$$背景漏失=IFC\times(0.02\times 主管道长度+1.25\times 连接用户数)+IFC\times 0.033\times 进户管长度\times(AZNP/压力)^{N}+0.25\times 用户件数\times(AZNP/压力)^{N}$$

式中　*IFC*——基础设施状况因子，表示主管道运行状况，取值范围为 1 ~ 4，1 表示状况很好，4 表示状况很差，英国取 2。

N——*AZNP* 修正值，国际上一般取 1.5。

实施分户计量，0.25× 用户件数 ×（*AZNP*/ 压力）不必修正，数值为 0。

实施分户计量，在不同的 *AZNP* 和 *IFC* 情况下不同背景漏失见表 4-1。

不同 *AZNP* 下 DMA 基础设施的用水损失　　表 4-1

AZNP	不同管网条件下的背景泄漏量（单位：L/ 连接点 /h）		
	状况很好	平均状况水平	状况很差
	IFC=1	*IFC*=2	*IFC*=4
20	0.5	0.9	1.6
30	1.0	1.6	3.0
40	1.5	2.5	4.6
50	2.1	3.5	6.4
60	2.8	4.7	8.5
70	3.5	5.9	10.7
80	4.2	7.2	13.0
90	5.1	8.6	15.6

注：假定每 10m 主管道会有一个用户连接点，同时假定每户私有管道平均长度为 12m。

2）背景漏失误区及 DMA 整体统计法

根据背景漏失概念，不否认其客观存在。但，在对夜间漏水分布分析时发现许多 DMA 的夜间流量或漏失量为 0，并不存在背景漏失问题；在一些主管线测试中也有相当数量的管段经闭门证实流量为 0。也就是背景漏失不是均匀分布或普遍存在，因此背景漏失公式适于宏观整体评价。

准确评价背景漏失应该采取 DMA 或水平衡测试法。当供水管网计量区域完整、体系健全时，可以采取 DMA 定量分析法。例如，南方某水司已经建立了五级计量体系，完全可以通过夜间小流量分层法和用户用水性质准确量化背景漏失。在 DMA 不健全的情况下，可采用水平衡测试法，缺点是工作量大。

公式法评价背景漏失，不能清晰地指明背景漏失分布，不能解决背景漏失方向问题。而解决背景漏失的方法主要是管网更新，当然管内探测及机器人修复等方法也在悄然兴起。

5. 售水量

售水量是 DMA 管理的主要指标。统计原则：逐级统计、总量平衡、区域对应、以楼体为单元。在确定区域内，以单体楼为基本统计单元，打破用水性质，保证统计整体平衡。下一级 DMA 统计汇总后与上一级比对，保证总量平衡。

对于可实行数据监控的用户水量可直接对接在营业收费系统中，不能实施数据监控的应按统计户数在营业收费系统中设计程序自动计算产生数据。

【案例 11：某市供水管网背景漏损评价】

某市供水管网背景漏失计算采取“抽样调查—漏点分布”法，对可监控 DMA 漏水量进行评价并作分布分析，以抽样结果代表整体。按中国水协的有关规定，背景漏失为 $1m^3/h$ 以下，根据我司实际状况，作如下假设：

因为某市单点漏水平均值为 $12.5m^3/h$，DMA 测试并估算漏水量可能是单点漏水，也可能是无数个背景漏失组成。背景漏失多数发生在进户管等小流量区域，*DN*50 管道平均漏水量为 $5.8m^3/h$，考虑平均流量以下单点漏水和背景漏水发生概率相等，该地区 $5m^3/h$ 以下漏水作为背景漏失。

2013 年，根据夜间最小流量及用户用水规律，某市城市供水管网漏失 $86000m^3/d$。根据以上假设、可监控 DMA 漏水量分布（详见第 1 章无收益水分布），利用夜流分层计算，30% 的漏失水量不可查修，则背景漏失水量为 $25800m^3/d$，也就是说该市供水量的 7% 为背景漏失，作为无效水量考核指标的理想值。这个数值只考虑到技术可行性，没有考虑到经济控制无收益水问题。

4.3　区域计量实施

4.3.1　准备工作

1. 基础资料建立与完善

应对每个 DMA 详细统计并建立档案，数据是 DMA 工作分析、控制、统计、总结的基础，数据要详尽、准确，其采集、录入、甄别要系统、科学。DMA 基础资料应包括以下内容：

（1）计量表、压力表的参数、位置、类型、功能等；

（2）区内用户情况；

（3）区域管线情况统计及管网图；

（4）压力、流量量值。

2. 管网及附属设施调查与完善

经验表明，多年未解决的无收益水较高的 DMA 具有一个共同的特点，管网及附属设施不完善，主要表现在管网及附属设施位置不清、埋压，造成各种技术手段和设备无法利用。其原因，一方面是其他产权单位交接、管理问题，另一方面是自身巡检、监察也不到位。因此，管理好 DMA 必须完善管网及附属设施。

3. 分析系统建立

DMA 获取相关数据及资料后，应进行整理、分析、核算，甚至建立模型指导 DMA 工作。因此，分析系统建立十分必要。多数企业建立计量监控系统，系统具有分析、监控等功能，随着技术发展每两年升级一次。

4.3.2　边界确认

对已划定的区域边界进行巡检，确定阀门关闭、管线连接情况，对区内用水高峰期最不利点进行压力测试，判断是否满足用户用水压力和水量。夜间关闭区域内所有进线，观测区域内压力点是否为 0，确定是否完全封闭。

4.3.3　计量表选择与安装

按已经审核通过的区域计量设计方案执行。计量表选择的适应性、使用条件、安装要求等详见第 2 章各节。

4.3.4 参数采集分析

区域计量实施后，技术人员应翔实采集区域运行参数并分析。

（1）流量增加的可持续性，是否连续；

（2）用户引起水量变化情况，大用户应安装流量计并实施数据监控；

（3）边界阀门开关情况；

（4）计量表是否准确计量；

（5）压力变化；

（6）泵站运行是否正常，检查泵站出口压力、流量；

（7）统计异常水量的变化规律。例如：某 DMA 以居民用户为主，水量变化具有明显的周期性，用户用水稳定。但每天总有一个时间段，水量由正常的 $60m^3/h$ 增加至 $120m^3/h$，通常持续 20 ~ 40min 左右，通过统计可知多数集中在早 6 点和晚 18 点。计量人员按统计的时间段到现场观察并在上游安装便携式流量计进行考核，排除计量表故障，确定为用户用水。

4.3.5 试运行及调整

区域计量建立后，应试运行一段时间，对计量表运行情况进行评定，发现异常及时分析调整。

4.3.6 验收与移交

（1）新配套区域计量试运行及调整后，应由专人负责组织验收并填写验收单，记录区域自然情况、监控设备资料、运行技术参数并附有区域管网图，验收合格后移交营业管理部门。验收主控指标为管网物理漏失率。

（2）原有管网区域计量建立后，应对技术参数进行复核，对漏失率较高区域组织专人分析原因并处理，满足要求后移交。

4.4 区域计量数据监控系统

分区计量数据监控系统就是运用物联网技术和高端感知仪器，使用通用分组无线服务技术（GPRS）数据传输手段实施在线监测 DMA 区域内流量。通俗讲，就是通过数据采集器将计量表数据采集存储并通过 GPRS 传至服务器，利用计算机网络技术便能随时通过计算机浏览、分析、控制 DMA 流量。

4.4.1 目标体系

（1）高级目标：为实现数字供水、智慧水务提供系统支持；

（2）系统目标：对系统检测的异常信息进行分析处理，提供辅助决策，实现“持续稳定地降低漏损”，保证管网及系统正常运行；

（3）基础目标：及时采集、分析流量、压力、噪声等参数，准确评价无收益水、物理漏失、账面漏失等。

4.4.2 系统结构及特点

1. 系统组成

（1）数据测量系统：流量计、压力仪、噪声仪、温度仪、浊度仪等；

（2）数据采集存储器：与测量设备配套的数据采集终端；

（3）数据传输媒介：电话、有线电视、短波、GMS、GPRS 等；

（4）数据库：中转数据库、ORACLE 数据库等；

（5）用户终端：系统用户、终端用户、系统分析员。

2. 系统功能

（1）数据采集：流量、压力等数据及数据整合；

（2）设备管理：厂商与设备台账、DMA 设备管理、设备与 DMA 分区对应查询、设备使用历史记录、阀门关闭信息维护；

（3）在线监测：GIS 地图在线观测、流量在线监控、压力在线监控、报警、设备运行综览；

（4）派工及检修管理：派工单自动生成、自动生成检修区域图、移动办公、自动生成报告、水平衡简析；

（5）辅助决策：漏水评估、资产分析、水损分析、水平衡分析、区域漏损状态分析、DMA 无收益水分析；

（6）统计报表：派工与维修统计、流量与压力统计、渗漏预警监测统计、漏损与经济效益统计；

（7）系统管理：用户管理、角色构成定义、权限信息定义、用户登录日志、软件日常日志、系统参数设置、报表模板维护。

3. 系统特点

（1）构架特点：基于物联网技术，兼容主流操作系统与各种感知设备；具有很好的扩展性、伸缩性，满足用户个性需求。

（2）操作特点：人机交互界面友好、功能完善、操作简便；查询条件灵活、界面信息提示、数据报表导出方便。

（3）功能特点：自动评估管网漏失水平、多种监控手段、报警、预案等。

4.4.3 区域计量数据监控系统建设与发展

广义上讲，用于控制供水管网无收益水区域计量的方法包括流量监控、压力监控、噪声监控。应用比较广泛的是流量监控，压力监控用于调度较多。但随着科技的发展，PMA 管理及水锤仪检测系统也逐渐应用起来。噪声监控虽然应用较少，但随着物联网技术的发展，其发展前景越来越宽广。

1. 流量监控系统

流量监控，即 DMA。由于无收益水指标以流量为核算单位，因此流量监控研究与应用是最早产生的，已经有近 40 年历史。国内外供水企业广泛应用并有成功案例，理论也比较成熟，是本章主要阐述的内容。从目前的应用结果看，流量监控系统确定管网物理漏失相对准确，但仍有一些问题需要进一步探讨：

（1）区域定量问题，下一节详述；

（2）区块管理的管网供水安全及水质问题；

（3）区域划分的经济性问题，应根据实际情况综合确定。

2. 压力监控系统

压力监控最初用于供水管网调度运行，保证供水区域最不利点水压和水量，随着无收益水问题的深入研究及压力与漏失水量关系的研究逐步深入。目前，国内外常用压力手段为通过阀门总体或局部调整供水压力减少无收益水。同时，PMA 管理研究比较成熟，也较为广泛，但压力管理只能一定程度地减少管网物理漏损，不能彻底查出漏点。

理论上讲，管网中突然产生漏水，漏点处局部管网压力瞬间下降，水厂在变频供水情况下压力将慢慢恢复。如果能监控到瞬间压力变化值，通过计算可以确定漏点半径，再结合流量监控便可以确定漏点位置。但由于压力传感器技术研究相对落后，因此压力漏点定位技术研究与应用相对滞后。目前，生产厂家已经研制出水锤记录仪，能够高精度、高频度地记录压力变化，为研究压力定漏提供了较好的设备。

3. 噪声监控系统

管网漏水产生噪声，通过听漏仪等设备便能够确定漏点位置，目前已经被广泛应用。但噪声漏点定位需要流量监控或压力监控系统缩小漏点定位范围，否则将大大降低工作效率，检漏人员疲于奔走在供水管线上。以往局部噪声监控系统通过布置 LOGGER 人工采集信号并对数据进行处理后到现场听漏定点，效率极低。随着物联网技术的发展，噪声监控可以时时采集数据和进行相关分析，大大提高了效率。但是，由于目前 DMA 监控及漏点人工定位工作模式基本适应管理体制，噪声监控系统相对投资较大，成熟案例不多，噪声监控系统没有广泛开展。

4.4.4　监控系统设备选择

1. 监控设备选择的条件

（1）管径：机械水表管径一般为 300 以下（含 300）；大口径计量表应尽量选择精度较高的电磁流量计，通过提高计量精度减少绝对误差，这里大口径指 *DN*600 以上（含 *DN*600）管径；较小口径可以采用超声波流量计、机械水表等其他类型计量表。

（2）计量量程：不同类型的流量表的计量量程是不同的。应根据实际水量合理选择量程并确定表型。机械表与电磁流量计计量量程见附录表 2，始动流量也是选择计量表的一项指标，尤其是小流量区域。

（3）准确性和重复性：不同的计量表，由于其原理及生产工艺不同，其准确性、重复性也不相同。通常情况下，电磁流量计计量精度 0.2% ~ 0.5%，超声波流量计计量精度 1% ~ 1.5%，机械水表误差高区 2%、误差低区 5%。

（4）双向测量：两水源交界处或其他情况引起的反向流量需计量表具有双向测量功能。一般情况下，普通机械水表反流计量误差较大，数据监控方向不能实现。超声波、电磁流量计具有双向测试功能并误差较小。

（5）水头损失：机械表有水头损失，尤其表内有污物堵塞情况下更大，其量值见附录 2，超声波、电磁流量计无水头损失。

（6）数据通信：流量监控需要累积流量、瞬时流量，数据采集最好采用直读方式获取。一般情况下，超声波、电磁流量计标准配置为脉冲、4 ~ 20mA、HART 协议、频率输出，直读另配；也有的流量计标准配置为直读。普通机械表一般只有脉冲输出。

（7）设备价格与维护：同口径的电磁流量计比普通机械水表价格高很多，但功能全、精度高、维护成本低；电磁流量计价格随着口径增大而增大，超声波流量计价格多数情况下基本不变。通常，不考虑安装费用，*DN*700 以下进口的超声波流量计单价比进口电磁流量计高。

（8）安装环境：各类型计量表的适应性不同，磁场干扰强的地方应选机械水表；管内气泡含量高的地方应该用多普勒式超声波流量计；无市电时安装电池供电式流量计等。

2. 流量计

流量计按计量原理分为速度式、容积式、质量式流量计，计量精度由高到低依次为质量式、容积式、速度式。目前，质量式流量计只研究开发出小口径计量表，价格昂贵；容积式小口径计量表技术成熟，但对水质要求高；大口径容积式计量表对安装要求高，有水损，很少使用。速度流量计最大口径达 3m，技术成熟，在水行业应用较广。常用流量计主要有机械水表、超声波流量计、电磁流量计三种，均属速度式流量计，不同类型及不同品牌的流量计其计量性能是不同的，适应性也不同。

（1）机械水表：*DN*200（含 *DN*200）以下计量表在满足始动流量情况下采用，主要应用于小区计量。

（2）超声波流量计：不同品牌超声波流量计的计量性能差异较大，进口超声波流量计准确性和重复性较国内生产的超声波流量计好；部分流量计存在零点漂移问题，影响计量，尤其小流量计量误差更大。超声波流量计虽然安装方便，但由于计量性能较电磁流量计差，而且安装误差不可避免，因此在水行业内占有的比例逐年减少。

（3）电磁流量计：根据法拉利电磁感应原理，其准确度及重复性在速度式流量计中最高，水流速达 2m/s 以上精度可达 0.2%，0.3 ~ 1m/s 为 0.5%，小流量可控制在 1.0% 以下，零点稳定。由于电磁流量计属管段式，因此在满足安装条件的情况下，操作人员的安装误差可以避免。

3. 压力传感器

压力传感器输出为模拟信号，模拟信号是指信息参数在给定范围内表现为连续的信号，或在一段连续的时间间隔内，其代表信息的特征量可以在任意瞬间呈现为任意数值的信号。通常使用的压力传感器主要是利用压电效应制造而成的，这样的传感器也称为压电传感器。

传统的压力传感器以机械结构型的器件为主，以弹性元件的形变指示压力，但这种结构尺寸大、质量重，不能提供电学输出。随着半导体技术的发展，半导体压力传感器也应运而生。其特点是体积小、质量轻、准确度高、温度特性好，特别是随着 MEMS 技术的发展，半导体传感器向着微型化发展，而且其功耗小、可靠性高。

半导体压电阻抗扩散压力传感器是在薄片表面形成半导体变形压力，通过外力（压力）使薄片变形而产生压电阻抗效果，从而使阻抗的变化转换成电信号。静电容量型压力传感器，是将玻璃的固定极和硅的可动极相对而形成电容，将通过外力（压力）使可动极变形所产生的静电容量的变化转换成电气信号。

传感器的初始误差为偏移量误差、灵敏度误差、线性误差、滞后误差，这四个误差是无法避免的，只能选择高精度的生产设备，利用高新技术来降低这些误差，还可以在出厂的时候进行一定的误差校准。

压力传感器的损坏都是由于其安装位置不恰当而引起的，如果将传感器强行安装在过小的孔或形状不规则的孔中，就有可能造成传感器的振动膜受到冲击而损坏，选择合适的工具加工安装孔，有利于控制安装孔的尺寸。另外，合适的安装扭矩有利于形成良好的密封，为防止这种现象发生，通常在传感器安装之前在其螺纹部分涂抹防脱化合物。

压力传感器一般有两线制、三线制、四线制，也有五线制的。两线制压力传感器比较简单，一根线连接电源正极，另一信号线经过仪器连接到电源负极。三线制压力传感器是在两线制基础上加了一根线，这根线直接连接到电源的负极，较两线制麻烦一点。四线制压力传感器肯定是两个电源输入端，另外两个是信号输出端。四线制的多半是电压输出而不是 4 ~ 20mA 输出，4 ~ 20mA 的叫压力变送器，多数做成两线制的。五线制压力传感器与四线制的相差不大，比较少。

4. 多功能监控仪

多功能漏损检测仪是一套由压力、流量、噪声传感器及数据记录仪组成的一体化检测系统，综合检测管网运行情况。一般情况下，由于各个专业计量器具其性能不同，满足管网测试的能力不同，不一定能满足总体需要，目前国内很少应用。

5. 泄漏噪声自动监测仪

泄漏噪声自动监测仪是一个由多个记录仪（探头）组成的整体化声波接收系统。多台记录仪安装在管网的不同地点，如消火栓、闸阀或暴露管道，按预定时间（如夜间 2：00 ~ 4：00）同时开关机，并统计记录管网的噪声信号，该信号经数字化处理后贮存在记录仪的存储器内并可传输到主机或 PC 机经专业软件进行分析处理，从而查明记录仪附近管道是否存在泄漏。可进行大面积管网漏水监测，为漏水点精定位提供依据。

4.4.5　数据监控系统发展方向

（1）根据科研进展完善自身功能：从全国供水行业发展趋势看，无收益水问题已经揭开，不再是什么秘密，也不是无解的问题，只要各种生产要素合理组合、分配，3 ~ 5 年应当能达到相关标准或规范。随之而来的管网能耗问题将成为主要矛盾。但不管是供水行业的主要矛盾转移还是水司战略转移，计量数据监控系统是必不可少的，其功能随着科技发展和市场要求不断完善。例如：混合型的管网漏失报警及定位、直接量化无收益水系统建立、区域压力模型应用、环改支计量能耗调配、市区管网能耗与水厂供水研究等。

（2）GIS 辅助：GIS 系统的开发与应用是智慧水务的基础，其功能主要是在强大的、准确的数据管理基础上实施动态管理，计量数据监控系统也具有动态性，它将丰富和促进 GIS 的动态管理。

（3）4G 技术：所谓的 4G，即相较于 3G 的移动通信技术而来。3G 目前最大的下行数据传输速度为 384kbps，4G 技术则是前者的 3 ~ 5 倍。4G 提供一个无缝的、以 IP 为基础的高速无线通信环境，使用者在这一网络里进行数据、语音、影像等三合一（Triple Play）的传输。4G 技术将扩大数据储存容量、数据传输速度、高清视频，为实现在线诊断、自动控制等功能提供平台。

（4）在线诊断维修：未来计量数据监控系统的发展方向将是在原有功能基础上通过物联网技术和自动控制技术实现网络诊断甚至维护维修，大大提高工作效率。

（5）控制输出：通过网络给 PLC 指令控制下微机操作，提高自动化程度、提高工作效率。例如，网络指令计量表断电、定期 UPS 充电、加密监测、停电报警、仪表自诊断等。

【案例 12：某市计量数据监控系统功能介绍】

2010 年版计量数据监控系统的功能简介

1）流量数据报表及分析

报表：分区计量点分布图、分区水量核算时时报表、各计量点技术参数时时报表、累计流量报表、原始数据报表、日时段流量报表、月年报表、曲线图等。

分析功能：同时报表、异时报表、双 Y 报表（累计、瞬时流量）、疑点分析。

2）压力数据报表及分析

压力点分布图、压力报表及曲线。

3）报警管理

通过短信、曲线、弹出对话框等方式，对流量点的数据上限、下限、平均值进行报警提示。

4）系统管理

主要分两部分，一是系统公告，记录系统事件并公告；二是系统管理员对系统的管理，包括站点加设、数据修正、界面修改等。

综上，2010 年版计量数据监控系统的主要功能是实现数据储存、报表分析、简单报警、系统内部管理等。没有实现模型分析、自动控制等科学的管理手段。

2012 年版计量数据监控系统升级改造实现的主要功能

1）手机报警

汪峪路、托普等分区计量点配置不间断电源，同时加设继电器等识别市电和直流供电功能。能及时发现流量计电源供电情况，设置报警功能并通过系统第一时间将信息发至管理人员手机。2012 年下半年继续开发其他信息手机报警功能。

2）封闭计量小区查漏报警提示功能

某市已经建立计量数据监控封闭小区 103 个，漏失率大于 30% 的有 89 个。因此，小区管理是科学降差的主要手段。同时，在研究变化系数与漏失率之间的关系时发现两者呈高度相关，基本确定当最大时段流量与最小时段流量比值小于 10 时，漏失率大于 20%。因此，可以通过数据监控系统自动计算，实现封闭计量小区查漏报警提示功能。

3）压力监控

某市供水管网压力检测点 39 个，通过 GPRS 传输到总公司服务器，公司局域网内计算机可以通过组态王软件进行浏览，总公司调度室通过对压力点的检测进行管网运行调度管理。现在，部分地区公司提出应增加压力检测点，同时国内水司也在逐步实施分区分所计量点增设压力点设施，实现远传终端一机多能，投资仅增加压力传感器。因此，压力监控实施有利于提高地区公司的漏控分析能力。

升级系统中将设定压力报表、曲线，同时增加管网图并镶嵌压力分布图。

4）增加无收益水微分方程分析功能

无收益水微分方程主要通过供售水量变化幅度计算、总结和预测城市管网漏失水量控制趋势。经 2010 年深沟寺产销平衡动态验证，科学合理，利于推广。公司准备以管修所为单位，调取或人为输入营业售水量，便可以及时提示该管修所管网漏失水量控制趋势，指导下一步工作。

5）增加小区直接量化无收益水功能

以封闭计量小区为单位，获取营业售水量便直接量化无收益水，确定小区管理方向，同时明确责任。

针对目前公司在装的 3 万块直读远传水表的封闭小区增加量化无收益水考核功能。统一分区计量监控系统和远传水表数据监控系统数据传输接收协议，使远传水表监控数据上传至总公司计量监控系统服务器，然后将各个小区总表数据与分表总和数据进行比较，自动计算小区无收益水（率）。

6）增加上微机数据测试及采集功能

系统升级后，可以通过上微机页面调整数据采集终端指令，对计量表测试所需的参数

（采集时间、定期上传时间等）进行调整，改变以往终端设置不统一的问题。

7）增强原有系统管理功能

增加系统内办公功能、数据比较、计量表电子档案功能等。

4.5 分区定量管理流程

目前，国内水行业对分区计量的认知已达成共识，建设程度不一。无收益水管理较好的企业已经开展分区定量研究，甚至已经实施。分区定量是在分区计量的基础上，如何管理好无收益水的一项科学的管理手段。

4.5.1 分区定量的概念及现状

1. 分区定量的概念

分区定量是对整个供水管网按管理目的，遵循封闭、同级独立原则逐级划分计量单元，在保证数据链完整、准确传递的基础上，通过建立漏失数学模型和售水量统计确定各级区域内无收益水的构成并制订管理措施，有效降低无收益水量。对这个概念的理解应注意以下几点：

1）防止混淆分区计量与分区定量的概念。首次，看到分区定量这个概念，误以为是分区计量的别称，实则不然。虽然两者的目的都是降低无收益水量，但分区计量是分区定量的基础，分区定量是分区计量思想的延续和发展，是较好地发挥分区计量作用的手段。

2）这里提到的分区定量在保证数据链完整、准确传递的基础上，是指相邻两个级别DMA相互包含，即上一级完全被下一级划分，使水量走向完全明晰。

3）分区定量方法：

（1）利用漏失数学模型计算区内漏水量，推算出账面水量；

（2）当用水用户水表全部实施数据监控时，可以时时得到售水量，推算出管网漏水量；

（3）多数水司选择上述两种方法相结合。

2. 分区定量的现状

分区定量实质就是DMA无收益水结构评价，国内已有多家水司对本地区进行整体性评价，第1章已经述及。DMA逐级进行分区定量国内较少，目前国内部分水司在这个方面做得比较完好。（1）新增配套DMA建设、验收、指标、查漏、移交等管理环节科学有序，使管网漏失杜绝在萌芽中；（2）建立以四、五级计量为基础，按线抄表、考核出账，例日及时统计无收益水;（3）根据最小夜流分析水量增加原因并分别发派工作任务单，及时发现和处理爆管漏水和账面损失。

某水司在封闭小区覆盖率达 58% 的情况下，发现多数水量反弹现象只能定位在二级计量区域，再缩小范围只能用水平衡测试，耗时耗力。因此，提出完善第三级计量体系，建立水量预警模型，即三级 DMA 定量。当然，国内还有许多水司针对某个 DMA 进行水平衡测试降低无收益水量，实际就是分区定量理论的研究和准备。

4.5.2 分区定量的管理内容与模型

分区定量实质就是 DMA 无收益水结构评价，针对形成因素提出控制方向、方法、手段等。

1. 分区定量的管理内容

（1）无收益水量、无收益水率；

（2）管网物理漏损量；

（3）账面漏损量；

（4）控制无收益水指标分配。

2. 分区定量的模型

分区定量模型是在掌握用户用水规律的基础上，获得某 DMA 供水量，利用水量分层法或回归分析确定数学模型，植入计量分析系统，经运算对该区域进行无收益水定量评价并报警。

1）居民用水区域定量

居民夜间用水习惯基本相近，水量小、量值稳定、偏差极小。利用这一规律可以建立如下漏失报警模型。

（1）分层法

以取得的最小时段用水量减去用户用水量乘以 24h 或夜日因子得到全天漏水量，除以日供水量则为 DMA 漏失率。

$$Q_{漏}=(Q_{min}-Q_{use})\times 24 \text{或夜日因子} \tag{4-2}$$

$$V_{\rho}=Q_{漏}\div Q_{R}\times 100\% \tag{4-3}$$

式中 $Q_{漏}$——日漏失水量；

Q_{min}——日最小时段供水量；

Q_{use}——日最小时段用水量；

V_{ρ}——漏失率；

Q_R——日供水量。

（2）回归法

选定 0 物理漏损试验区域，区域内设置漏水装置及计量表，获该区域供水量、售水量、模拟漏水量，以时变化系数为基本构造漏失参数，计算其与漏失量、漏失率相关度及回归方程，利用漏失参数进行区域物理漏失报警。

2）非居民区域定量

（1）非持续用水型

非持续用水型用户一般工作用水时间在白天，持续用水 8 ~ 10h，夜间除了值班人员卫生间用水，很少用于其他用处。夜间用水量以每个值班人员按居民每户用水量核算即可。一般用分层法计算区域物理漏损满足管理要求。有漏水的非持续型用户按持续型处理。

（2）持续用水型

均匀持续用水型用户，量值变化不大，夜间用水量按小时平均量估算；持续用水型应安装数据监控系统取得夜间用水量，用分层法计算区域物理漏损。建议有条件的情况下，所有持续用水型用户都进行数据监控。

3）居民及非居民混合用水区域

（1）分层法

方法同上。

（2）水量曲线合成位移法

混合用水区域内，用户用水规律不同，供水曲线由居民用户用水曲线、非居民用水曲线、物理漏失曲线叠加而构成。其用水结构将影响区域内用户用水曲线构成，构造的漏失参数将随之变化。同时，众所周知，区域内物理漏失量越大，用水曲线将随之上移，构造的漏失参数将随之变化。因此，在取得区域售水曲线及用水结构的基础上，采取敏感分析或回归方程方法，利用漏失参数定量某一区域的物理漏失水量。

【案例 13：居民用水区域漏失报警模型研究】

1. 试验小区及准备工作

选定深沟寺一区环山民用住宅小区八栋楼做试验，环山小区 2004 年进户，属于新建小区，管网相对维护较好，小区采用远传水表出户安装方式，便于抄读及复核水量。其供水管网布置见图 4-4。

漏失试验过程：在小区 *DN*100 配水管网上的地下式双口消火栓改装出口接合器，接

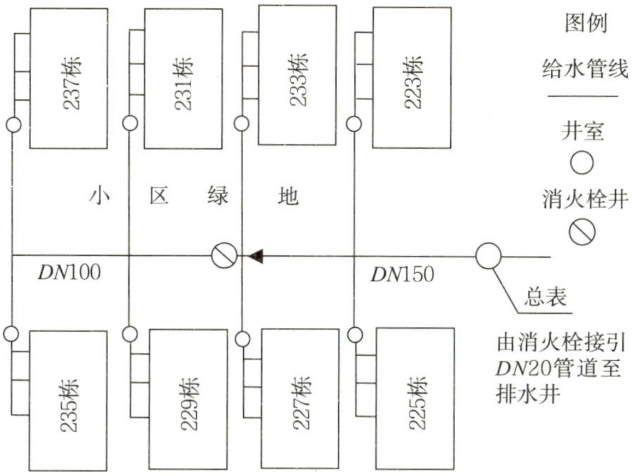

图 4-4　环山小区流量测试示意图

合器安装压力变送器及采集器，定时进行压力数据传送；另一出口安装 *DN*25PPR 塑料管 12m，*DN*20 脉冲式水表一块，*DN*25 球阀一个，定时进行流量数据传送。总表改为东芝电磁流量计，压力监测点设置在距总表配水管网高差为 1.53m 的小区物业门卫洗手间，配置压力变送器及采集器定时向公司网络信息平台传递信息。

2. 模型测试条件

模型是在测试小区试验期间认定无漏失的前提下进行的。图 4-5 所示为测试前 5 月下旬至 6 月初环山小区水量测试及漏失试验数据统计。

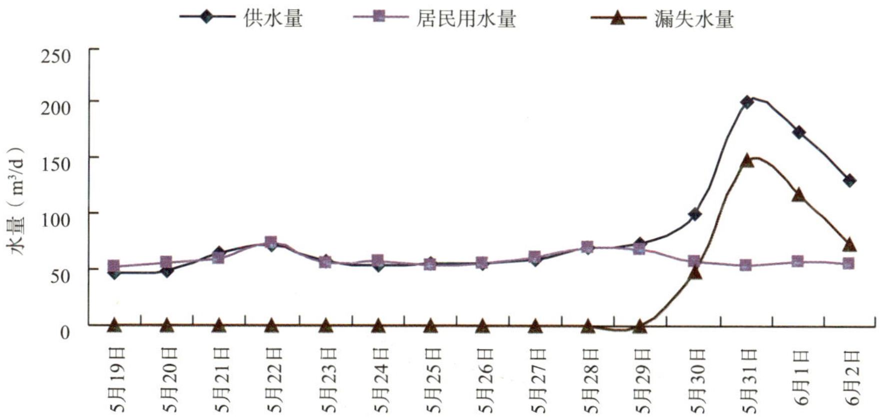

图 4-5　测试前测试中小区水量变化曲线图

由图 4-5 可知，居民用水量平稳，变化幅度不大，试验前，供售水量趋于一致，偏差微小；总、分表绝对偏差 4.22%；夜间居民用水量为 1.0 ± 0.2L/cap。模拟漏水后，漏水曲线与供水曲线平行，相关度较高，说明售水量稳定情况下，供水量的变化主要由漏水量所致。

3. 模型建立

1）漏失水量与漏失点水压关系

图 4-6 所示为 6 月 2 日环山小区测试点水压与试验漏失水量关系。用皮尔逊（Pearson）相关理论判别，其相关系数很小（R=-0.02），或者说不相关。压力期望值 0.3636MPa，偏差 0.0124MPa，变化幅度 3.4%。

在此条件下，供水管网破口断面恒定，水压极限偏差不大于 0.052MPa，认为漏失水量与漏点水压变化无关或关联很小，即：$Q_L \neq C \cdot f(H^{\alpha}) \rightarrow Const$。

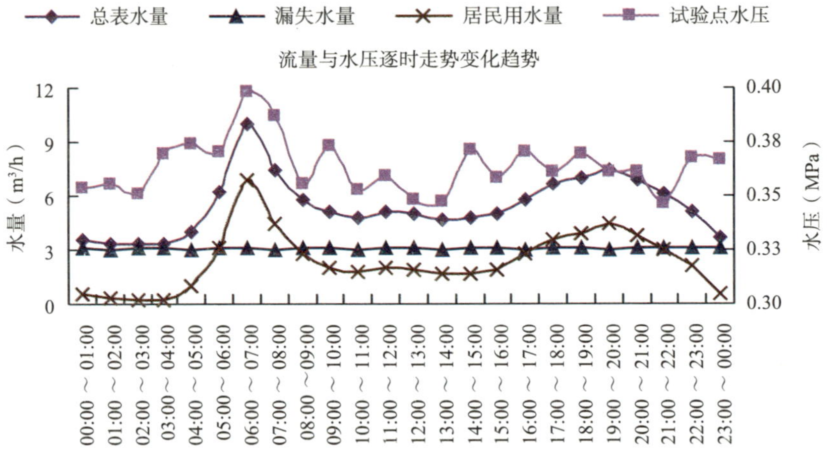

图 4-6　漏失水量与漏失点水压关系

2）漏失判别系数与流量的关系

对供水曲线观测数据进行相关分组处理之后得到 $\Delta K \propto Q_i$，即所有流量，全部正向高度相关，见图 4-7，这也进一步说明其作为漏失判别系数的物理应用含义。

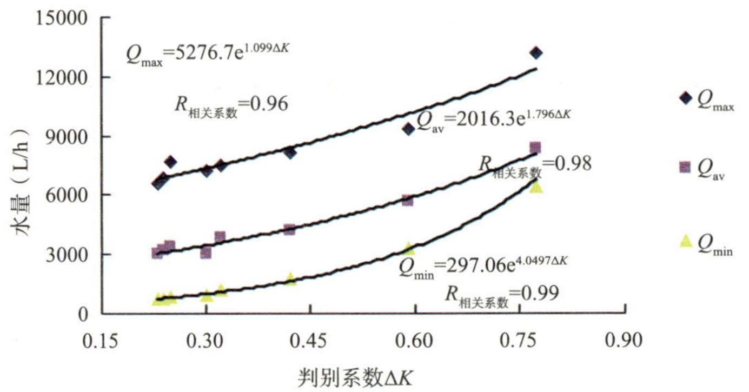

图 4-7　判别系数与日特征流量关系

判别系数与日特征流量的密切程度依次为最小流量、平均流量、最大流量。

3）ΔK 与漏失率和漏失水量的数学模型

图 4-8 所示为漏失判别系数与漏失率和漏失水量函数关系，同样为正向高度相关。

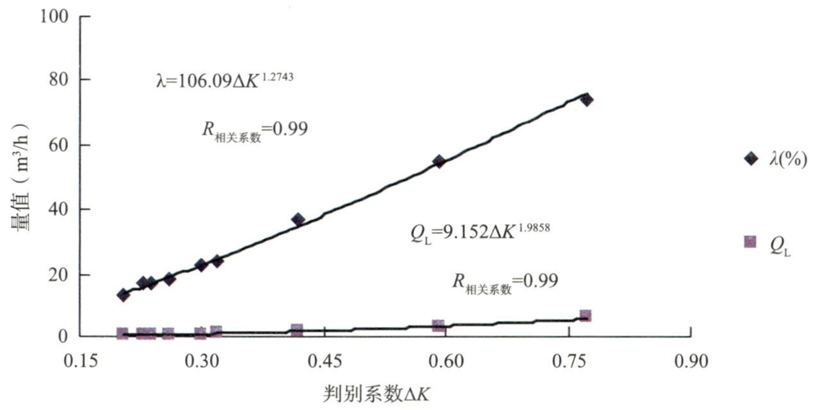

图 4-8　漏失判别系数与漏失率和漏失水量关系

4）漏失警戒值确定

根据数学模型及管网漏失水量计算得：当 $0.18<\Delta K<0.2052$ 时，设定供水管网系统存有漏失，漏失率应在 $11.93\%<\lambda<14.10\%$ 之间，小于 15%，量值小于中华人民共和国行业标准《城市供水管网漏损控制及评定标准》CJJ 92—2016 国家标准，是供水企业能够接受的。当 $\Delta K=0.216$ 时，$\lambda=15.05\%$，大于国家标准，必须进行查漏并维护。

5）计量系统漏失报警建立

将居民封闭小区用水时段水量通过通用分组无线服务技术储存在总公司服务器，嵌套在分区计量系统中。经计算，对各个小区设置报警功能，提高工作效率。图 4-9 所示为鞍山 DMA 漏失报警自动统计表。

序号	部门	$K_L<0.19$	$0.19\leqslant K_L<0.22$	$0.22\leqslant K_L<0.5$	$K_L\geqslant 0.5$
1	总公司管网	12	0	5	3
2	分所计量	6	3	2	2
3	压力点	4	0	0	0
4	封闭小区	84	1	23	4
5	大用户	20	0	0	0
6	铁东公司	126	4	30	9
7	合计	126	4	30	9

图 4-9　鞍山 DMA 漏失报警统计表

【案例 14：混合型用水区域漏失报警模型研究】

目前，国外一些发达国家由于管网漏失率控制较好，对无收益水的构成研究相对成熟，一些资料显示部分欧洲国家相继提出以日时变化系数来总体评价整个城市的管网漏失水平，其数学模型粗糙。2009 ~ 2012 年，由鞍山自来水公司和哈尔滨工业大学合作研究的

《鞍山市城市供水产销差评价体系研究与实践》项目中，首次提出了居民封闭小区漏失报警模型。但鞍山市区含非居民用户的管网漏失报警模型并没有开展研究。2012 年，委托省科技信息站查找相关资料，结果表明国内外无该项目研究资料。该项目的研究能总体评价城市管网漏失水平并报警，初步揭开供水曲线的构成，预测水量变化规律，完善企业基础工作，提高管理科技含量，研究成果如下。

1. 总表计量问题解决

年初，开发区公司根据项目安排进行初步测试发现，水厂出水总表与地区实际消耗水量极不匹配。测试中，我们发现流量计信号时强时弱，管内滚水声音较大，水厂水泵轴封干燥不滴水。种种迹象表明总表计量位置处，管内存在大量气泡影响计量。

经项目组反复研究决定，在水泵来水端（吸水管）修建计量井室，安装流量计，躲开气源进行在线比对。实验表明，气泡含量影响计量误差达 15% 左右。问题确定后，6 月 28 日对水泵进行修理，水量由 380m^3/h 降至 320m^3/h，效果显著。

2. 用户用水特征

1）居民用水曲线及特征

（1）双峰性：与 2011 年进行的 24h 居民用水曲线测试结果基本相同，即具有双峰性，有早晚 2 个高峰时段，见图 4-10。

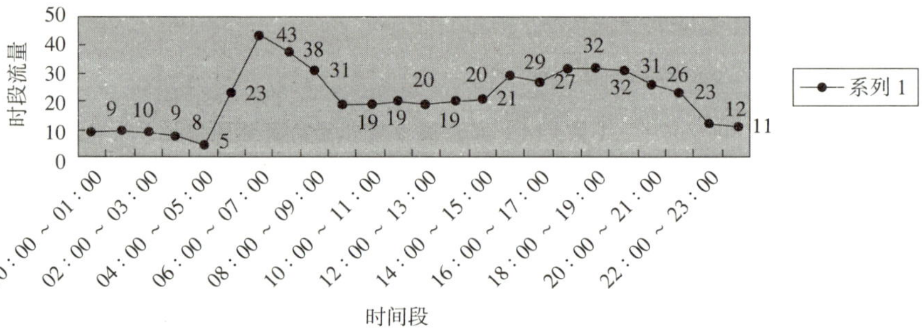

图 4-10　二区居民用水曲线图

（2）峰值比 K_L（暂命名）：

峰值比主要是用于定性居民及非居民用户曲线特征的一个设想参数，暂时定义为最高时段用水量与 11：00 ~ 13：00 平均水量的比值。开发区测试比值为 2.13。

（3）曲线特征：

最高用水时段及用水量：6：00 ~ 7：00；15.01L/（h · cap），处于市区居民用水量下限。

最低用水时段及用水量：2：00 ~ 3：00；0.76L/（h · cap），略低于市区居民夜间用水量。

晚高峰用水时段及用水量：18:00 ~ 19:00；11.83L /（h · cap），处于市区居民用水量下限。

（4）时变化系数 K_1=2.06，包含在鞍山居民实测变化系数范围内，鞍山为 2.47 ± 0.49。

（5）漏失判别系数 ΔK=0.06。

2）非居民用水曲线及特征

（1）单峰性：与居民用水曲线比较，非居民用水具有单峰性。在不考虑生产用水的情况下，生产生活用水使用时间为 9h（规范多数为 8 ~ 10h），其平均用水量分别为 41 ± 5.4m^3/h（三区）、49 ± 8.7m^3/h（一区）、29 ± 5.1m^3/h（二区），数值变化较小，可视为其具有单峰性，见图 4-11。

（2）峰值比 K_L：一区峰值比为 1.11、二区峰值比为 1.17、三区峰值比为 1.21；三个区域综合峰值比为 1.10，较居民用水差值较大，具有明显特征。

（3）曲线特征：

最高用水时段及用水量：8:00 ~ 9:00；52m^3/h（三区）、65 m^3/h（一区）、36m^3/h（二区）。

最低用水时段及用水量相对变化较大：

一区：22：00 ~ 23：00，6m^3/h；

二区：4：00 ~ 5：00，2m^3/h；

三区：21：00 ~ 22：00，6m^3/h。

（4）时变化系数 K_1：

一区：2.03；二区 2.31；三区 2.24；综合为 2.04。根据规范，处于综合企业、生产企业为主的范围内。

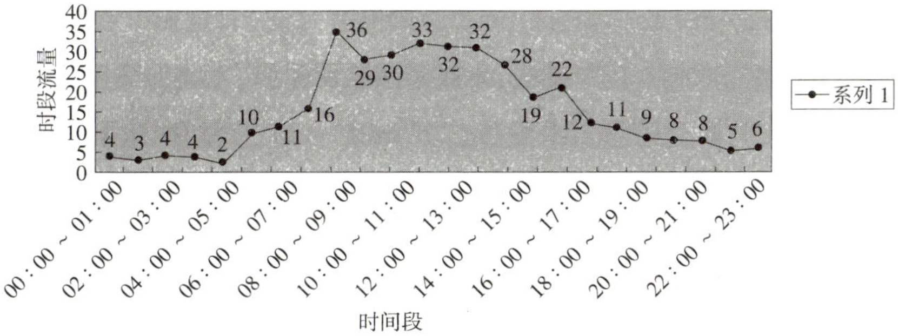

图 4-11　二区非居民用水曲线图

3. 漏失参数确定

综合供水曲线是将居民和非居民供水曲线叠加，表现出居民及非居民共同作用性质，既有双峰型又有平峰趋势。因此，在已知开发区居民和非居民供水比例 K_B 的情况下，通过测试求得参数，见表 4-2、表 4-3。

参数测定表　　表 4-2

	一区	二区	三区	开发区
用水比例 K_B	0	1：1	1：2	1：2
漏失为 0 时的 K_L	1.17	1.32	1.22	1.23
含漏失 K_L	1.16	1.29	—	1.22
漏失率	13.52%	13.46%	—	9.8%

模拟漏水试验 K_L 测定表　　表 4-3

二区		三区		开发区	
漏失率（%）	K_L	漏失率（%）	K_L	漏失率（%）	K_L
0	1.32	0	1.22	0	1.23
13	1.29	5	1.21	10	1.22
18	1.28	10	1.21	12	1.21
22	1.27	14	1.20	15	1.21
26	1.26	—	—	18	1.20

开发区模拟漏失水量的漏失率 λ 与漏失系数 K_L 之间相关系数为 –0.95，相关性较强。因此，该数据将极好地表示管网综合漏失并评价。根据参数散点图建立漏失率 λ 与漏失系数 KB 方程如下：

$$y=-5.77x+7.11 \qquad R=0.93 \tag{4-4}$$

$$y=4.77-1.92x-1.58x^2 \qquad R=0.89 \tag{4-5}$$

因此，选方程 $y=-5.77x+7.11$ 为 λ 与 K_L 的回归方程。根据方程，并设漏失率为 25%，计算 K_L 为 1.189。

4. 总分表差值

总分表差值见表 4-4。

开发区 DMA 总分表差值表　　表 4-4

单位性质	供水量（m^3/ 年）	售水量（m^3/ 年）	差值（m^3/ 年）	差率（%）
一区居民	9750	10356	–606	–6.22
一区非居民	13110	11967	1143	8.72
二区居民	12630	13136	–506	–4.01
二区非居民	11220	11517	–297	–2.65
三区非居民	23010	16456	6554	28.48
合计	69720	63432	6288	9.02

对表 4-4 分析如下：开发区 2013 年 10 月总体无收益水率达 9.02%（不含转供水）；除了三区非居民用户无收益水率较大外，其他各区差值不大，存在 3 个负区，存在计量表误差问题。但总体差值为 0，说明产销平衡，步入良性循环；三区非居民用户无收益水率值较高，平均每天差 211m^3，即 8.8m^3/h。经 4 次夜间流量测试发现，在凯信工程至电路板厂段约 120m 管线内，有 3d 夜间存在 8m^3/h 水量，第三次测试中关闭凯信阀门，水量变为 1m^3/h，再开门水量变化不大，第四次测试时，该段变化不大。现在密切注视该段流量，彻底清查该段管线。

4.5.3　分区定量运行管理流程

1. 目标确定及考虑的因素

（1）改善供水服务水平，提高供水的可靠性、安全性；

（2）减低漏损，节约水资源；

（3）降低制水成本和运行成本；

（4）维持低漏水平；

（5）结合本地区实际能力和情况。

综上因素，区域定量总体及长远目标应根据国际水协、国家水协有关行业规定，结合本企业实际制订。四级以下计量区域应低于行业标准。

2. DMA 物理漏损查修次序确定

根据区域定量方法核算出 DMA 物理漏失水量后，应根据漏损程度确定检修次序，主要按以下几种方式考虑：

（1）漏失率：根据 DMA 漏失率高低首批初选。

（2）低压供水区域：个别 DMA 由于漏水严重已经影响到人民群众正常生活用水，这样的区域应首先解决。

（3）R 值排序法：DMA 具有以下特点，可以考虑 R 值法：

DMA 边际收益差别明显；边际收益是节约 1m^3 水所获收益。

每个 DMA 泄漏上升速率相似。

$$R=\text{边际收益}\times\text{超量泄漏}\div\text{用户数}$$

首选比值高者检漏。

（4）单位管长漏失水量法：通过计量表和一些方法计算 DMA 漏失水量并除以区域内管网长度，然后各个 DMA 比值比较并按大小排列，数值大的应先处理。

3. DMA 账面漏损确定

确定区域物理漏损后，应及时统计无收益水，两者差值高于某一量值（例如总分表差等）时，将视为账面漏损并根据排列次序予以安排核查。

4. 漏损确定

无论物理漏损还是账面漏损，DMA 漏失水量核定并列入计划管理后，对供水面积较大的区域应采取方法缩小漏点定位区域，一般应缩小至某一支线区域。

对管网及附属设施健全的 DMA，应采取关门测量方法确定漏水区域，一般在流量比较稳定的时段进行测试，例如凌晨 0 ~ 4 时。测试时应确保计量表准确，尤其小流量计量的准确性，还要保证了解每个阀门关闭情况，必要时用定音设备、流量计进行校核，也可以采用夜查三井的方法确定漏水区域。管网及附属设施不健全或位置不清的 DMA，应先确定管网及附属设施并恢复其功能。确因某种情况，无法找到这些管线和附属设施的，应挖探坑，有条件的加装附属设施，创造测试条件。

5. 漏点定位

物理漏损，应根据测试划定区域用检漏仪进行定位。有条件的情况下，对管线密集区域可以采用地毯式查漏。账面漏损可采取用户计量表在线或离线检定，无计量管线采取闭水试验等。

4.6 DMA 降漏的技术手段

DMA 及分区定量是降低无收益水量的基本技术和管理手段。除此之外，在其基础上还可以借助其他许多技术手段，经过几年研究与实践，借鉴国内外先进技术和方法，总结出了以下几种有效的技术措施。

4.6.1 压力控制

众所周知，压力与管网漏水量接近直线关系，因此控制压力是控制管网漏损最直接、最简单的方法。DMA 背景漏失，由于漏点分散、量小，不宜定位，反复维修等特点，应采取降压措施；例如：*DN*200 双头山西 DMA，加装减压阀后，压力由 0.43MPa 降至 0.33MPa，日减少水量 161m^3。

压力控制管理步骤如下：

（1）对每个 DMA 各个远端点进行压力测试并绘制压力分布图，测量时间集中在固定时间段；

（2）根据测试数据分析，对压差较大管段进行复测或测流；

（3）数据保留存档；

（4）各个 DMA 远端点进行压力二次周期测试并与保留数据对比，寻找差异；

（5）问题 DMA 降压处理，主要有水门调节、加装减压阀等。

【案例 15：双头山 *DN*200 时段压力调控管理】

双头山西 *DN*200 区域由双头山水池 *DN*200 管线重力流供水，该区域平均压力较高，背景漏失水量较大，地势高差较大，漏失水量较难控制。为了降低管网漏失水量、节约能源，根据实际情况，拟选用减压阀并实施时段压力调控手段达到科学降漏。

1. 试验区域概况

环山西 *DN*200 小区日均供水量 1700m^3，供水户数 4600 户；统计无收益水率 65.5%，实测漏失水量 1056m^3/d。区域管网示意图见图 4-12。

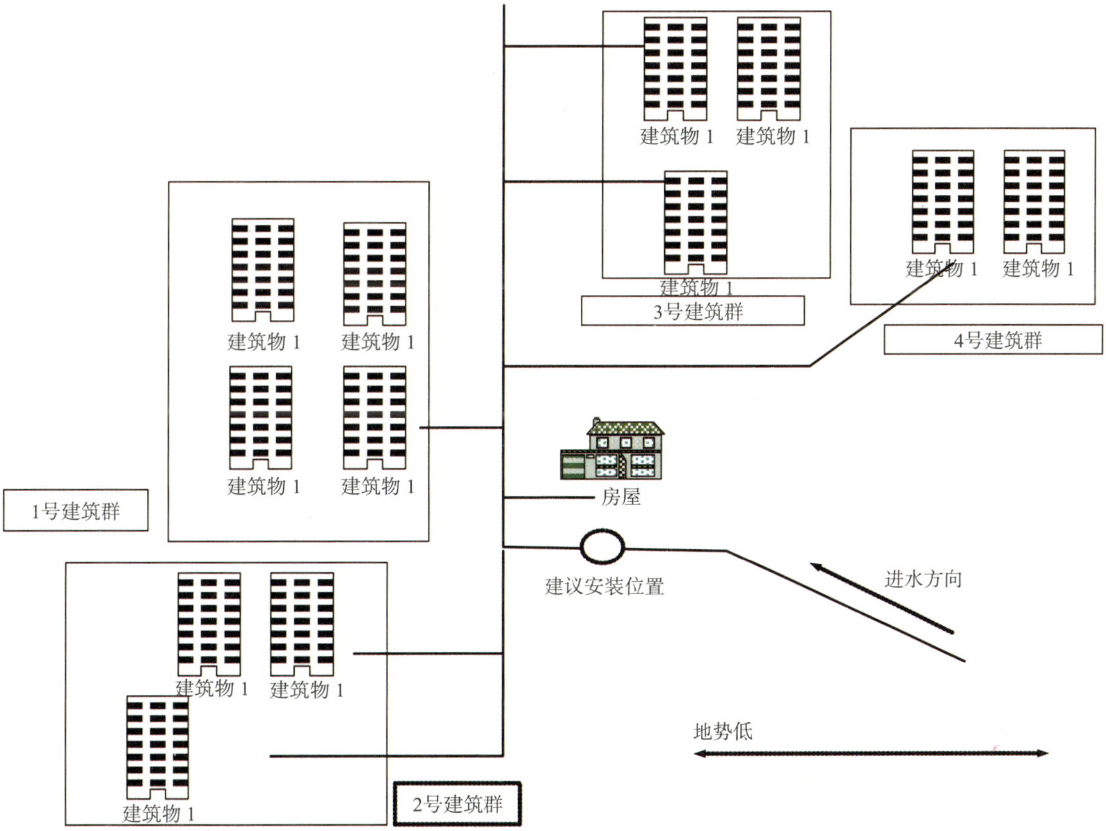

图 4-12　鞍山环山西 *DN*200 供水管网示意图

该区域采用重力流供水，地势为东高西低，双头山水池顶标高为 101m，水池运行水位 98.5 ~ 100m 之间，主线入口地势标高为 53m，最不利点 64m，最低点位 44m。压力测试结果见表 4-5。

环山西 *DN*200 小区地面标高及水压　　表 4-5

地点	平均地势高度	平均水压
1 号建筑群	44m	52m
2 号建筑群	48m	48m
3 号建筑群	49m	47m
4 号建筑群	64m	32m
入口位置	53m	43m

2. 漏失率判定

根据某市计量系统提供的该区数据绘制供水曲线，见图 4-13。

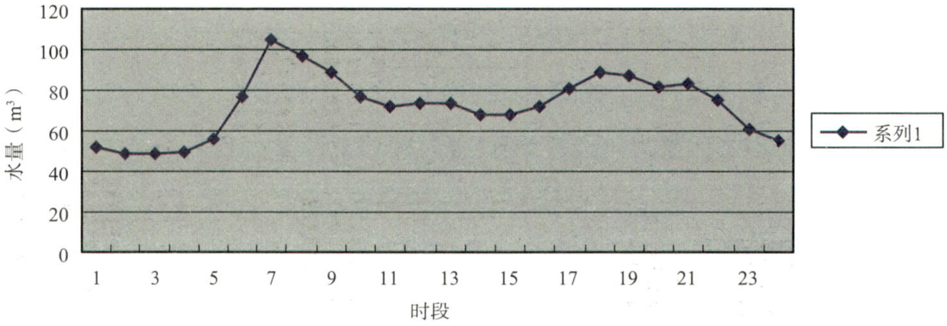

图 4-13　2013 年 5 月 21 日双头山西 *DN*200 供水曲线

图 4-13 所示曲线具有明显的双峰性，应判断以居民供水为主。

根据 2012 年《鞍山市城市供水产销差评价体系研究与实践》中的居民用水漏失判别公式，其漏失报警系数为 KL=0.67，经计算漏失率为 63.7%。

3. 技术方案

由表 4-5 所示数据可以判定，由于 4 号建筑群区域所在位置地势偏高，平均压力值最低，可以作为此项工作的压力关键点，即压力最不利点。图 4-14 所示为压力关键点的监测数据曲线图。

该供水区域为小区居民用水，因此小区的用水具有稳定的规律，由图 4-14 所示数据可知，压力关键点的供水压力有以下特征：

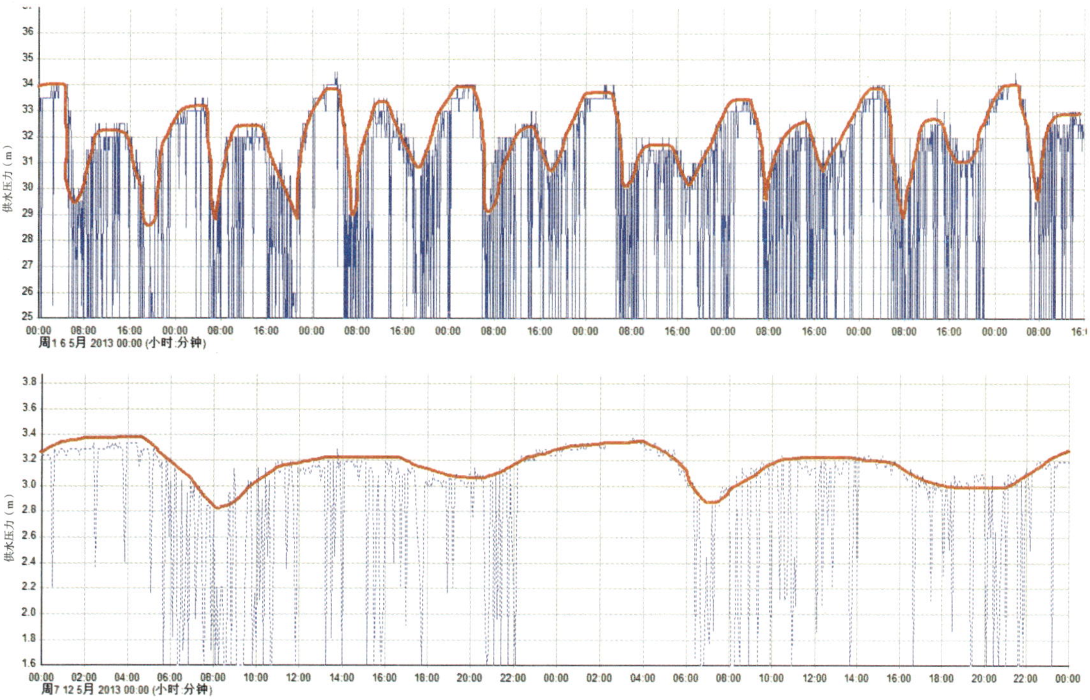

图 4-14　压力关键点的监测数据曲线图

（1）22 时～次日 5 时，供水压力比较平稳，维持在 34m 左右。

（2）5 时～ 10 时，供水压力出现早高峰用水趋势，压力快速下降，最低压力值出现在 8 时左右，为约 28m。

（3）10 时～ 16 时，供水压力回升，维持在 32m 左右，比较平稳。

（4）16 时～ 22 时，供水出现晚高峰，压力下降，维持在 30m 左右。

该小区具有一定的压力调节空间，可安装减压阀及减压阀控制器，并根据小区压力规律进行时间模式压力调节。初步时间模式压力调节时段：

（1）22 时～次日 5 时，入口压力控制在 33m。

（2）5 时～ 10 时，入口压力控制为 38m。

（3）10 时～ 16 时，入口压力控制为 35m。

（4）16 时～ 22 时，入口压力控制为 37m。

4. 实施方案

方案一：

安装减压阀，通过压力调节器及压力传感器使关键点压力平衡在最低点，达到减少漏失水量的目的。优、缺点如下：

（1）时段调节压力稳定，具有稳定压力的作用；

（2）从设备构造看，较电动门抗水力冲击能力强；

（3）冬季导流管需采取防冻措施。

方案二：

安装可调防水电动阀，通过压力调节器及远端压力传感器控制关键点压力，达到减少漏失水量的目的。优、缺点如下：

（1）阀后调节压力随过水量变化而变化，适用于管网用水量变化较大的调度运行中；如果用水量变化不大，规律性强，需加密压力调整时段。

（2）从设备构造看，较减压阀抗水力冲击能力差。

5. 漏控水量预测及经济效益分析

根据深沟寺 PMA 小区压力曲线测试得到的压力与漏失水量方程 $Q=0.1898P^{1.263}$ 得压力为 43m 时，漏失量为 22m^3/h，压力下降至 33m，漏失量为 16m^3/h，漏失水量减少 6m^3/h。而实测环山小区为压力 43m 时，漏失量为 44m^3/h，因此假设为直线关系，其漏失量减少为 12m^3/h。但实际压力与漏失曲线为指数函数，因此该算法为漏失减少最少水量。以此类推，经压力调整，日可以减少水量 128m^3。如按以往压力调整供水量减少经验值为 –4%/Δ1m 估算，经压力调整日可以减少水量 315m^3。

方案一（经济效益预测）：

设备材料购置：减压阀 2.6 万元，压力调节器及压力传感器 4.5 万元。

减压阀安装：0.5 万元。

项目总投资：7.6 万元。

预测节约水量 4.7 万～ 11.5 万 t/ 年，节约成本每年 1.8 万～ 15.4 万元。

方案二：

设备材料购置：电动阀 3.5 万元，压力调节器及压力传感器 2.5 万元；

电动阀安装：0.5 万元。

项目总投资：6.5 万元。

项目投资 6.5 万元，预测节约水量 4.7 万～ 11.5 万 t/ 年，节约成本每年 2.9 万～ 16.5 万元。

6. 方案实施步骤

管网入口处安装压力减压阀、减压阀控制器以及管道式流量计（利用原表）。关键点安装压力远传监测仪。

确认时段压力调节方案。

实施时间压力调节，分析流量数据，比较最小夜间流量变化。

计算时间压力调节后水量变化量。

7. 方案实施

2014年8月22日由技术处组织二泵公司进行断管加装减压阀，技术人员初步整体调压，将减压阀出口压力由原来的45m降至35m。运行2周后根据最不利点压力反馈量值通过网络进行时段调压，运行1周再次调压。

1）初始压力调整

减压阀安装后，技术人员暂时将阀体出口压力整体由原来的45m降至35m，阀体进出口压力曲线见图4-15。

图 4-15　阀体进出口压力曲线

由图4-15知，由于减压阀的入口压力与出口压力的压差小于1.5kg，因此出口压力无法保证为稳定压力值，由图4-15可以看到减压阀的出口压力随着入口压力的变化而变化。

出口压力平均值：

0点到4点为用水低峰期，压力值稳定在36m左右。

4点到8点为用水高峰期，压力值在32m左右。

8点到24点为用水平峰期，压力值在34m左右。

2）分时压力调整

根据出口压力数值，目前只能对0点到4点进行控制，压力控制在30m。为了保证用水安全，其他时间段不进行控制。控制的结果见图4-16。

压力调整后，最不利点压力基本维持在20 ~ 25m之间，平均为22 ± 0.2m，调整前不利点压力31 ± 1m。图4-17所示为调整后压力曲线。

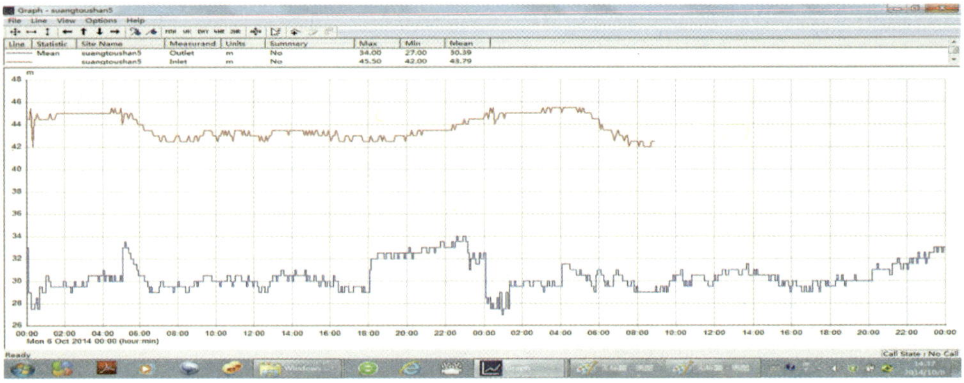

图 4-16　对 0 点到 4 点进行控制的结果

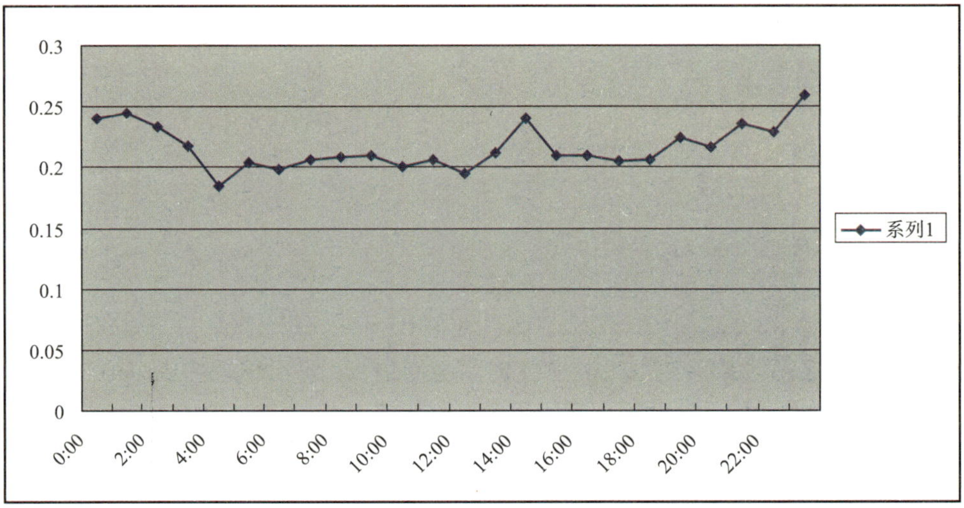

图 4-17　调整后压力曲线

3）水量分析

加装减压阀后，双头山西 *DN*200 地区日最小夜间流量下降 6 ~ 7m^3/h，日均减少水量可达 251m^3，无收益水率降低 14.9%。数据统计见表 4-6、表 4-7。

加装减压阀后水量变化日统计表（m^3/d）　　表 4-6

项目	装阀前（8 月 11 ~ 21 日）	装阀后（8 月 23 ~ 31 日）	装阀后（9 月 1 ~ 10 日）	分时调整后（10 月 1 ~ 7 日）
日均水量	1717	1558	1567	1467
装阀前后水量差	161			
分时调整后差值	251			

加装减压阀后最小夜流量变化统计表　　表 4-7

项目	装阀前（8 月 11 ~ 21 日）	装阀后（8 月 23 ~ 31 日）	装阀后（9 月 1 ~ 10 日）	分时调整后（10 月 1 ~ 7 日）
最小夜流量	48	43	44	37
装阀前后差值	4 ~ 5			
分时调整后差值	11			

减压阀安装后，最小流量下降 4 ~ 5m^3/h，按此计算日漏失水量为 120m^3/d，实际漏水量为 161m^3/d，主要原因是出口压力不稳及 PMA 中其他区域压力得到有效控制所致。

虽然分时调整只有 4 个小时，但该段时间最小夜流量下降较明显。

双头山西 *DN*200 加装减压阀并分时调控后，经查找漏水和二次压力分配，该地区日均减少水量至少 400m^3 以上，在方案预测范围内。因此，每年可节省运营成本 36.5 万元，当年投资 7.5 万元，当年经济效益为 29 万元。

8. 问题分析

双头山西 *DN*200 小区，计算漏失水量为 1056m^3/d，通过减压阀控制下降 200m^3/d，按行业标准，还需降低无效水量 516m^3/d。无效水量的存在直接影响了压力变化，究其原因：一是水量漏失，二是基础设施不完善，其中水量漏失是重要原因，为了保障试验顺利进行，查找漏水是亟待解决的问题。

1）更换阀门

为了明显地体现压力变化，尤其是最不利点的压力变化，对控制主线阀门的开闭条件相对要求严格，因此，更换主线阀门 9 个，其中 *DN*200 阀门 1 个，*DN*150 阀门 3 个，*DN*100 阀门 5 个。通过调整这 9 个阀门来实现压力的二次分配。

2）在线测试

阀门更换后，对该小区进行了流量测试。首先校对了该小区总考核表，校对的结果与总表计量结果一致，最小夜流量都为 37m^3/h，排除了总表计量误差，再通过在线测试逐片闭门的方法来查找漏失区域。

3）查找漏水

到目前为止共组织 6 次夜查，查到 4 处漏水（地躺管 *DN*50 漏水 3 处，*DN*100 管线漏水 1 处），其中环山 99 栋的进户线 *DN*100 和绿色嘉园 2 处 *DN*50 漏水已修复，最小夜流量从原来的 37m^3/h 下降到 18m^3/h，若能将漏水全部修复（剩余 1 处 *DN*50 地躺管线，用户不予配合，无法维修），最小夜流量可降至 17m^3/h。

4）压力调整

该区域共有 7 个最不利点，有 4 个最不利点不在统一的等高线上，因此减压阀后仅调整 10m，而压力稳定需保证进出口压力差达 15m，出口压力并非完全稳定，因此需靠调整阀门来达到压力二次分配的目的。

通过管网分析最不利点，可将该区域划分为 7 块压力梯降区域，满足不利点压力后，其他 4 区压力依然较高，因此在减压阀初步调整后，应采取其他手段（水门调整）使其他 4 个区域的水量进一步得以控制。同时，减压阀前后压差能够进一步加大，为减压阀稳压调整创造条件。

该区域最不利点较多，但最难调整的是分散的 4 个最不利点，离减压阀最远的 3 处的最不利点通过调整阀门已解决，还有 1 个最不利点与减压阀安装位置相邻，导致主线阀门无法调整，只能建议改线。

但是调整阀门转数不是最佳的控制压力的方法。经多次调整发现：在关闭减压阀后，调整五号区域时出现阀门多转一周，水量会突然减少，影响用户正常用水。因此，压力二次分配不是适用于所有最不利点的压力控制。

9. 结论

双头山小区是典型的 PMA 小区，通过加装减压阀并分段调试及各区域压力利用水门二次调整相结合的方法，使该小区整体无效水量大幅度下降，总结该项目在实施中取得的经验如下。

1）PMA 小区对基础设施完善程度要求较高

基础设施完好是建设 PMA 小区的基础，尤其水门的完好直接影响最不利点的压力调整。

2）管网漏失直接影响 PMA 小区的建设

在建设 PMA 小区之前，要控制该区域的无效水量。

3）安装减压阀组可大范围控制压力

减压阀适用于 PMA 压力控制需求，如果最不利点不分散，可直接起控制压力的作用，若单靠阀门调整压力会出现水量不足的问题。

4）设计分压供水管线布局

PMA 管线设计应考虑形成分压供水布局减少主线分散供水现象。

4.6.2 管网改造

频繁漏水、反复维修管段除了调节压力之外，最彻底的方法就是管网改造。其工作步骤如下。

1. 前期调查和测量

（1）统计漏水频率和维修次数。

（2）确定漏水原因、评价改造必要性；例如，东矿小区由 1 条 *DN*100、1 条 *DN*150 管线地下穿越外环路，外环路黑色沥青混凝土路面被车辆碾压出现严重渠化，多次维修，确认管网漏水为地势沉降所致，无法避免，必须改造。

（3）分段测量、测压。

2. 方案制订

方案制订主要是根据分段测流情况确定改造范围。改造方法如下：

（1）原线换管：将原有管线拆除并在原沟槽敷设新管线或将原管作为套管穿进新管。

（2）局部废除：将已确认的管线废除，包括水门分割、掐点、拆除等，其用户新接到其他管线。

（3）内衬法：传统内衬法也称插管法，是采用比原有管道直径小或等径的化学建材管插入原管道，新旧管之间环形间隙内灌浆固结。该法适于管径 60 ~ 2500mm，管长 600m 以内的各类管道维修。

（4）其他：定向钻管、爆破钻管等。

3. 实施

通过相应组织按计划实施并监督。据鞍山水司近年来居民按进户管改造统计分析表明，每千米可降低管网物理漏水 251t/d。

4. 数据分析及总结

（1）工程概况；

（2）技术总结；

（3）经济分析；

（4）经验及教训。

5. 存档保留

4.6.3　白天测量

DMA 查漏通常选用夜间最小流量时段，其确认漏点区域较为准确，但增加工作量，夜间精力疲乏。对于大多数以居民为主的 DMA，可以利用居民用户用水规律，在白天测量确认漏水区域。

第 1 章已经列出了 24h 居民用水曲线，夜间最小时段用水量基本稳定，其他时段变化较大，但对某一特定小区，其用水规律基本稳定。东山小区 6 月 15 ~ 19 日用水曲线如图 4-18 所示。

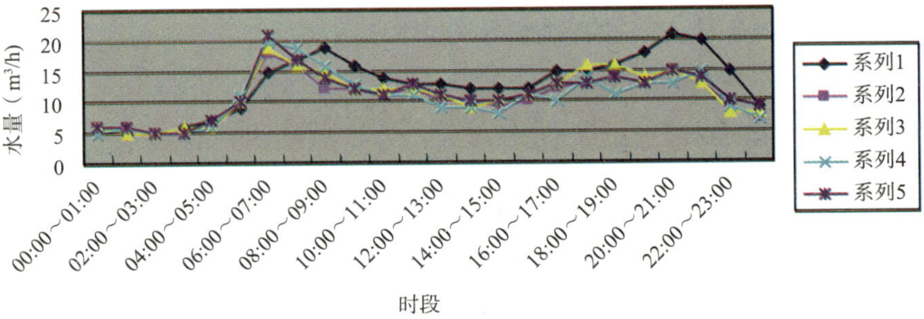

图 4-18　东山小区连续日用水规律曲线

由图 4-18 可知，除了周休日，其他几天水量变化基本稳定。

因此，对某 DMA 经定量分析存在漏水的情况下，将某时段供水量减去漏失量，就知道该 DMA 某时段用水量。对某栋楼假设用户用水均匀（经证明假设合理），则就知道整个 DMA 的实际用水分布，因此通过闭门和测量，高于实际用水量值就是某时段的具体漏水区域。

【案例 16：某市铁西睿达白天测试】

某市铁西睿达 DMA 用户 5500 户，日供水量 1440m^3/d，无收益水率 50% 以上，区内用户以居民用户为主，含有浴池 1 家、饭店 2 家、幼儿园 1 家，一楼为商业门店。供水管线如图 4-19 所示：该小区由测试点 6 来水，顺序通过测试点 5、4、3、2、1 等，于西解放路处将阀门关闭，形成一个独立的封闭区域。

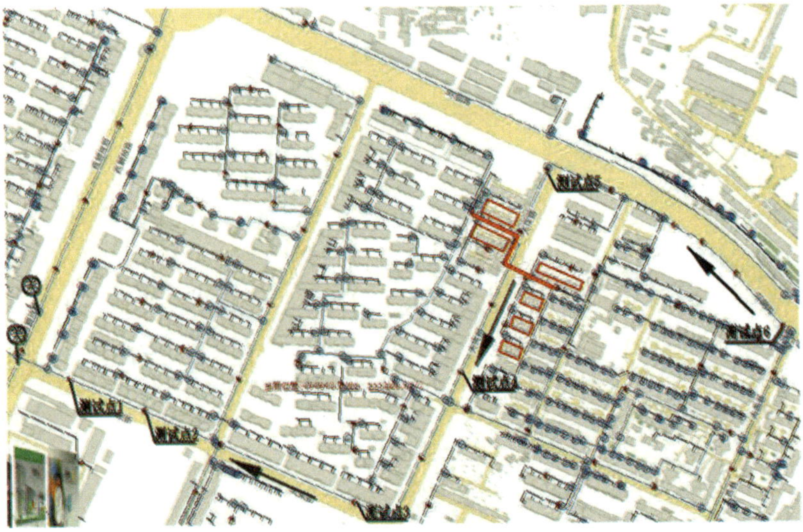

图 4-19　铁西睿达供水管线图

1. 测试方案拟定

1）测试时间

白天，原因是居民用户为主，无较大用水用户，相对干扰少。

2）测试前准备

（1）确定方案总体思路：分段关闭阀门并测试水量，由末梢向来水方向逆序进行，测试一段关闭一段。

（2）勘察现场

按总体思路到现场确认水门井位置及水门关闭运行情况，消火栓井位置及计量表安装位置。勘察后要求维修班对井室不良的进行清理，找不到的井室进一步确定。

（3）维修班根据勘察情况清理井室

3）方案调整

根据现场反馈情况调整方案，例如：原方案在测试点 2 和 3 之间测试消火栓并关闭进入小区的水门（水门失灵），但由于现场条件难以满足，因此，调整方案为进入小区水门处加表。

4）组织

测试分计量组、水门组，水门组分关门 1 组、抽水 2 组。

2. 实施

（1）早 8：30 到现场，计量组在测试点 1 安装计量表，水门 1 组在测试点 1 听候计量组调遣，抽水 2 组到测试点 3 抽水。测点 1 瞬时流量为 0，偶尔 1 ~ 4m^3/h 变化，经判断浴池用水，测试点 1 到西解放路主线无问题。

（2）摘除测试点 1 流量计，安装在测试点 2，量值基本一致，排除 1、2 点之间主线漏水。

（3）此时抽水组完成抽水，现场留泵继续抽水，去测试点 4 抽水。摘除测试点 2 流量计，安装在测试点 3，瞬时流量在 16 ~ 19m^3/h 之间变化，量值正常（3500 户 ×0.005m^3/h=16.5m^3/h，白天居民每户用量 5 ~ 10L/h）或有小漏；关闭测试点 3 前主线水门，流量归 0。

（4）抽水组完成测试点 4 的抽水任务。摘除测试点 3 流量计，安装在测试点 4，瞬时流量在 7 ~ 10m^3/h 之间变化，量值正常；关闭测试点 4 前进入小区水门，流量归 0。

（5）摘除测试点 4 流量计，安装在测试点 5，瞬时流量在 22 ~ 25m^3/h 之间变化，量值异常。如图 4-19 所示的红线部位，仅供 6 栋楼供水，其用水量估算为 2 ~ 3m^3/h。关闭测试点 5 前进入小区水门，流量归 0。证实漏水在该支线。

（6）关闭阀门 5，摘除测试点 5 流量计，安装在测试点 6，瞬时流量 11m^3/h，量值异常；该段仅有工地 1 家，工地用水为 3 ~ 4m^3/h。该段主线有 7m^3/h 漏水。

后经证实，测试 4 ~ 5 点之间漏水为居民用户进户管多处漏水所致。

4.6.4 计量划分

目前，鞍山供水 DMA 以树枝状管网加计量表为主，约占城市供水管网的 60% ~ 70%，许多环状管网及主线没有计量，因此很难缩小漏水范围的确定。计量划分是主要测漏手段。

1）主线计量划分

要坚持"一块表计量"的原则，一般情况下，鞍山暗漏水量多数集中在 10 ~ 15m^3/h，量值较小，多表计量的误差完全可以掩盖这个量值。因此，主线测试时一定坚持排除所有影响因素这个原则。例如，支线、主线水门关闭一定严紧。

2）环状管网划分

（1）管网划分的断点设置应选择在接点处；尽量选择加装水门方式，保证水质、水压和供水安全。最好环状供水，关门测试，减少能耗。

（2）尽量减少断点，以便减少计量表。

（3）方法及步骤：

测压并绘制等压曲线→水力计算→选择断点→试运行计量及水门安装。

4.6.5 水力模型

管网水力模型系统综合了地理信息系统的静态信息与数据采集与监视控制系统的动态信息，并结合用水量的预报、估算与分配，按水力学理论对供水系统进行水力建模与模拟计算，在线跟踪供水系统水力运行状态，实时计算出所有管道的流量、压降、流速和水厂、用户节点的压力等水力信息，为供水系统科学调度与管理提供依据。管网水力模型系统是管网水质模型供水调度模型及管网漏损控制模型的基础。目前，欧美对水力模型的研究具有一定深度，国内的上海、深圳等的供水企业也在研究。水力模型的主要原理是，通过整个管网流量、压力测试，管网负荷的调查核实，计算管网理论运行情况，与实际运行情况比较分析后初步确认管网物理漏失区域。

管网漏损控制模型一般包括流量模型、压力模型、噪声模型。通常，流量模型计算准确；压力模型应结合计量系统，受到管网运行及物理状态影响，精度相对较低；噪声模型在开发、试验或小范围应用阶段。

4.6.6 提压

通常压力管理以降压为主要方法，而提压不符合人们的逻辑思维。众所周知，压力与漏量近似为直线关系，提压就增加漏量。因此，基于这个原理，通过提压和测流能够确认漏水范围。

【案例 17：某市南台至杨柳河桥 24h 水平衡测试】

2014 年年底，旧堡所日增加水量 2000 多吨，技术处、工程科、旧堡所根据以往测试数据，对各个 DMA 区域展开测试，最后确定南台水厂至杨柳河区域水量日增加 1800t 以上。杨柳河至汤岗子 7.4km，汤岗子至南台水厂 14.4km，全程 21.8km，管线直径为 1000mm。管线随地势敷设，两头低、中间高（汤岗子地区）。该区域供水人口约 5 万人，工业用户较多，还有疗养院、部队等单位。因此，该区域查找漏水比较困难，地域广、管线长、口径大、部分管线不清等。

重点区域划定后，2015 年年初至阴历小年前在调度室配合下多次实施测试，但由于测试中存在水量突增（工业用水不稳）、南台水厂及老虎山水源交替供水、夜间局部地区水压低和主管道不满管、夜间最小流量数据基本与用量相吻合现象，使得在整体判断上出现方向性错误，即不存在漏水，但总体水量增加这一现象依然存在。于是怀疑有较大的用水用户用水或偷水，但经过排查无可疑用户。

春节过后，技术处、调度室、铁东公司深入思考，汇总各个问题，汇聚各方思想，最后决定实施全线分段 24h 动态测试。此动态测试与以往不同（以往测试是取得 24h 数据分析后再决定下一步工作），是两个动态结合。一是计量表 24h 动态监测；二是各部门分成多组对每个区域各个时段时时跟踪，对怀疑区域在动态测试中分别作区域测试。

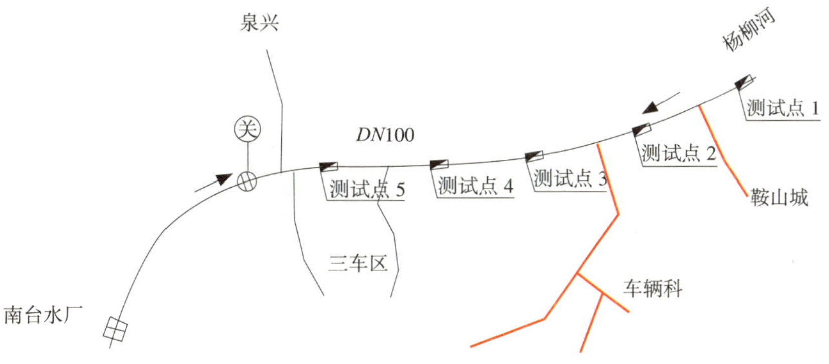

图 4-20　测试分段

此次测试的总体方案是，在南台水厂至杨柳河段汤岗子 *DN*400 连接处关闭阀门（之间 *DN*800 主线门关闭不严），将南台、老虎山水源隔离，分别供水；在汤岗子至杨柳河段划分四段，加装 4 块流量计并实施数据上传，监测并区分出水量变化较大区域，排除干扰，测试分段见图 4-20。技术处、营业处、旧堡所一组负责安装 2 块计量表（鞍山路、凯奇华），铁东工程科一组负责 2 块（杨柳河、汤岗子新城），调度室、工程科一组沿线检查水门、排气阀。旧堡所负责看表并保证通信畅通。

测试于 3 月 23 日 17：00 正式开始，17：00 ~ 18：00 杨柳河至凯奇华段水量稳定在 40 ~ 50m^3/h 之间（测试点 1 和 2 差值），经现场调取该区域收费及用户情况，认为有较大的漏水可能，经征求调度室意见并由调度室将鞍山城 *DN*150 管线（图 4-20 右一红线）关闭，测试点 1 和 2 无差值。安宁公司当晚到现场初步确定 *DN*150 水门附近有较大漏水，待确定管线后具体定位。3 月 25 日定位并维修，日降水量 1500m^3 以上。23 日 20：00 技术人员经数据分析知，凯奇华至鞍山路之间（图 4-20 右二红线）水量变化相对较大，决定次日早 2：00 ~ 3：00 现场观察夜间流量，发现该区域最小流量稳定在 25m^3/h（夜间压力低），准备早上 8：00 开始作闭门试验。但试验不理想，怀疑有漏水可能。3 月 25 日，经技术处栗群处长确认鞍山路与建国大道以南还有施工管线。26 日，该处安装流量计并关闭主线水门，水量由 30 ~ 35m^3/h 降至 0m^3/h。该段水量至少每天降低 1000t 以上。鞍山路至汤岗子新城段夜间流量 0 ~ 4m^3/h，基本无漏；汤岗子新城至汤岗子 *DN*400 门段夜间流量 6m^3/h，泉兴小区有约 3m^3/h 小漏。

此次测试使铁东公司日用水量下降 2500t 以上，同时使杨柳河至南台水厂段无收益水分布明晰，为下一步工作奠定了基础，杨柳河至南台地区无收益水平衡表见表 4-8。

杨柳河至南台无收益水平衡表（m^3/ 月） 表 4-8

	指标	杨—凯	凯—鞍	鞍—汤	汤—泉	泉—农	合计
测试前	供水量	25410	28260	30090	17400	50700	150510
	售水量	1829	2624	12775	16660	35443	69311
	无收益水	23581	25636	17315	740	15257	82529
	无收益水率	92.8%	90.7%	57.5%	4.2%	30.09%	53.9%
测试后	供水量	2370	6660	30090	17400	42000	98520
	售水量	1829	2624	12775	16660	35443	69311
	无收益水	541	4036	17315	740	6557	73849
	无收益水率	22.8%	—	57.5%	4.2%	15.6%	29.6%

该表售水量不含工地用水。

南台至杨柳河地区水平衡测试报告

一、测试目的

（1）总体评价该地区产销差及管网漏失水量。

（2）制订该段双向考核指标，指导下一步工作。

二 、测试时间

2015 年 3 月 23 日 17 点 ~ 24 日 17 点。

三 、参加人员

调度室、技术处、营业处、铁东公司技术科、旧堡所供 28 人。

四、测试方案

（1）关闭泉兴 *DN*400 水门，将南台水源和老虎山水源分开，避免计量表误差及水源干扰。

（2）在杨柳河 *DN*1000、凯奇华 *DN*800、鞍山路 *DN*800、汤岗子新城 *DN*800 分别安装 FLUX 便携流量计，由所内职工值守，将该区域划分为 5 段，即分段区域装表法。

（3）技术人员根据测试时量值变化，随时实施区域测试（关闭水门）。

五、测试数据

测试数据见表 4-9。

分段测试数据（m^3/d） 表 4-9

	杨—凯	凯—鞍	鞍—汤	汤—泉	泉—南	合计
17：00 ~ 18：00	33	44	51	31	65	224
18：00 ~ 19：00	41	44	54	28	61	228
19：00 ~ 20：00	39	40	49	29	66	223
20：00 ~ 21：00	38	37	47	23	68	213
21：00 ~ 22：00	38	44	46	23	83	234
22：00 ~ 23：00	37	36	38	19	73	203
23：00 ~ 00：00	37	36	-19	12	71	125
00：00 ~ 01：00	33	33	-42	10	71	95
01：00 ~ 02：00	27	33	7	11	67	134
02：00 ~ 03：00	26	31	0	8	66	123
03：00 ~ 04：00	25	30	-1	4	64	118
04：00 ~ 05：00	40	57	111	5	67	280
05：00 ~ 06：00	39	60	119	34	91	343
06：00 ~ 07：00	40	38	56	28	72	234
07：00 ~ 08：00	28	44	65	32	71	250

续表

	杨—凯	凯—鞍	鞍—汤	汤—泉	泉—南	合计
08：00 ~ 09：00	40	34	41	31	69	215
09：00 ~ 10：00	40	41	52	29	76	238
10：00 ~ 11：00	42	39	51	32	75	239
11：00 ~ 12：00	39	41	49	32	74	235
12：00 ~ 13：00	41	42	51	36	73	243
13：00 ~ 14：00	36	37	39	30	70	212
14：00 ~ 15：00	26	28	40	28	66	188
15：00 ~ 16：00	26	36	51	29	64	206
16：00 ~ 17：00	26	37	48	36	74	221
合计	847	942	1003	580	1690	5017

表内带框数据为估量。

六、无收益水平衡表

见表 4-8。

七 、测试结果

1. 漏失水量

杨柳河至凯奇华区域：两表差值在 36 ~ 50m³/h 之间，经关闭鞍山城 *DN*150 管线确认漏水，安宁公司于 3 月 25 日到现场定点，确认属断管并修复，水量下降 1500m³/d 以上。

凯奇华至鞍山路区域：该段虽然有较大变化量，但白天稳定在 35m³/h，夜间稳定在 22m³/h，经 3 月 26 日、27 日再次复测，建国路与鞍山路路口处有新建未验收管线漏水，平均漏量 25m³/h，3 月 27 日关闭该处 *DN*800 阀门，水量至少下降 1000m³/d 以上。合计日降水量 2500m³/d。

2. 无收益水

鞍山路至汤岗子新城段无收益水较高，需进一步核实；其他区域夜间流量较低，排除大漏水可能。

3. 其他

经排查，东鞍山学校后有明漏；泉兴小区有 4m³/h 漏水，待修。

本章小结：

DMA 技术与管理是市政供水企业控制无收益水的重要手段，从理论提出到逐步实施已经有 30 多年历史，近 10 年在中国大力推进。其主导思想是划小计量区域，有效控制管网漏水，具体实施根据各地情况有所不同，从不同角度丰富了该理论。本章介绍了区域计量的建设与发展，DMA 规划、设计、实施，提出了分区计量管理向分区定量管理发展的概念。在分区定量管理流程中，以案例形式演示了居民 DMA 漏损报警数学模型、混合型用水区域漏损报警数学模型。最后，再次以翔实案例总结了 DMA 的降漏技术手段。

DMA 管理不仅仅是解决目前水行业管网漏失的主要手段，也是未来水行业解决能耗的一个主要手段。从现在对管网漏失的认识程度看，困扰供水企业的管网漏失问题必然在近几年内得到解决，随之而来的管网能耗问题将是水行业面临的又一新问题，DMA 管理的优势和理论丰富必将再次崭露头角。

第 5 章

无收益水管理与控制

5.1 供水企业环境影响及管理

任何组织都在一定的环境中从事活动，为组织生存发展提供条件，同时环境也会限制企业生存和发展。环境是指对组织绩效起着潜在影响的外部机构或力量。组织面临的环境分为一般环境和特殊环境，一般环境包括政治、法律、社会、经济、技术发展等；特殊环境包括供应商、顾客、竞争对手等。环境是变化的，这种变化一方面给组织生存发展带来新的契机；另一方面带来不利的威胁。因此，分析企业外部环境十分必要。

5.1.1 一般环境分析

1. 政治和法律

政治法律环境指国家制度、执政党性质、政府方针和政策、法律法规。不同的社会制度对组织活动有着不同的限制和要求；政府的方针和政策不断变化和完善影响组织活动，供水企业属民生行业、生命线工程，既是企业又行驶部分政府职能，首先满足社会效益。供水企业是国有企业，担负着重要的社会责任，其运行管理受到政府的影响较大。另外，法制建设影响着供水企业的发展，目前完全关于城市供水的法律法规并未出台。《水法》主要针对水资源、水利等方面，在推广节水用具时提到降低供水损耗问题。供水企业在处理窃水问题时相对比较棘手。供水企业应明确国家和政府目前禁止干什么、允许干什么、鼓励做什么，使其行为符合社会利益，受到相关保护和支持。

2. 经济环境

1）宏观经济

生活用水受宏观经济条件影响较小，商业、建筑业、工业生产影响较大，尤其是近20年来，国家经济强大，给供水企业生存发展带来了巨大的效益，企业产值逐年增加。

2）微观经济

供水企业受消费者收入、偏好、储蓄、就业程度影响较小，但受地区经济结构影响较大，例如：鞍山GDP不到沈阳、大连的三分之一，但地区供水市场达100万t/d，等同于沈阳、大连等城市，其主要原因为它是集群型重工业城市。

3. 技术发展

（1）供水企业如同其他企业一样，其生产作业活动离不开物质手段，例如：原水处理、管网调度、损耗控制等，其先进性受整个社会总体科技水平影响和限制。科技进步将促使这些条件改变来提高企业效率。

（2）供水企业近年来取得了长足进步，由定时给水到全日制供水，水源扩展、水厂升级改造保证社会日益发展的需要，水源置换及水质改造使人民生活水平极大改善等，无不彰显整个社会技术的发展。

（3）DMA 技术揭开无收益水构成，国内管理和技术水平较高供水企业的带动、信息技术的发展、无收益水漏失模型的应用等，都使整个水行业管理水平大幅度提升。无收益水率逐年递减，个别企业已经达到国际领先或先进水平。

4. 自然条件

1）地理位置

地理位置对城市供水管网影响较大，平原地区可以采取低压均衡供水，节省能源；地势标高落差较大地区可以利用重力流供水，以节约能源。另外，水源充沛、运距较短，则制水成本较低；缺水城市则投资较大、制水成本较高。

2）气候条件

北方地区气候寒冷，管道埋深较深，暗漏较多，漏点定位难以发现；但冬季供暖却迎来供水高峰，给企业带来可观的经济效益。

5.1.2　特殊环境分析

一般环境对多数企业产生相似影响，供水企业作为特殊行业将受特殊环境影响。

1. 供应商

目前，供水企业最大的供应商为电力企业和水源管理部门，电力资源由国家电网掌控，水资源由政府掌控，定价能力强。电力部门无讨价能力，水源部门相对可以争取一些优惠政策，但随着水源部门企业化，可能越来越难。另外，随着电信事业的发展，电信也将成为较大的供应商，可以通过招标方式解决。

2. 顾客

顾客是企业产品的购买者。由于水商品的特殊性，目前供水企业顾客只得购买，其讨价还价能力较弱，但水价受到政府管制，提价较难。同时，部分较大的用水户其拥有自备水源，而且水作为其主要生产原料，虽然从保护水资源角度应予以取缔，但其水源退出资产专属性强、成本高，对地方政府财政收入影响较大，其讨价还价能力较强。

3. 竞争对手

一般供水市场属自然区域垄断，鲜有竞争对手，行业壁垒高耸。但也有特殊情况，鞍山供水市场由于历史原因就存在两个自然垄断区域。一个是市政供水公司、一个是鞍山钢铁公司供水厂，此外大庆等资源性城市也存在这个问题。鞍山钢铁公司供水厂供水能力是市政供水公司的 3 倍，主要用作其生产用水。2005 ~ 2008 年，一部分厂外生产、生活用水用户交给市政供水公司。目前，由于政策原因，两家供水企业按现有模式运营，但随着国企改革及宏观经济发展，两者之间竞争必然出现。

随着中水处理技术的发展及国家的扶持，其成本大幅度下降，将成为供水企业较大的潜在威胁对手。鞍山水司工业基建用水达到 35% 以上，将有三分之一的市场份额受到威胁。节水技术的发展、无水工艺的发展也将成为潜在威胁，当然这将有利于水资源保护，从社会利益看应大力支持。

4. 特殊利益团体

特殊利益团体，包括工会、消费者协会、新闻媒体、行风办、民心网等，通过这些团体使企业发现问题和不足，使企业积极整改，起到促进企业发展的作用。例如：用户投诉某地区水压不足，可能预示着某地区产生爆管，及时处理将减少水量丢失。群众举报窃水，将增加企业经济效益等。

5.1.3 供水企业组织环境的特征分析

1. 低不确定性

供水行业所处环境与其他行业比较，其所面临环境的构成要素较少，要素变化相对缓慢。也就是供水企业外部处于复杂性和动态性较低的环境中。

2. 行业成长性

水是商品，但不同于其他产品，是人类生存发展的必需品。其投入期、成长期较短，直接进入成熟期。由于没有竞争对手或潜在竞争对手，其成熟期很长，很难进入衰退期。当然，随着科技的发展，中水处理技术将会对生产用水市场造成极大的冲击；高科技发展也会使生活用水的需求量减少，例如无水粉碎公厕技术等。理论上讲，人们的经济收入极大提高后，要求更高工艺处理的水质，例如桶装矿泉水沏茶等。因此，未来供水行业可能也面临着进入衰退期。

3. 行业协作

目前，供水行业地域性垄断，使得水司之间不存在竞争关系，多以互相交流为主。这一点不同于其他企业，使得管理能力较差的水司有机会提高自身能力。管理较好的企业将会在本地区进行多种战略开发，引领整个行业同向发展。但与此同时也会产生行业间近似症，难以接受来自其他行业的先进管理经验和技术，也存在阻碍行业发展的问题。

5.1.4 供水企业战略选择

1. SWOT 分析

根据供水企业环境分析，目前供水企业处于环境威胁较少，内部管理较好的（控制无收益水较好的企业）应采取扩张战略，反之，应采取扭转型战略，即降低无收益水率。

2. 经营业务组合分析法

目前，国内水务管理根据地方政府管理呈现两种管理方式。一种管理模式是成立水务集团，即供水、排水、热水、中水等业务以事业部形式整体或部分组合管理；另一种模式是分而治之。前一种方式应是主流方向。无论采取哪种方式，从其业务相似性看，都可将其统一考虑进行经营业务组合分析。由于北方冬季供暖，供暖市场占比较大，本文分析以北方供水企业为例。

城市供水业务壁垒高耸，竞争中处于绝对优势，市场增长率较低，资金回笼能力强。但由于企业价格管制，利润较低，降低无收益水是多数企业的选择，使金“牛类”业务成为企业发展的重要资金来源。

目前，除了大型城市有中水业务外，多数城市中水市场空白，一旦涉足该领域，其业务市场增长率和竞争地位迅速增长，将带来较高利润，但投资需求量较大。因此，“明星”业务回笼资金和投入资金数量都较大，现金流可能为零。但从长远利益看，其利润可观。同时，作为潜在竞争对手，供水企业应着手“明星”培养。

多数北方供暖市场处于多家经营、管理粗放状态、季节性强，导致职工队伍稳定性差。对于供水企业来说，其市场占有率几乎为零，但市场前景尚好。由于供水企业近年来管理、技术水平提高，两种业务之间相似程度较高。如果能得到“金牛”业务的资金支持，可将其视为“幼童”业务并向明星业务发展。当然，由于供暖企业退出壁垒较难，在坚持发展“明星”业务的基础上可以通过混合经营、售水代理、技术支持等方式进行参与。

综上，对于目前的多数供水企业，降低无收益水将是重要的战略选择。

5.2 计划管理

5.2.1 无收益水管理目标

1. 目标制订

（1）近期目标，根据企业掌握和企业外部可以利用的资源，在科学合理分配、调整的基础上，确定经济无收益水率，使无收益水量较大幅度下降，接近《2020 远景》提出的目标。

（2）长期目标，2020 年完成《2020 远景》目标。

2. 目标制订原则

（1）在取得经济效益的同时，取得良好的社会效益，保证供水管网水质、水压、水量、供水安全等。

（2）建立一套现代化的企业管理机制、科学的工作程序。

5.2.2 总体计划确定

国内，多数供水企业都是从计划经济逐步进入市场经济的，年度总体计划制订多数综合考虑以往销售统计和盈亏平衡点计算销售收入并根据平均单价推算售水量。由于当时分区计量不完善，指标分解基本为估计，无法考核。企业运行一段时间后，分区计量体系也在逐步完善，管理者发现年度营业售水指标完成了，无收益水率管理水平并不平衡，总体下降趋势缓慢并存在反弹现象。因此，无收益水率指标便被引进计划制订及考核体系。目前，由于水行业售水计量考核体系和市场细分管理不完善，直接预测和控制售水计划有困难，多数采取供水量预测、无收益水率指标、平均单价预测，在参考历年售水量的基础上制订全年计划。

1. 供水量预测

1）历年供水量统计法

用水市场相对稳定，其变化主要体现在供水管网漏失、用户用水周期性变化及用户增加情况。经济环境对居民、机关事业的商业影响是渐变的，幅度较小；对生产和基建的影响较大。因此，在单独考虑较大用水户的基础上，采取历年数据统计法是相对科学的。

2）供水量模型

收集整理历年供水量的数据，采用时间序列修匀和季节数据调整等方法把数据分解为长期趋势、周期性波动和不规则变动等因素，反映水量的变动规律和发展趋势。运用自回归模型、指数修匀模型、指数加权移动平均模型、Box-Jinkins 模型预测水量。

3）市场细分法

一般商品市场细分的目的是提高竞争能力和商品定位，城市供水不同于一般商品，是人们生产生活的必需品，市场自然垄断。由于用户用水性质不同导致价格不同、用水规律不同、用水量不同，因此科学地进行市场细分可以促使供水企业集中或合理分配自身资源，提高经济效益。

通过价格、用水规律、用水量将城市供水市场划分为居民、商业办公等非持续型、工业生产等持续型用水市场，对其用水规律进行测试和研究、推算出用水模型，考虑一定的供水管网漏失便可预测供水量。

2. 无收益水率

无收益水管理较好的供水企业多数是根据水协给定的指标或自身现有达到的无收益水率制订指标。管理较差的企业一般参考上一年度达到的无收益水率指标，在其基础上每年递减设置。当然，那些对本地区无收益水构成清晰、投资明确的企业，在考虑投资经济无收益水率的基础上制订指标会更科学。

3. 平均单价

国内多数供水市场，不同用户水价并不相同，一般居民用水价格较低，非居民根据用水性质有所提高。平均单价就是各个不同价格用水用户的平均用水价格。平均单价上升，说明非居民用水比例增加。平均单价影响无收益水率计算，即水量折算。当企业追缴高单价水费按居民用水性质入账时，其售水量核算增加。

4. 动态计划制订与实施

指导性计划是指根据上一年或几年的平均供水量、平均单价、预计的无收益水率测算出当年的销售收入与盈亏平衡点计算销售收入比较，选择量值较大者确定。销售收入是硬性指标，必须完成，其他指标作为参考指标。结果，在实施过程中，往往销售收入能够完成，而供水量却在增加，由于平均单价计算存在一定的弹性，因此无收益水率计算也存在一定的弹性。最终导致一段时间内，企业销售收入年年增加，而供水量却呈现不可遏制的现象。

针对上述现象，动态计划应运而生。管理学通常讲，抓什么得什么。动态计划就是抓销售收入的同时抓无收益水量。其指导思想就是及时根据供水量变化调整销售收入，其原则是无收益水率没有达到行业标准的情况下，只上调不下调，即保证指导性计划，根据水量增加值上调销售收入。

水量上调值 =（供水量 – 计划供水量）×（1– 给定无收益水率）× 平均单价

动态计划实施使经营公司抓营业管理的同时也重视管网漏损查找工作，积极思考 DMA 建设和运行管理，各种问题充分暴露，解决管网漏损的方式、方法层出不穷。

【案例 18：某市动态计划制订与实施】

随着城市的不断建设发展，供水面积、供水市场逐渐扩大。但是供水量与销售收入没有达到同步增长，无收益水率居高不下，供水量与销售收入的不平衡，影响了企业的发展。据统计，2007 ~ 2009 年的供水量呈现上升趋势，超出测算的计划日供水量，为了降低无收益水，提高销售收入，及时对计划进行动态修订，实施计划动态管理、动态考核，满足供销平衡。

2010年年初，全面考虑供水量、收入和成本三大综合指标，销售收入计划为22900万元，比2009年计划增加722万元。每个月在完成指导性计划的基础上，根据上个月的实际供水量，对超出计划水量的销售收入进行预警提示，并追加成本、单价基数增加值收入，让各经营公司及时掌握每个月的销售收入计划情况，更好地完成计划任务。改变以往按月推算水量制订销售计划并考核的方式，使计划动态、真实。

实行动态考核以来，各家公司对水量动态考核都是很理解的，都积极主动地采取各项措施开展查漏降差、提高销售收入工作。首先从思想上转变观念，上下联动，通过学习公司动态考核这种政策的实质，划分分所计量、封闭小区计量。各公司与所里签订动态考核管理责任状，从根本上使基层科所长的观念发生转变，把总公司的动态考核管理精神有效传导到每名职工，把降低水量与提高收入摆在同等重要的位置，这种转变是达到供销平衡的根本保证。通过各家公司的努力，动态考核管理效果非常明显，销售收入较去年同期有所提高。为使计划更好地执行，强调计划指标的落实，注重对动态考核管理实行过程跟踪。

为了解经营公司的半年计划指标完成情况、动态考核落实情况，总结经验，查找不足，进一步完善动态考核管理，组织召开了“动态考核管理座谈会”。会上，各经营公司对上半年来贯彻执行总公司动态考核管理的具体做法进行了交流，总结出动态考核管理中好的经验和下一步需要改进的做法。铁东公司在半年期间已经全员行动起来了，每周两次夜查，同时聘请北京查漏队对大管线进行查漏，降差效果明显。立山公司走在总公司的前列，树立标杆榜样。生产调度室、工程技术处、营业管理处、企管计划处等部门，从职责角度出发，通过水量、销售收入、无收益水等指标的完成情况，充分肯定各经营公司取得的成绩。

目前，由于二级计量体系中的计量表老化致使量值误差较大，需改造，以保证计量表准确运行，才能对管修所实施动态考核。

5.2.3 计划分解

1. 经营公司指标分解

总公司根据总体规划，参考各个经营公司历年实际指标完成情况制订计划后下达。二级分区计量与一级分区计量原理完全一致，经营公司向二级管修所（营销所）下达分解指标，与公司总体计划的制订方法基本相同。

2. 管修所指标分解

管修所是供水企业最基本的组织建制，设置在二级分区计量里，三级以下DMA不设建制。同时，由于技术原因，三级DMA建设不同于一、二级分区计量。三级DMA按照

100% 覆盖对二级 DMA 进行划分，其区域较小、用水市场细分明确，完全能够做到 DMA 定量分析并进一步分解无收益水率指标，可以具体到对管网漏损和账面漏损进行定量。目前，国内二级公司以下设置的单位有营管合一制和营管分离制。营管合一管修所一般设置维修班、抄收班，分别担负管网漏损和账面漏损责任。

【案例 19：基层管修所双向指标考核体系建设与应用】

铁东经营公司旧堡管修所，2013 年日供水量 23000t，该地区下设的四方台 *DN*500 供水区域供东烧厂用水，售水量占的比例较大，致使该管修所无收益水率较低，掩盖了管网漏失率高的现象。因此，无收益水指标应进一步分解和量化，即分别针对收费和查修漏水制订指标并执行。

1. 区域划分

如表 5-1 所示，将该所划分为 8 个区域，对分所计量全部划分。

2013 年旧堡所无收益水率分解平衡计算表　　表 5-1

序号	区域名称	无收益水率（1）	管网漏失率（2）	（1）-（2）	（2）-15%
1	东矿 *DN*400 区域	31.30%	9.19%	22.12%	–5.81%
2	四方台 *DN*500	0.10%	1.01%	–0.91%	–13.99%
3	东矿 *DN*300	61.60%	43.12%	18.48%	28.12%
4	南出口 *DN*300	86.56%	70.37%	16.19%	55.37%
5	工商银行	91.31%	85.41%	5.90%	70.41%
6	真理 *DN*1000	88.28%	77.29%	10.99%	62.29%
7	杨柳河区域	71.72%	60.33%	10.79%	45.33%
8	道西区域	47.42%	47.22%	0.20%	32.22%
合计		36.88%	32.86%	4.03%	17.86%

2. 加装计量表

3. 水平衡测试

由于该所四、五级 DMA 建设不完全，除了个别用水大户进行数据监控外，该所用水用户基本都为抄表员进户抄表。因此，为了做到 DMA 定量，必须对每个区域进行水平衡测试，确定管网漏损。

4. 用水用户售水量归类统计

按划定的 DMA 将用水用户归类统计。

5. 对无收益水率分解平衡计算

根据目前鞍山水司无收益水分布及管理现状，对漏失率 15% 以下的 DMA 不进行考核，即基准漏失率为 15%。详见表 5-1。

6. 双向指标分配

双向指标分配，即 DMA 定量。根据表 5-1 的测算，(1) – (2) 项大于 5% 为收费指标并分配给抄收班，(2) –15% 项为查修漏水指标并分配给维修班。详见表 5-2。

2013 年旧堡所双向指标分配表　　表 5-2

序号	区域名称	抄收班指标		维修班指标	
		无收益水率	收费量（m^3）	漏失率	漏失量（m^3/h）
1	东矿 *DN*400 区域	22%	11004	—	—
2	四方台 *DN*500	—	—	—	—
3	东矿 *DN*300	18%	5550	28%	22
4	南出口 *DN*300	16%	412	53%	11
5	工商银行	—	—	70%	40
6	真理 *DN*1000	10%	347	62%	47
7	杨柳河区域	10%	3679	45%	82
8	道西区域	—	—	32%	36
合计			20995	18%	183

7. 下达指标并执行

5.2.4 动态计划考核

2010 年开始，鞍山水司企管计划处每月、每季、半年发布动态考核通报，表扬先进，鞭策落后。从 10 月份起，实行计划指标倒逼，每月发布考核通报，对责任指标完成不好的，实行黄牌、红牌警告预警提示，树立标杆单位，鼓励肯干的，惩罚不干的，促使年终全面超额完成总公司下达的各项责任指标。例如：千山公司成本基数增加值指标与计划相比，相差 216.11 万元，无收益水率与计划相比，上升 10.49 个百分点，给予红牌警告。图 5-1 所示为 2010 年 9 月铁西经营公司销售收入计划预警提示。

2010 年 1 ~ 9 月，日供水量 38.63 万 t，超计划 2.16 万 t；动态计划实施使售水量增加 182 万 t，销售收入增加 544 万元，无收益水率上升 1%。如果没实施动态计划，无收益水率将上升 5.6%。

九月份销售收入计划预警提示

铁西经营公司：

2010 年 8 月份日供水量计划为 7.04 万 t，实际日供水量为 7.67 万 t，超计划 0.63 万 t/ 日。为保持产销平衡，供水量与销售收入同步增长，9 月份在完成指导性计划基础上，根据 8 月份的实际供水量，对超出计划水量部分的销售收入进行预警提示。

超出供水量数据预警提示

8 月份日供水量计划	7.04 万 t
8 月份实际供水量	7.67 万 t
8 月份超计划水量的成本基数收入增加值 =（7.67-7.04）×31×（1-40.60%）×1.8 元 =20.88 万元 8 月份超计划水量的单价基数收入增加值 =（7.67-7.04）×31×（1-40.60%）×2.714 元 =31.48 万元	
9 月份销售收入计划预警提示	350+20.88=370.88 万元——350+31.48=381.48 万元
备注	1. 1.8 元为总公司制水成本 2. 2.714 元为铁西公司计划平均单价

图 5-1　2010 年 9 月铁西经营公司销售收入计划预警提示

5.2.5　无收益水分析方法

（1）比较法：实际值与计划值、本期实际值与上期实际值或与行业平均水平或先进水平比较。

（2）因素分析法：根据水协产销差平衡表，结合本企业实际情况逐个因素量化评价。详见 1.4 节无收益水结构评价。

（3）置换法：将供水量及售水量变化值分别带入无收益水率变化方程，求得产销差率变化的主要因素。详见“案例 20：某市无收益水数据统计及分析”。

（4）比率法：漏失率、无收益水率、时变化系数。

（5）无收益水微分方程：详见 1.5 节无收益水微分方程研究与应用。

（6）数学模型应用。

【案例 20：某市无收益水数据统计及分析】

1. 某市历年无收益水统计表

见表 5-3。

某市历年无收益水统计表　　表 5-3

年份	供水量（万 t）	售水量（万 t）	未收益水量（万 t）	未收益率（%）
2008 年	12633	8069	4564	36.13
2009 年	13295	8174	5124	38.52
2010 年	13980	8774	5206	37.24
2011 年	13751	8882	4869	35.41
2012 年	13673	9098	4575	33.46

续表

年份	供水量（万 t）	售水量（万 t）	未收益水量（万 t）	未收益率（%）
2013 年	13836	9255	4581	33.11
2014 年	13961	9752	4209	30.15
2015 年（一季度）				25.51

2. 无收益水分析

2008 ~ 2015 年，某市供水量、收益水量（售水量）逐年提高，无收益水量减少，其中收益水量提高幅度较大，供水量增长幅度相对较小，2014 年较 2008 年增加的供水量全部为收益水量，企业供销向平衡方向发展。

供水量增加主要是供水市场发展所致，体现在收益水量大幅增加，二者相关系数为 0.8。收益水量增加，一方面是国家经济快速发展，使得工业用水、人民生活用水得以提高。宏观上，某市的 GDP 逐年增加，与收益水量呈高度相关，相关系数高达 0.965。从营业统计报表看，2014 年较 2008 年工业收益水量增加 1100 万 t；居民用水增加 700 万 t，用户增加 5 万件，户均月增加用水量 0.2m^3。另一方面，收益水量增加是加大自备井封杀，保护地下水资源，扩大用水市场所致。当然，加强企业管理也是收益水增加的一个主要因素。

无收益水量主要由供水管网物理漏失和企业管理因素构成，当供水市场扩大，在增加收益水量的同时，由于局部管网压力相对提高，漏失水量也在增加，也就是说无收益水量也在增加，其增加幅度根据管网情况确定，分布是不均匀的，但总体呈现正态分布，以平均无收益水率为代表。根据表 5-3，作如下分析。

1）条件假设

（1）根据上述宏观经济分析及营业数据统计，收益水增加主要来自供水市场扩大，因此以供水量变化代表供水市场变化基本满足分析要求；

（2）根据无收益水结构分析结果，管网漏失占 76%，管理因素占 17%。因此，分析无收益水率因素时将代入这个数值来分别评价营业管理水平和控制管网漏失水平。

2）因素分析法（置换法）

详见表 5-4、表 5-5。

2008 ~ 2009 年无收益水量因素分析计算表 表 5-4

顺序	供水量（万 t）	无收益水率（%）	目标值（万 t）	差值（万 t）	因素分析
2008 年 /2009 年	12633	36.13	4564		
第一代换	13295	36.13	4803	239	收益水增加 662 万 t，无收益水增加 239 万 t

续表

顺序	供水量（万 t）	无收益水率（%）	目标值（万 t）	差值（万 t）	因素分析
第二代换	13295	38.52	5123	319	管网漏失增加 243 万 t，管理因素增加 54 万 t
合计				558	

同理，环比计算，列表如下：

2008 ~ 2014 年无收益水量因素量化分析表　　表 5-5

环比年份	无收益水（万 t）	差值（万 t）	市场扩大（万 t）	管网漏失（万 t）	管理因素（万 t）
2008 年 /2009 年	4564/5123	558	239	243	54
2009 年 /2010 年	5213/5206	84	264	–137	–37
2010 年 /2011 年	5206/4869	–337	–85	–191	–43
2011 年 /2012 年	4869/4575	–294	–28	–203	–45
2012 年 /2013 年	4575/4581	6	55	–37	–8
2013 年 /2014 年	4581/4209	–372	41	–314	–70

某市供水市场逐年扩大，无收益水逐年减少，管网综合供水能力提高，主要体现在管网漏失大幅度减少，企业管理逐渐严细。特别是 2014 年市场容量增幅较缓，但无收益水大幅度下降，较 2010 年节约水资源近 1000 万 t，给企业带来年经济效益近 2000 多万元。

5.3 组织管理

明确目标并实现目标就需要适应目标的组织形式来实施。目前，国内供水企业基本以职能型组织结构为主，无收益水对多数供水企业是一个新课题并需要急于解决，因此相应组织变革势在必行。

5.3.1 厂网分离

目前，国内水司基本上把供水厂与市政管网分开，分别成立供水公司和营业公司（也有的叫自来水公司），使产销分离，目的是责任分清、量值准确。有的供水公司和营业公司分别独立于一个水务集团，行政管理、财务管理独立；有的独立于自来水公司，行政管理、财务同归总公司管理。前者利益分属，相互竞争，水厂尽量多供水，营业公司按需分配，尽量少供水，计量纠纷较多。后者供水由总公司整体调度，相互竞争较少。

5.3.2 营业公司事业部制管理构架

营业公司多以自然行政区域为基本管理单位，通过分区计量制订相应的考核指标。这样便于引进内部竞争机制，多数坚持营管合一，即营业抄收与维修统一构架。这主要是无收益水构成主要为账面损失，和管网损失构成密不可分，为明晰权责、便于统一管理，一般均采用这种管理组织。这种模式实际是引进了内部竞争机制，利于管理无收益水工作。天津水司，2006年在原有条块管理基础上，打破营销分离，试点成立并运行虹桥营销分公司，通过两种管理模式对比，营管合一模式较条块分割管理当年降低无收益水率6.7%。2007年，天津水司全面推广营销运行模式。该运营模式的缺点是，下属区域经营公司容易产生内耗。例如，北方某水司2006 ~ 2009年期间曾经由于分区计量表误差问题进行长时间论证，以致多数具体工作被搁置。

5.3.3 无收益水管理机构设置

无收益水是供水行业遇到的新课题，其面纱已经揭开，并不是什么难题。对于无收益水率较高企业解决这个问题，一般应以项目形式管理，在原有组织结构基础上增加一条横向指挥机构，形成具有双重职权的矩阵组织，从各职能部门抽取专业人员，配备项目经理组织工作。被抽调人员行政关系隶属原部门，工作时还要接受项目经理指挥。

当矩阵式组织经过工作积累、完善工作流程或无收益水问题得到极大改善后，该机构可以设置为正式职能部门。

5.3.4 管修所管理作用

管修所是担负降低无收益水管理责任的主要执行部门，起着决定性作用。尤其在DMA划分不完整、范围广、覆盖率低等情况下，上级管理部门对指标分解模糊，管修所作用尤显突出。一般，管修所技术人员和设备配置较差，所内抄收和维修人员素质较低，其制订方案和措施能力不强。

5.3.5 统一思想

1. 思想问题

1）降差畏难意识

各级管理人员普遍存在降差畏难思想意识，主要表现是基层单位管理人员不知道如何降低无收益水率，机关各个职能部门也不知道如何帮助，更谈不上指导。其实质就是对无收益水没有真正了解，没摸清脉络。这是思想意识不统一的最根本原因。

2）计量体系误差认识偏颇

根据统计学和误差原理，计量误差普遍存在，呈正态分布，这是规律。多数企业建立分区计量并考核，一些管理人员对计量表测量误差认识偏颇，夸大误差对无收益水的影响。结果主要精力都集中在计量纠纷上，放弃了主要矛盾，纠缠在次要矛盾上，使工作方向发生了改变。还有一种现象，当某个所或区域无收益水率较高时，便解释为收费查了，查漏队也走了一遍，都没问题，最后推理出分区或出厂水计量表问题。

近 10 年，鞍山水司分区计量先后整体改造 3 次，总体水量和无收益水并没有因此而下降，反而真实地记录了城市用水发展，这也说明了分区计量总体的可靠性。2013 年 7 月，技术处对铁西公司整个分区及出厂水 6 个计量点进行在线比对，其总体误差为 –1.57%。

造成计量体系认识问题的原因与管理和技术人员认知程度和个人素质有关，也与 DMA 建设的思路及完整程度有关，完整的 DMA 体系能够将无收益水的分布和构造解析清楚，从而扭转思想。

3）降差一劳永逸思想

一些领导、科所长，当无收益水率较高的时候，集中力量日夜奔波，局面好转后便开始思想松懈。这种思想起源是不重视基础工作所致，没有考核体制所致，也是控制无收益水没有充分利用科学方法和手段所致，与目前干部队伍素质较差有关，也是无收益水动态性的具体表现。

4）缺乏全员降差思想

多年实践证明，阶梯性降低无收益水率必须全员参与，否则由于无收益水的动态性将使取得的成果出现反复性。永乐所、北陶所、深沟寺所等在历史上都出现过无收益水率低于 20% 的情况，为当年各自经营公司控制无收益水工作作出了贡献，但最后又回到起点。其主要原因就是全员降差意识淡漠，经营公司层面管理不系统。同时，还有一些管修所，由于机关收费户和水量占比较大，从总体目标看无收益水率较低，掩盖了许多矛盾，不去主动解决。对全员降低无收益水思想的贯彻起到相反的作用。

2. 解决方法

1）创新计量管理体系

计量体系量值传递的准确性是控制无收益水工作的基本平台，也是统一思想管理的基础。应采取多级计量体系设置，实施统一分层管理的方式进行全方位立体管理，降低计量表及数据监控的故障率、提高计量表的准确率和维修及时率。以分区及出厂水计量表离线周期检定为主，在线比对跟踪为辅的方法来保证计量体系的稳定；逐步完善分所计量表升级改造；合理规划小区计量体系。

2）推广分区定量管理

公司级变动计划管理是各个经营单位的基本任务，是公司生存的基础。阶梯式降低无收益水率必须有管理突破点，DMA 体系定量管理是技术创新，也将推动组织创新。建立全员参与机制才能统一思想，以管修所为基本组织机构，在本区域推行 DMA 定量管理，上级管理部门应建立考核机制。可以采取机关包所、管理较好管修所与管理较差管修所合并或协作等方式实施全员参与。

3）培训与交流

培训是统一思想的一个比较快速、便捷的手段，但培训应该是立体、全方位的培训，知识涵盖国家水行业降差形式及发展，公司的管理思想及规章、技术知识、管理创新等。

一些实际工作取得一定成绩的管理人员，在谈控制无收益水的体会中普遍说的一句话，就是“降差（控制无收益水）是干出来的”。这些人懂得怎么降差，在降差中尝到了甜头。这些人的经验应得到交流和推广，交流可以采取座谈、岗位对调等方式，要有针对性。

5.3.6 组织资源科学调配

在控制无收益水的实践中发现，存在资源组织分配不合理的问题。一是季节性调配问题：冬季由于天气原因主动查找管网漏水工作就较夏季少。二是公司与所级之间资源调配问题，存在有时人忙、车忙、机械忙，有时基本都闲置。应该根据要解决的问题将计划分解到位，按时间、空间、方位分解计划，充分合理地安排资源，必要时可以外调资源、购买资源。例如，冬季因天气原因，可以多安排内业、测压等工作。

5.4 供水量控制

动态计划实施从宏观上抑制了供水量、无收益水的上升趋势，使经营公司在管理上重视销售收入的同时也重视了供水量指标。但供水量控制还需要完善的管理流程和技术手段作为保证。

5.4.1 供水计量系统运行稳定

供水计量系统稳定运行前已述及，主要包括：区域计量划分科学合理、计量表运行正常（表精度和运行环境）、区域计量核算准确、计量表数据监控等。

5.4.2　供水管网的基础设施完善

无论水平衡测试、DMA 管理、漏水检测定位等技术手段，离开管网基础设施（管线位置、三井完好）都是徒劳的。实践证明，无收益水率较高的区域，其管网基础设施完好率极低。

1. 供水管网图完整、准确

（1）现有供水管网图核对，必要时应每 2 年组织一次管网普查；

（2）新增管线做到上图及时准确、定时核对等；

（3）运用先进的技术手段和平台，例如地理信息系统管理。

2. 管网巡检制度化

多数中等规模以上水司都成立了管网管理和监察部门，具体实施做法和重视程度不一。存在部分管网及附属设施埋压、占用等情况，其他市政专业工程和基建施工破坏管道情况也时有发生。管网巡检极其重要，要做到定量、定时、定责任人，要有考核办法。要与现代信息技术相结合，例如，绍兴水司将通用分组无线服务技术应用到管网巡查工作，使该工作得以量化，提高了效率。

3. 管网及附属设施改造

（1）管线的背景漏失既产生无收益水，又增加供水能耗。由于背景漏失查找困难，应根据水平衡测试进行有目的的改造。

（2）水门等管网附属设施出现故障，影响水量、水压，使水平衡测试或 DMA 定量的数据不完整或产生计算误差，使无收益水查找迷失方向。

因此，每年水司应根据实际情况进行有计划的改造。

5.4.3　压力管理

1. 总体管网压力按需分时调整

城市供水高峰，用水量增加的同时市区管网压力有所下降；夜间用水量小，管网压力较白天有所增加，致使管道漏失水量增加。因此，按不同时段用水量调整压力减少管网物理漏损行之有效。图 5-2 所示为某市环山小区压力、流量 24h 测试图。

理论上，压力分时调整通过建模可以得到准确的数学模型予以指导。但，目前国内比较成功的案例不多，多数水司按峰谷平五个时段，经多次管网运行试验确定供水管网总体控制方案，调度人员根据压力变化及时调整。

2. PMA 管理及案例

管网总体调整并不能实现全区域范围内压力均衡，并有效控制无收益水量。许多局

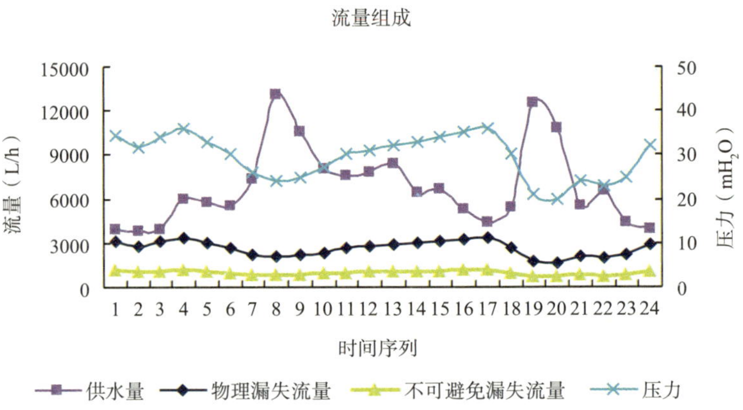

图 5-2　某市环山小区压力、流量 24h 测试图

域加压泵站、高位水池重力流供水区域、大用户用水区域等存在高压区域，应根据实际情况进行 PMA 规划与管理。PMA 管理在 DMA 降低无收益水的技术措施已经介绍，大用户用水区域一般建议用户增设蓄水池或二次加压站、专线供水等措施保证供水管网压力均衡。下面将介绍增设管道泵均衡某泵站区域压力，有效控制无收益水的案例，予以分享。

【案例 21：PMA 管理之大孤山增设管道泵项目】

某市东高西低，铁路以东地区南北狭长，地面标高梯度变化不大，由汤河水厂供水；铁路以西，北部为钢铁集团，生产用水自给；南部地区由西郊水厂供水，地势比较平坦。但是，该市东部及中部地貌为丘陵，有重力流供水或二次加压站供水，针对此类地区作了一些 PMA 管理，为降低无收益水率积累了一些经验。

大孤山地区原来是由大孤山矿自备水源供水，在 2005 年前由钢铁集团供水，之后移交该市水司，由市政水源供水。接管后对原有管网进行了部分改造，增设了一个供水加压泵站。大孤山地区居民用户 10818 户。供水区域内，东北大部分地区地势较低，西南两处局部地势较高，合计供水用户 2324 户，占全区用户的 21.5%。一处为西山小区，地面标高为 89m；另一处为西岗小区，地面标高为 96m。西岗小区最高处为平房；西山小区最高楼层为六层；大孤山泵站标高 65m。大部分供水区域标高在 65 ~ 75m，供水住宅层数为五层。全区供水管线布置如图 5-3 所示。

为保证控制点压力，大孤山泵站出口压力要保证在 0.46MPa 以上。由于管网漏失严重，西山、西岗地区主管网末端内无水，造成社会影响和水质污染问题。往往需提高水泵扬程解决，这样反而增加管网漏失，长此往复致使加压也无法满足最不利点压力。

图 5-3　全区供水管线布置图

根据供水区域住宅分布和供水管网现状及地势标高，可将西山小区和西岗小区合并为一个供水区域，即供水高区；其他区域为供水低区。

方案一：管网改造

大孤山泵站另设一条长度 500 ~ 600m，管径 300mm 的管线向高区供水；大孤山泵站内部也应作相应的改造。工程造价约 90 万元（不包括道路赔偿费用）。

方案二：增设井内式泵站

在西山和西岗输水管网结合点增设一个地下式管道泵站（西山泵站），将高区供水与低区供水分隔开来，在标高 71m 处叠压供水。经水力计算和调试，大孤山泵站出口压力降至 0.26MPa，给镇内 78.5% 的用户供水，即供水低区。西山泵站通过管道泵叠压供水至剩余的住在高处的 21.5% 的用户，即供水高区。为保证供水压力稳定，大孤山泵站及新增西山泵站采用末端最不利点闭环控制。西岗环状供水线路高端（78m）增加一个控制阀门，以防止高区供水通过环状供水管网窜入低区供水管网。

方案一造价高、施工难度大，且施工工期长；方案二造价低，运行费用低，选择方案二。

土建工程于 2013 年 10 月 9 日完工，电气控制设备于 10 月 10 日安装完成并进入调试运行状态。10 月 9 日至 10 月 20 日作管网定频试运行，10 月 20 日至 10 月 25 日作远端控制点闭环运行测试，10 月 25 日大孤山泵站远端控制系统投入运行。根据本溪自来水公司的成功经验，将地下砖砌结构建筑修改为沉箱式结构，以提高防渗漏效果。考滤地下结构空间有限，双系列给水工艺改用单系列给水工艺，另一系列设备做库存冷备。由于环状供水网的控制阀门封闭情况达到要求，备用增加阀门井取消，在出口 200mm 管线处增加检修阀门。

目前，大孤山地区泵站向低区供水，白天出口压力 0.26MPa、夜间 0.18MPa。西山地下泵站向高区供水，白天出口压力 0.34MPa、夜间 0.26MPa。

多年无水的西山、西岗地区实现全日制供水，得到百姓夸奖；空管现象不再发生，水质有了极大的改善。西山、西岗地区实现全日制供水，年增加水费收入 20.1 万元；改造前，西岗泵站平均电量 831.3kWh/d，改造后西岗泵站 542.6kWh/d，西山泵站 41.3kWh/d，合计节电 247.4kWh/d，年节约成本 7 万元；改造前平均供水 5612m^3/d，改造后 4808m^3/d，考虑用户用水量增加，每天平均节水 504m^3，合计年节约成本 36 万元。

3. 建立压力监控系统

一是根据最不利点设置压力监控点，满足正常生产、生活供水；二是根据 DMA 划分适当增加压力点，对区块计量区域实施监控，降低无效水量。

4. 保证管网压力运行稳定

管网运行有时会存在压力不稳情况，主要有大用户用水、管道施工抢维修、管道集气甚至形成气堵等原因。管网压力波动增加管道泄漏发生的或使原来的泄漏量增加甚至形成爆管，因为压力波动打破原有平衡，当压力回升时对管道造成二次冲击，如此往复造成管道接口开裂、管道破口加大等。应采取以下措施：

（1）管网压力调整或管道施工及抢维修等时，调整水门及管网附属设施应缓慢均匀操作；

（2）特大、较大用水户应采取均匀用水或专线供水措施；

（3）合理布置排气阀并及时检查，确保运行稳定。

5. 局部调整

例如，修漏后压力增加区域实施降压，减少新漏发生概率；部分高压小区或单体楼实施改线或水门控制等。

6. 收集信息

营业部门收集低压区或压力变化信息，发现问题及时分析并处理。

5.4.4 建立水量预警系统

水量预警系统是分区定量管理的延伸和发展，既要解决局部地区漏失率较高问题，又要解决水量反弹问题，即管网新增泄漏问题。目前，国内研究和实施水量预警系统的水司越来越多，分区定量理论研究并不系统、成熟，处于各自研究和实施阶段，但总体思路基本相近。

水量预警是对 DMA 逐级进行监测，评价漏损并分级报警，目前以流量为主要参数。同时，水量预警系统应对不同时期的数据进行分析，广义上包括流量、压力、噪声等，及时发现新的漏水。例如，流量报警可以进行水量周期比对，日、月、年比对，也可以进行环比、基比，最小夜间流量比对等。

5.4.5　建立专项报表管理制度

报表是随着组织机构运行的一项考核、监督的记载和统计资料。控制水量就是控制未收益水，是一项系统工程，离不开报表。有报表才能使工作有序、思想统一、行动统一；有报表才有监督、有评比、有记录、有总结。有评比才有竞争，有竞争才有发展。有总结才能发现问题、改进问题、提高管理。从目前情况看应有以下几个报表体系。

1. 计量体系报表

《分区计量表及远传设备运行报表》；

《分所计量表及远传设备运行报表》；

《小区计量表及远传设备运行报表》；

《总公司分区计量表及远传设备运行汇总表》；

《总公司分所计量表及远传设备运行汇总表》；

《总公司小区计量表及远传设备运行汇总表》；

《压力器具及数据监控设备报表》。

2. 查漏测试报表

《封闭小区测试修漏报表》；

《DN500 以下支配水管网测试修漏报表》；

《DN500 以上支配水管网测试修漏报表》；

《各经营所查修漏水报表》；

《管网附属设施报表》。

3. 产销差报表

《封闭小区产销差报表》；

《各管修所产销差报表》；

《封闭小区夜间流量报表》；

《各管修所夜间流量报表》。

【案例22：水量预警系统研究与应用】

2013年，某市水司在查找供水管网物理漏失方面已经取得了丰富的理论和实践经验，水量控制水平增强，具备应付较大水量突增能力，管网物理漏失逐年减少。但，存在两个主要问题，一是管网物理漏失管理不平衡，部分地区漏失水量较高。2013年无收益水率统计报表显示，该市各个经营公司及DMA无收益水率偏差较大，分布相对不平衡。同时，根据2011年对无收益水结构剖析得知：管网物理漏失为主要原因。因此，从无收益水指标看，管网物理漏失存在不平衡问题。2014年，调度室做的《全日制供水实施方案及经济分析》中阐明，该市供水管网夜间压力提高情况下，各地区流量增加幅度不同，局部地区高达5%以上。二是水量反弹问题突出。据统计，该水司每个管修所在一年内都存在水量反弹现象，有的多达2次以上，每次反弹水量平均在2000m^3/d以上，查修漏水时间为1～6月，因此每年估算水量反弹造成直接经济损失至少达500万元以上。

造成水量漏失不平衡和水量反弹现象，有资源配置及调配不合理、管理人员素质问题、管网基础设施不完善等原因，但从疑难暗漏查修和反弹水量恢复的时间看，均超过漏水查修周期。因此，如何缩短查修漏水周期为问题的关键。

从DMA看，所级计量只能评价本所范围内无收益水率及水量突变，但不能明确水量突变的具体方向。虽然，所级计量以下有封闭小区，但只能部分评价无收益水率（支线），极少能反映水量突变，水量突变只能靠水平衡测试评价。从管理看，无收益水率指标没有被进一步分解，目标没有明确。漏失率指标主要依靠夜流理论、DMA科学划分等理论来分解；账面漏失主要靠用水市场分析确定，但仍需要DMA理论。因此，所级以下区块化计量管理及智能报警是解决问题的关键。

1. 成立项目组

为解决这个问题，铁东公司主动承担课题，破解难题。铁东公司2013年无收益水率为35.41%，较历年取得较大成绩，较其他经营公司差距较大。但近年来，铁东公司取得了丰富经验，尤其2013年铁东公司在降低无效水量中取得成绩并总结出突破性理论。因此，铁东公司有能力和信心承担并完成这个项目。

2. 区块计量划分

区块划分是水量预警系统的基础，其划分原则为一块表和整体划分原则：即以所为单位，将所管辖区域整体划分，上一级计量完全被下一级计量分解，不留空间。每个区块以一块计量表计量，避免计量误差带来的影响。下面以旧堡所为例介绍区块计量划分情况：

旧堡所由老虎山水厂、南台水厂、真理街 *DN*900 三处进水，因此自然形成三块大区域，包含整个地区的 *DN*900 ~ 1000 主管线，各大区又包含一些小区域。具体划分如表 5-6 所示。

旧堡区块计量划分统计表　　　　**表 5-6**

区号	区域名称	块区编号	块区名称
Ⅰ	南台杨柳河区域	①	南台大屯区
		②	大屯杨柳河区
Ⅱ	旧堡街里	③	南出口 *DN*300
		④	东矿 *DN*300
		⑤	东矿 *DN*400
		⑥	四方台 *DN*500
		⑦	工商行 *DN*150
		⑧	东烧 300
Ⅲ	真理街旧堡立交桥	⑨	真理街旧堡立交桥

图 5-4 所示为区块化 DMA 数据统计报表。

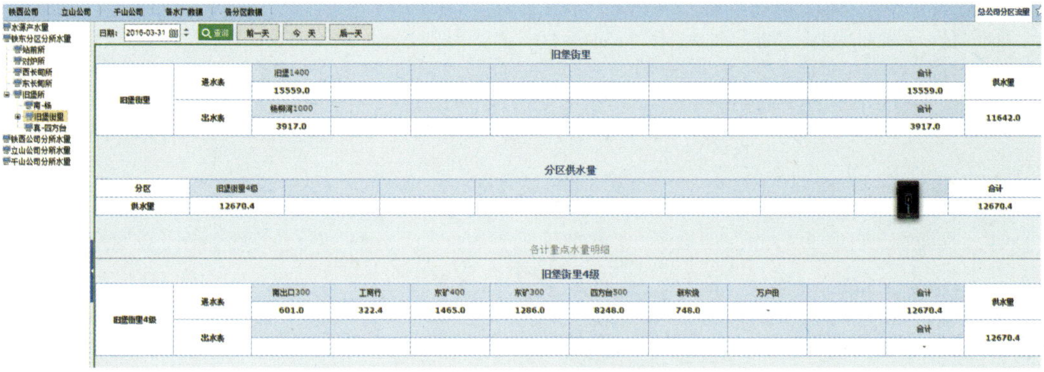

图 5-4　区块化 DMA 数据统计报表

3. 建立双向指标考核体系

区块计量建立后，通过用户归类统计将管修所计划进一步分解。

（1）对区块化 DMA 的用户按区域分类统计，由营业部门按区核算营业收入、售水量、抄表率、挑账户等指标。

（2）工程科负责区块水量测试或统计，并计算无收益水率。

（3）对区块化 DMA 夜间 2：00 ~ 4：00 的水量进行分解，计算各个区块管网漏失率，并制订无收益水率分解表。详见表 5-1。

（4）根据无收益水率分解表，向维修班、抄收班下达任务指标。详见表 5-2。

4. 建立水量综合控制体系

技术处根据测试数据，在计量系统铁东公司界面中单独建立水量综合控制系统，包括供水区块计量范围图、进出水计量点平衡计算值（例如：旧堡 1400 计量表为老虎山与马译屯计量表差值）、各个计量点水量增加报警值（按 1D、2D、3D 分设）、各个区域夜间流量及漏失率变化值等。供水量、漏失量增加分别以区块为单位分级报警，以颜色或闪动区分。

5. 区块化 DMA 报警内容

1）区块供水管网漏失率分布及报警

以管网漏失率 15% 为基准，5% 为变化幅度，逐级报警。15% 以下区域以绿色表示，15% ~ 30% 以蓝色表示，30% 以上红色报警。同时，各区分别显示漏失率。模型建立如下：

（1）居民用户小区：

一是按本书 4.5 节所述的居民漏失报警模型计算。二是按夜间最小流量分层法计算，公式如下：

$$Q_{漏失}=(Q_{最小}-居民户数\times 1.12\text{L/h})\times 24\text{h}\div Q_{每天}\times 100\% \tag{5-1}$$

（2）商业办公区域：

商业办公区域属非连续型用水，用水持续时间为 8 ~ 10h/d。夜间用水量极小，夜间最小流量即为漏失水量。例如：工商银行区域。

$$Q_{漏失}=Q_{最小}\times 24\text{h}\div Q_{每天}\times 100\%$$

（3）生产型等持续用水企业与居民混合供水区域：

通过加装数据监控终端或测试获取，最小夜间流量减去该值及居民用水量值计算获得漏失水量并计算漏失率。例如：东矿 *DN*300、东矿 *DN*400 区域等。

$$Q_{漏失}=(Q_{最小}-居民户数\times 1.12\text{L/h}-Q_{最小时段持续型用户水量})\times 24\text{h}\div Q_{每天}\times 100\%$$

漏失率分布及报警见图 5-5。

2）区块供水无收益水率分布及报警

自动统计区块化 DMA 售水量，结合供水量计算无收益水率，以 15% 为基准，5% 为变化幅度，逐级报警。15% 以下区域以绿色表示，15% ~ 30% 以蓝色表示，30% 以上红色报警。无收益水率分布及报警见图 5-6。

图 5-5　旧堡所漏失率分布图

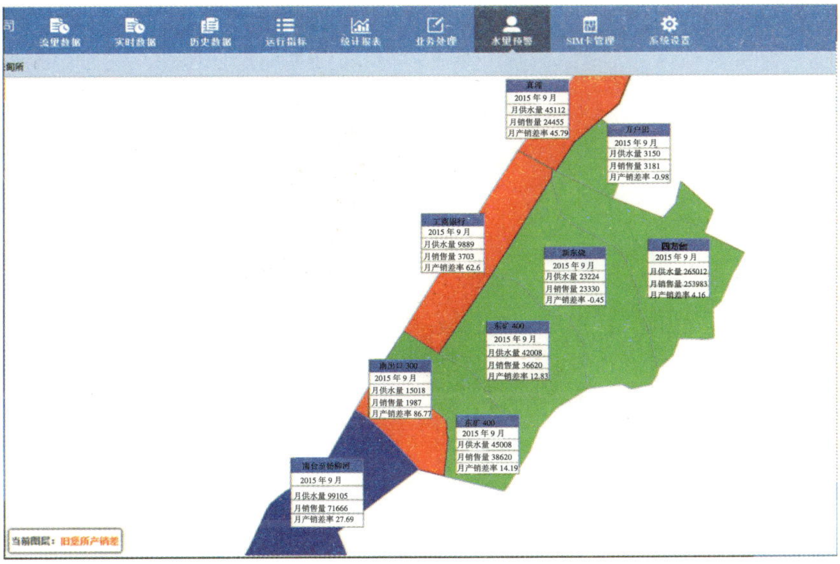

图 5-6　旧堡所产销差率分布图

3）班组指标分配

以漏失率、无收益水率为基础资料，实际漏失率减去 15% 大于 0 作为管网漏损报警值，无收益水率与漏失率差值大于 5% 为账面漏损报警值。详见图 5-7。

4）区块水量增加报警

以区块为单位，以每半个月为数据采集周期进行环比，漏失率增加区块红色闪动并显示增加率。详见图 5-8。

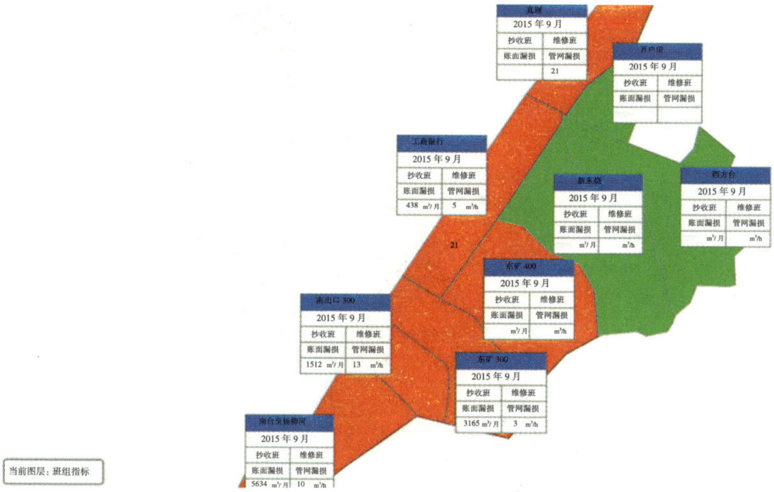

图 5-7 班组指标分配

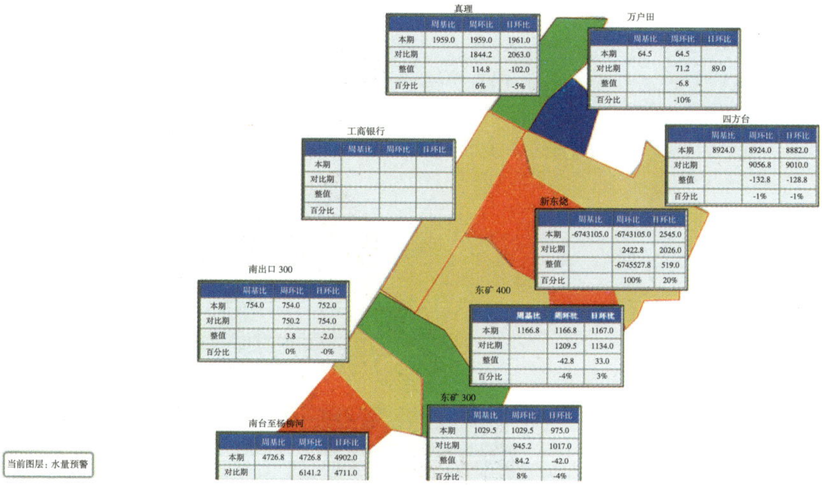

图 5-8 区块水量报警

6. 效益分析

铁东公司将在项目带动下，解决无收益水居高不下的难题。区块化计量使管修所能够在计量体系内完全自主地实施水平衡测试来查修漏水，解决了资源紧张问题。区块化计量有力地衔接了二级计量体系与封闭小区之间的空白。同时，项目实施完善了基础设施，锻炼出了一支过硬的队伍。

该项目加装计量表、RTU、水门安装及更换投资 102 万元。项目实施的旧堡所、东长甸所、西长甸所 2015 年 1 ~ 10 月水量，较 2014 年同期平均每天下降 7032m^3，年节约水量 255 万 t，节约成本 485 万元。

5.5　售水量控制

有效的无收益水量控制，既要降低供水量，又要增加售水量。售水量控制是供水企业主营收入基础，维系着企业的生存和发展。售水量控制实质就是账面漏损控制，是控制无收益水的主要因子。

5.5.1　账面漏损构成与实质

账面漏损相对管网物理漏损难以准确评价，多数企业对营业管理指标进行统计分析，按一定系数估算。就目前来看，DMA 技术是一个较为科学的管理手段。虽然，受计量表误差和物理漏损因素影响，但正如前面所述，这些影响因素可以通过各种手段予以解决，从而客观地制订合理的指标。

账面漏损减少的主营业收入，直接影响企业经济效益，物理漏损将减少企业的固定成本。就单位水量经济效益而言，账面漏损的控制取得的经济效益更加可观。据国内外部分资料显示，账面漏损与物理漏损的比例大致为 1∶5，而单位水量经济效益比例应大于 2∶1。因此，账面漏损控制极为重要。

目前，关于账面漏损的定性分类有所不同。国际水协将账面漏损分为非法用水和计量表误差，中国水协没给出明确划分，而国内一些水司将其分为计量表误差和管理因素，将非法用水包含在管理因素内。实际上，无论怎么分类都与用水结算的计量表有关，实质就是售水计量管理问题，也叫表务管理。表务管理的实质就是账面漏损管理。

5.5.2　账面漏损途径

账面漏损实质就是表务管理缺陷，包括：DMA 总表与正常计量的售水计量表之间的系统误差（总分表差）和售水计量表管理缺陷。目前，售水计量表仍然以水表为主，近年大用户使用电子水表越来越多，习惯将售水计量表称为水表。

1. 总分表差

总分表差必然存在，前已述及。

2. 售水计量表管理缺陷

1）呆表、停表

水表运行过程中，其最小流量计量性能和始动流量上升造成呆表、停表，水表误差偏负造成账面漏损。

2）以表窃水

（1）用户改动水表或流量计，少计量；

（2）用户进水管没有安装水表，不计量；

（3）两块水表轮换使用；

（4）直管用水，抄表员验表时再安装水表。

3）换表

（1）用户水表更换时，将用户改动的水表或流量计更换，丢失水量；

（2）抄表员出账水量小于水表实际示数，造成账面差异。

4）抄表误差

由于水表污盘、偏针、抄表员粗心、不及时验表等问题造成抄表水量与实际用水量不符。

5）人情量

多见于窃水、抄表不及时造成的积压水量等，由于追缴水费数额较大，用户找人说情产生账面漏损。

5.5.3 表务管理流程

表务管理流程包括：售水计量表流通控制及数据链控制。

水表流通控制主要包括：水表选型、购置、入库、发放、更换、旧表验收和回收等，其原理为水表进出平衡，使水表在供水市场得以认证，杜绝非法用表。

水表数据链管理包括：数据生成和数据分析。数据生成包括：水表首检和周检、水表数据采集或抄收、用户水量确认、在线表计量性能等；数据分析指通过取得的水表数据，计算各种考核指标，分析数据取得的合理性，评价和控制有关计划执行情况。表务管理流程见图 5-9。

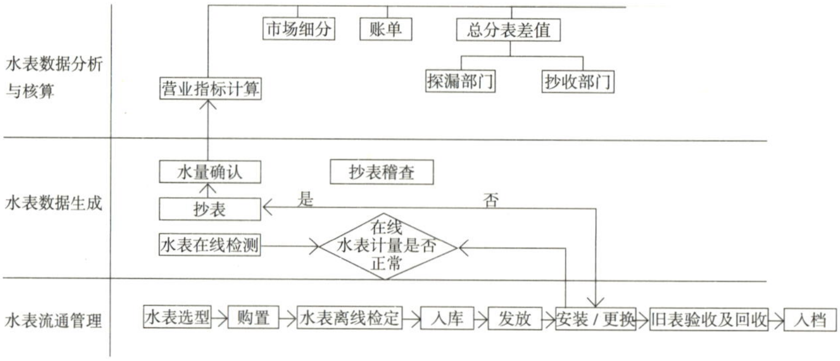

图 5-9　表务管理流程

5.5.4　表务管理特点

国内多数水司表务管理内容、方式、流程基本相近。但随着技术发展、管理理念提升，差异化发展渐渐显露，应根据自身特点科学选择。

1. 表务管理基础

1）DMA 建设

表务管理中水表数据生成及数据分析十分重要，是控制账面漏损的关键。目前看，主要矛盾是考核指标确定的合理性。例如：抄表员抄表出账是否合理，数据分析是否科学。DMA 建设应该是一种比较合理的方法。如前所述，DMA 记录了某区域的水量，剔除管网物理漏失和总分表差值，便是水表数据生成和数据分析的考核指标。

2）水表设置

北方多数城市的老城区，用户水表设置在户内，抄表员入户抄表，是形成表务管理缺陷的主要原因。例如：用户窃水问题、估量收费形成的积压水量问题、在线表计量性能检测问题等。因此，水表出户或实施数据监控应是解决问题的根本。

3）在线表计量状况

第 2 章已述及，不再赘述。

2. 水表流通管理

1）水表选型

目前，国内各水司对水表选型比较重视，关于水表误差及来源、质量评定、周期检定等问题，第 2 章已述及，这里不再赘述。

2）水表购置

水表购置涉及企业成本投入，每年水司都需要更换和新装大量水表，因此水表购置应引起广泛注意。基本有以下几种形式：

（1）全部外购；

（2）自建或合作建立表厂生产新表；

（3）部分外购或生产新表，大部分采用返修表。即，将旧表机芯更换成新的机芯，检验合格后重新入库进行流通。这种方式节约水表购置成本，但返修表更新数量取决于水表表壳质量。

3）水表更换

（1）计划换表与被动换表

国内一些管理较为先进的水司，对水表轮换周期进行研究，并根据结果实施计划换表，避免水表因服役时间过长、水质等原因导致计量不准。同时，由于缩短用户水表更换周期，有效地防止用户以表窃水现象发生。

有的水表更换，完全由抄表员提出，从管理意义上讲称为被动换表。被动换表，使水表服役期长，造成呆表、停表、污表、以表窃水现象增多。

（2）换表过程管理

更换水表的目的是公平计量，同时也是稽查窃水的一种方式。简单的换表管理，就是维修人员到现场拆下旧表并入库，安装新表。换表过程管理，要求计量和营业管理人员同时到现场，对被换水表信息和改动情况进行鉴定，如果有问题现场停水并经处理后更换。这种方式多数用于非居民用户的水表更换管理中。

4）旧表验收

旧表验收一般用于居民用户水表管理。居民水表拆卸后，应及时入库，上架有序排列，表盒内装有信息完整的换表表票，水表管理部门对更换下来的水表进行验收。验收内容如下：

（1）核对表票信息与水表信息是否相符，核对水表示数与收费出账是否一致；

（2）检查水表是否被改动，如改动则将对该户进行追缴并记录窃水名单作为重点稽查对象。

3. 水表数据生成

水表数据生成包括许多方面，前已述及较多，这里仅介绍水量确认。

1）抄收集权与分权

抄收集权是指用户水表抄验、水量确认（出账）、收费三者合一，主要指前两者。这种管理方式提高效率，但权力过于集中，容易与用户合作窃水。抄收分权是指抄表员专职从事抄表工作，水量由管理人员确认、出账。这种方式有效地防止了用户窃水行为，现在国内许多水司已经实施，即抄收分离。

2）线路管理与条块管理

条块管理是用户的抄收管理，根据用户用水性质、单价、用水量划分，例如：将用户划分为居民用户和非居民用户、机关和个体户等。这种方式利于同类用户用水统一管理，但容易出现漏户和责任不清问题。线路管理是在划定的 DMA 内，抄表员按供水线路实施统一抄收管理，不按用户用水性质管理。

3）抄收业务外部委托

目前，国内部分水司开始探讨并试点实施抄收业务外部委托的经营模式，主要思想就是获取企业外部优势资源，将抄收业务链整体管理转换成监督管理，解决内部资源紧张问题，降低企业管理成本，提高工作效率。据了解，现在上海、珠海、成都等城市都进行了抄收业务外部委托管理，取得了较好的效果，其中：珠海水司实施外委管理以来，节约抄收成本近 40%。

4. 水表数据分析

1）水表检定

分析新装水表首检、在线水表的离线和在线检定结果，发现问题及时纠正。

2）水表流通报表

分析水表流通报表，核对水表实际库存、在装表数量，防止水表外流和互借现象。

3）核对水表数据生成

定期检查水表数据生成报表，分析差值是否合理并按管理流程予以纠正，问题严重的提出整改意见。例如：南方某水司实施线路抄收管理，通过 DMA 总表每天都可以计算出总分表差值，营业部门根据设置的报警值，向营业稽查和管网查漏部门分派任务。

4）见表率

提高见表率，能够及时发现水表故障，减少积压量，控制窃水等行为发生。最原始的方式就是直接检查账本或发动机关管理人员进行抽查和评比。有的水司规定，稽查人员每天随机入户将考核签置于水表处，抄表员抄表时将考核签收回，由稽查人员根据抽样情况统计。随着科技的发展，部分水司将水表贴上电子签，抄表员手持管理机到户扫描电子签，管理机自动统计。管理人员应及时分析见表率，对长期估量或挑账用户应制订专项措施予以解决。

5）换表分析

对换表报表、表票、抄收水量进行系统分析，针对问题及时纠正，分析内容如下：

（1）换表计划执行情况、存在问题、解决方法；

（2）换表前后水量变化，是否减少账面漏损；

（3）更换下来的水表的计量性能检测，保证换表的合理性；

（4）旧表验收结果及存在问题和整改情况。

6）用水市场分析

市场细分是市场营销分析的基本手段，对供水企业来说虽然市场稳定、自然垄断，但市场细分也是必要的。市场细分后，能够确定不同的用水群体，并根据其特点制订不同的管理方法。例如，某市非居民用户 2 万多件，月用量 600m^3 以上的有 700 件，占整个主营收入的 65% 以上。针对该类群体收费比重大、件数少的特点，可采取统一管理、分级放权模式。同时，也应认真分析相关报表，掌握市场动态变化情况，根据变化及时调整。

5.6 窃水管理及案例

社会上，一些单位和个人为谋求私利，采取非法手段盗用自来水现象在许多城市不同程度存在，是无收益水产生一个不可忽视的问题。2000 年以来，济南、哈尔滨、福州、大连等城市都进行过专项治理和整顿行动。2014 ~ 2015 年，营口市十部门联合行动，在全市统一开展整治窃水违法专项行动，经历了宣传发动、自检自查、排查整顿、检查验收等四个阶段，效果斐然。然而，打击窃水不能仅靠几次专项治理就会销声匿迹，应常抓不懈，建立一套切实可行的管理机制。

5.6.1 窃水管理的意义

1. 贯彻法律法规

“有法可依、有法必依、执法必严、违法必究”是我国社会主义法制建设的基本原则。任何单位和个人在从事社会活动中，必须增强法律意识和法治观念，做到学法、懂法、守法、用法。城市取水、制水、用水是社会活动之一，是社会发展的保障，必须坚持这个原则。《中华人民共和国计量法》及《中华人民共和国计量法实施细则》、《中华人民共和国水法》、国务院《城市供水管理条例》对此都有明确规定，城市窃水管理在保护供水企业自身利益的同时，也是在贯彻相关的法律法规。

2. 依法规范用水市场

用水市场应有一个良好的市场秩序，才能促进供水事业的发展，保护城市供水设施正常运行，才能更好地为市场经济服务。同时，良好的市场秩序，才能保证供、用水双方的合法权益。用户窃水破坏用水市场秩序和社会经济，产生不公平现象，危害严重，应予以及时制止，实施常态化管理，达到依法规范用水市场行为。

3. 增加企业经济效益

窃水行为以谋求私利为目的，必然损害国家和集体的利益。2006 年，沈阳水司在大规模整治窃水专项活动中，查处违法用水 18 件，追缴水费 18 万元，其中最大的一件追缴水费 4 万元。长治市长北某水泥厂私接 *DN*100 管线偷水，经查处后，追缴水费 30 万元。信阳市城市供水执法监察大队成立几年来，依法处理涉水违法违纪案件千余起，为企业挽回经济损失 200 余万元。

5.6.2 窃水管理面临的问题

1. 执法主体

供水企业不具备执法主体资格，查处违法用水行为，往往存在处理主体问题，多数以企业维权角度与用户协商处理，对用户的震慑力较弱。此外，在专项整治活动中一般都采用多部门联合行动方式，取得的效果较好。但，建立常态化的多部门联合查处窃水机制，由于协调问题，往往效果不佳。针对这个问题，部分城市水司成立稽查部门，在市综合执法局的委托授权和业务领导下，依据《行政处罚法》，制订窃水违章处罚操作程序进行调查取证，依法处理。

2. 内部人员参与窃水问题

通过对窃水案件的调查发现，部分案件都有内部人参与或说情。例如：私接管线需要使用专用工具，甚至停水才能施工；业内懂得水表技术的人员改动水表等。2011 年，信阳供水监察部门查处的 312 国道光明路口东 *DN*100 管线上私接水管案件中，行为人刘某，原系供水公司民工，以供水公司名义为 8 家住户接水，私自收取工程款 12000 元，先后收取水费 3000 元。

3. 高科技窃水

随着科技的发展，一些用户采取高科技手段窃水，使查获窃水问题越来越难。例如：某浴池采用网络控制电磁阀控制私接管线，稽查人员巡检时关闭阀门，巡检后开启阀门继续使用。

5.6.3 窃水管理的方法

1. 增强法律意识

依法规范供水市场，需要增强供、用水双方法律意识，得到社会认可。供水企业应加强本企业供水稽查人员的法制教育，树立依法办事、为民服务意识。同时，供水企业应加大对用水用户的宣传力度，宣讲相关法律、法规。让群众知晓水是商品，是供水人辛勤劳动的成果，良好的供水市场是企业生存、发展的基础，建设好了才能更好地服务于社会和人民。用水用户应知法、守法、明确自己的用水权利和义务，才能自觉地维护供水市场秩序。

2. 完善法律体系

《中华人民共和国计量法》及《中华人民共和国计量法实施细则》、《中华人民共和国水法》、国务院《城市供水管理条例》对规范制水、用水都有明确规定，由于制定的条文并不具体，实施起来难以界定。为此，各省、市根据具体情况，相继出台了《管理办法》、

《通告》、《公告》等予以补充。

3. 建立科学的表务管理体系

窃水的实质就是以表做文章，包括私接管线造成的无表计量行为。表务管理的每一个环节都是控制和查处窃水的基本保障，5.5 节已经介绍表务管理的流程、特点、方法等，这里重点介绍换表管理。

1）换表形成账面漏损的形式

被用户改动的水表或流量计，由于各种原因被更换后，稽查人员失去用户窃水证据。所以，换表是窃水用户逃避打击的一条有效途径，同时也是查处窃水的有效方法。换表形成账面漏损的主要表现形式如下。

（1）换表丢量

又称积压水量，指被更换水表的实际运行指针（用户实际用水量），少于抄表员出账应收的水量。例如：铁西少年宫外包一家娱乐城，验表员提出换表，并由管修所维修班更换。计量科在库房查验旧表中，核对该表表号、指针及用户信息时发现水表指针与账本出账水量相差 405m^3。验表员在事实面前承认丢失水量并补交水费。

（2）窃水表流出用水市场，逃避打击

2005 年 5 月，铁西计量科暗查机关个体换表情况，将当月更换下来的 46 块水表全部校验和解体，其中有 13 块水表被改动，窃水现象十分严重。随后，计量科有针对性地制订了批量换表计划，分 5 组换表，每组配备了计量技术人员和营业管理人员，分别鉴定计量表改动和收费情况。换表工作持续 2 周，每组每天换表 3 ~ 7 块，至少每天能发现 1 块水表有问题。此后，铁西计量科制定换表管理制度并上报总公司营业管理处，经批准执行后，取得良好效果，有效地遏制了以表窃水现象。

2）换表管理办法

（1）非居民用户水表

由经营公司统一实施换表管理，在换表中查处窃水用户。换表形式为日常换表和集中换表。

（2）居民用户水表

管修所负责管理，上一级机关监督检查。即，旧表验收管理，管修所将更换下来的水表（旧表）统一回收，库房上架并标明换表信息，上级机关检查并追究相关人员责任。

（3）换表工作应坚持统一用表市场（品牌、规格）、加强封记标识能力、额定库存、防止可替换水表来源等原则。

4. 加强市场稽查

用水市场稽查是打击窃水的重要手段，应设置专门机构，配备专业人员、设备，根据用户的特点、用水规律等常抓不懈。采取定期稽查、日常稽查、专项稽查、季节稽查等方式，进行常规检查、专业检查、仪器检查等，最大限度地控制窃水行为。应对检查结果进行总结、评价，检查资料和记录应存档。

5. 建立有奖举报制度

窃水行为一般都较为隐蔽，线索并不明显。检查时用户极不配合，有的窃水案件内外勾结，因此一些窃水案件很难落实。建立有奖举报制度十分必要，鼓励知道详情的人进行举报并给予适当奖励，使稽查工作得到事半功倍的效果。

6. 学习交流

（1）对稽查人员进行法制知识、政治思想、专业知识、专业技能等四个方面内容的综合教育培训，提高稽查人员的综合素质；

（2）应经常组织稽查人员进行现场交流，例如：实施区片轮换检查，甚至城市之间进行轮换检查等。

5.6.4 窃水稽查

1. 窃水用户的初步筛选

用户窃水的思想来源主要体现在利益和风险价值的平衡、窃水难易程度、内部支持等。相对整个用水市场而言，窃水用户毕竟是少数，但危害较大。因此，窃水稽查中，窃水用户的初步筛选十分重要。以下是窃水用户初选的几个原则，仅供参考。

1）用水定额

以《给排水手册》中的《用户用水标准》为参考，与用户的收费水量比较确定。例如，公共浴池，按《标准》，淋浴器带水池，其标准为最大日 50 ~ 100L/（人·次），不带水池（女）100 ~ 150L/（人·次）。某浴池平均每天接纳 200 人次（男女各 100）洗澡，按下限计算每月应收水量为：$(50\times100+100\times100)\div1000\times30=450m^3$，实际收费水量为 $100\sim200m^3$，应划入稽查重点。

2）高单价用水户

高单价用水户，由于窃水利益较为可观，往往是窃水的主要对象。

3）同类用户比较

根据表务管理中的数据链分析管理由营业部门提供的报表。对同类用户进行规模、用水量、单价等方面的比较，相同规模用水量较低者列为重点稽查对象。

4）用水量

用水量较大或变化较大的用户，由于利益驱使，也是稽查重点。

2. 检查用户用水设施

检查用户用水设施是窃水稽查中最为常见的、行之有效的手段。

1）检查水表

根据用户实际用水情况或打开水头，观察水表运行是否正常，或者用水表校验仪、超声波流量计进行在线比对。不具备在线比对条件的，可以将在线水表更换成新表，将旧表现场解体或送至水表检定站作离线检定。

2）用水设施检查

关闭水表附近阀门，开启室内用水设施，检查是否有自来水流出，顺水流出方向排查私接管道。

3. 用户水表复查

许多窃水行为发生在抄表员的抄表周期之间，即在本次抄表之后和下次抄表之前，抄表周期通常为一个月。因此，稽查人员应在抄表周期之间加密水表复查频度，打击和制止窃水行为。

4. 错时检查

错时检查，俗称早“茶”晚“茶”。有的用户，由于业务和生产需要，在每天早上或晚上窃水。根据这一规律，稽查人员进行错时检查，发现窃水。

例如：繁荣市场地区批发鱼用户一般在凌晨4：00前换水加水。繁荣所长带验表员早起赶往繁荣地区，远远看到一家鱼行灯火通明，赶到时发现一块水表放在地面上，水表位置被直管代替。该用户接受处罚后，重新换表并加装金属表封，随即验表员天天验表，每天用水量 $30m^3$。当验表到第5天时突然水量下降至 $4m^3$，经现场检查表封线掐断（只能用老虎钳子掐断），用户抵赖不承认。重新封表后，次日将水表铜接头（俗称拿子）豁开再次窃水。最后对该用户水表加箱上锁上封，从而得以解决。

5. 区域管理

1）DMA管理

利用DMA管理，缩小计量范围，分析用户水量，确定窃水行为及窃水水量。达道弯DMA区域无收益水率较高，查漏人员对区内管线及附属设施进行普查，没有发现较大漏水。总表与上游表进行串表试验，同时利用相对标准表进行在线比对，确定总表没有问题。于是，焦点集中在收费上，从账面上看，区内用户用水无较大异常。随后，作闭门测试，将所有下线阀门关闭，主线仍有 $30m^3/h$ 流量，查漏人员再次对主管线巡查未果。第二天，在主线上砌筑测流井三座进行分段测试，最后流量集中在煤气罐站段。罐站计量表经比对没发现问题，稽查人员进入罐站普查三井、查设施并发现院内下水井水量较大，同时发现还有一块水表停走，该管线向消防水池进水。到消防水池发现，池内自动阀损坏，水通过溢流管流出，该表估量收费。

2）PMA

根据区域内用户用水规律和用水量，合理制订压力控制值，当用户发生窃水行为时，其周边压力降低。稽查人员根据压力降能及时确定窃水区域并检查。

6. 用户计量表数据监控

随着信息技术的发展，用户计量表数据监控技术逐渐得到推广，使窃水稽查工作效率大大提高。

某厂有蓄水池，计量表为电磁流量计并实施数据监控，计量人员发现该水池每周有 5 天无进水记录，而该厂生产正常。验表员、计量人员要求验表时，称能源管理员不在（该表锁在仓库）。第二天数据监控显示水量正常，进入现场检查计量表参数正常。计量员开始检查信号线、接线盒，发现接线盒内励磁线的接线端子密封胶（硬度较大）有疑似针眼，随即计量员用针慢慢挑拨，露出金属部分。可以确定，用户用金属线将这两处金属短接，使流量计无励磁电流，无法计量。

7. 部门协调信息综合

每一个窃水案件侦破都是由多种方法组合，甚至各个部门配合和信息综合后，才能最终查明落实。

铁西北陶一家大众浴池收费水量与实际用水量不符。稽查队、管修所多次检查没发现问题，老板态度极好，相当配合。一次，所长、工程科等管理人员在一起研究这家浴池时，正赶上营业处进行营业账本大检查。检查民用账本时，有一家居民用户水量引起我们注意。据验表员反映，该用户每次敲门都没人开，验表员便每月加量估表收费，最多达 100m^3，用户每月水费照交不误。正常情况下，居民月收费水量达 100m^3 并执行阶梯水价，用户早就到所里要求验表或不交水费。这时，有人问该户地址在哪儿，经核对正是这家浴池楼上。于是一个大胆的设想浮出脑海，是否楼上向楼下转供水。次日凌晨 4：00，管修所派人在浴池门前及居民楼洞口值守，大约早上 6：00，该户出来一个小伙子倒垃圾，门虚掩没关。稽查人员进入大门就看见该户水龙头接一个胶皮管，地面钻眼加套管，胶皮管插入套管向浴池供水。

8. 新技术应用

目前，在查处窃水中，新技术的应用越来越受到青睐。

1）视频监控

正如视频监控帮助公安部门屡破案件一样，视频监控在查获窃水案件中也发挥着不可替代的作用。某市工业区，水司管网巡检人员在管网巡视中发现多处消火栓连接水龙带，应是窃水人员的窃水工具。由于，窃水人员行动诡异，而稽查人员又无精力排查蹲守。于是，请示公司领导临时安装视频监控发现窃水人员及车辆号牌，并向公安机关报案，后经公安机关立案查获。

2）管道内窥

将管道内窥设备伸进管道，通过视频便可确定用户是否窃水。

3）噪声监听

用户用水相当于管道漏水，会产生噪声。用户窃水，不便使用流量计等方法确定时，可以通过噪声检测仪确定用水情况，尤其夜间窃水用户，检测效果最好。

本章小结：

本章是在总结国内许多水司管理经验和自身实践的基础上，对水行业进行组织环境特征分析，提出降低无收益水率是供水企业的战略选择。从控制无收益水的动态计划和双项指标分解开始，分别论述了解决无收益水的不同组织构架及利弊、供水量控制措施。提出了售水量管理就是表务管理的概念，以表为中心进行业务整合及交流水司之间不同的管理措施等。